国际环境设计精品教程

Indoor Residential Design Diagram

室内住宅设计图解

[日]山崎建一/编著
牛冰心　陈兵/译

中国青年出版社
CHINA YOUTH PRESS
中青雄狮

前　言

在与客户商谈设计规划时，宫胁先生经常会谈及如下要素。

●住宅设计，即便由公司集体承包，但最终的设计决策还会归总于个人，实质属于个人行为。因此作为最先决条件，首先需要客户与设计者之间建立良好的信赖关系。

●倾听客户全体家庭成员的自述，也就是说要把每个人的生活模式反映到住宅设计中。

●绝对遵循住宅建筑地区的秩序，并且要尊重当地居民的建设性意见，不能忽视。

●住宅设计中，客户与设计师要本着相互尊重对方的原则。

●设计需要对细节精心揣摩，因此需要确保足够的时间。

●住宅框架所需的每种材料都是有生命的，要用心体会每样材料的感受。

●住宅中使用的设备在幕后支撑着住居生活，要设计在有必要的地方并注意不要过分醒目。

以上是宫胁先生的住宅设计七准则。

宫胁先生还说:“住宅的房间布局是根据家庭成员数来决定的，不会有两所同样的住宅”。建筑住宅的地点在地球上只有一处，因此要把所在地的特长也反映在住宅之中。他也是基于这样的设计理念完成了所有的设计。宫胁先生还非常自信地说：“古今著名设计师的作品都收藏在我的脑海中”。因此，他在进行过基本调研后，在桌子上摊开制图纸的同时就会画出所有房间的设计图。

表现一户住宅的形状时，建筑设计图纸及文档包括工程设计概况、工程方案、平面图（即房间分布图）立面图、剖面图、部分详细图、设备图、家具图等许多种。在如此繁多的图表之中，平面图的作用首当其冲；基本所有的信息都涵盖在这种图纸中，从这里可以获取房屋主人的生活模式以及设计者的设计目的。着眼本书中宫胁檀及宫胁建筑研究室所设计的平面图，一定会领悟其中的含义。宫胁先生常说，成功的平面图让人能够通过图纸看到居民的动向以及动作。在看平面图时，最好是投身于平面图纸中，比如，早晨起床后到盥洗室洗脸，到餐桌前看晨报并开始早餐，像这样想象一连串的动作。留意房间的位置关系，门的开关方向，窗户的式样位置等，就会看懂居民的生活习惯。

本书中的平面图，都是本着居民的生活特征而进行设计的。如果自己置身其中，以自己的行动方式进行想象时，一定会出现许多疑问。这时请换位思考一下居民的生活习惯。

宫胁先生每次对住宅进行设计的同时，都非常重视生活在此的居民的感受，“为他们提供最舒适的居住环境”也成了宫胁先生的口头禅。如果能够通过本书读取宫胁先生设计出的舒适，我们也将非常荣幸。

山崎健一

宫胁檀简历

1936年生于爱知县，就读于东京艺术大学建筑学科，跟随吉田五十八、吉村顺三学习・1963年就读于东京大学工学部建筑科大学院，至硕士课程毕业。成立宫胁檀建筑研究室之后，在任职法政大学、东京大学、广岛大学等建筑学科讲师的同时，开展个人演讲会，执笔多种丛书，并投身于关于住宅及居住的启蒙教养教育中。

1971年，就任于日本建筑家协会理事

1978年，以作品“松川盒子”获得了日本建筑学会奖

1991年，就任于日本大学生产工学部建筑工学科教授

1998年，逝世，享年62岁

主要的作品

口鲸、光之屋、蓝色盒子、松川盒子、绿色盒子、木村盒子、其他多种盒子系列、主要与住宅有关的著作有

《与住宅成为至交》《即便如此也要建造的家》《爸爸们回家吧》《宫胁檀的住宅设计智慧》等翻译

目 录

第1章

住宅整体设计

平面图不仅是指建房用地及建筑的俯视图，也是按照房间不同的用途进行设计的配置图。房间以及附属部分的配置，对于住宅的居住性能，让人身心愉悦的程度，都起着决定性的作用。因此，虽然只是一张平面图，设计起来却需要花费大量的时间，设计师的各种良苦用心在图纸上可见一斑。通过审阅图纸，就能感受和发现设计师的这些用心的痕迹。

根据平面图来判断住宅的舒适性，其实是有依据可查的。首先需要注意的是方位，掌握房间的朝向，门窗的朝向，以及门窗的开关方向等，就可以知道那个房间的采光和通风。还有，根据房间与走廊之间的距离，来判断房间是否具有保护个人隐私的作用。而且，通过房间的面积，以及在住宅整体中的比例，可以估算出房间的使用人数、使用方法，甚至是房间使用的重要程度。对房间进行设计，有必要首先从上述的观点来考虑。

1 “4间×4间”的基础户型

设计师在考虑住宅面积时，往往会有一个疑问：“人均面积为多少的住宅是最为合理的呢？”由于用户的群体特征等条件无法统一，所以这个数值很难准确估算，也不能一概而论，一般情况下都会按照人均30~40m²来估算。

宫胁先生讲到住宅的基本户型通过利用4间×4间可以得出。4间×4间的面积为16坪，相当于7.2m×7.2m大约为52m²，两层建筑的面积为32坪（104m²），可以容纳3至4位家庭成员使用。

在4间×4间的钢筋水泥外墙中，采用木制隔墙，例如一层为玄关、起居室、厨房和餐厅；二层是两间卧室，中间采用中空格局，这样足以让一个3口家充分使用。如果是4口之家使用，可以取消二层的中空构造，诸如此类需求的设计在4间×4间的户型中均可实现。

这里介绍的设计案例虽然有从框架中凸出来的，但它们都是以4间×4间为基本的设计。

依据建房用地的形状和房屋构建的规模，也会出现无法利用4间×4间的四角设计的情况，但这种户型的格局在设计住宅时会有较为重要的作用，因此需要牢牢记住。

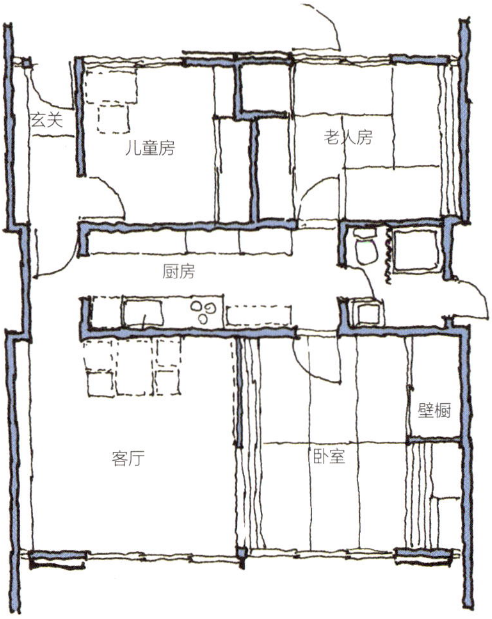

1F
1:150

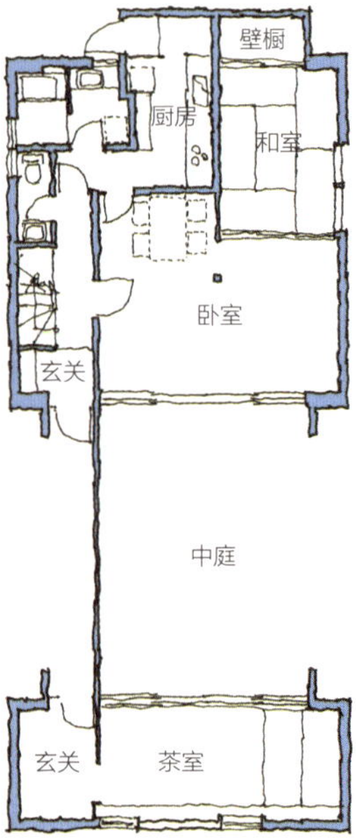

1F
1:200

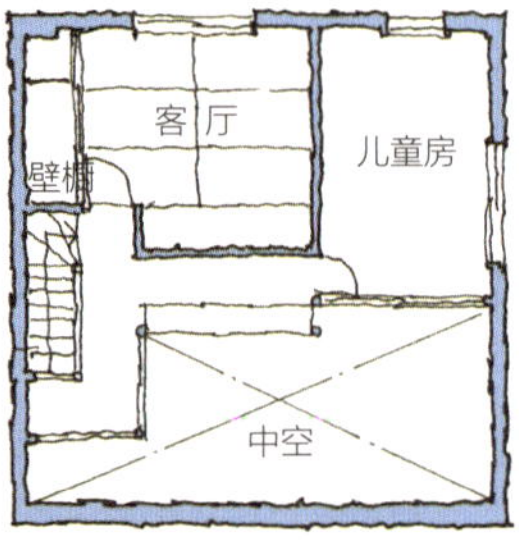

2F

此住宅为4间×4间的平房，合理的标准小住宅设计。用地的形状根据地形和道路状况大相径庭，这家约有200m²（60坪左右）的规模，大致能够满足4间×4间的建筑。

此住宅平面是正方形，边长有7.2m，无论一层还是二层都可以并排设置两个房间。一个正方形中采用了公共区的要素，另一个采用了隐私区的要素。这也正是4间×4间的户型成为基本住宅类型的原因。

右图这张设计是将4间×4间的基本型按照用地进行45度倾斜而配置的。一层部分的西侧将两个6.6m²的空间连接，二层缺少了正方形的四分之一的一角，整体为不到97m²的小型住宅。

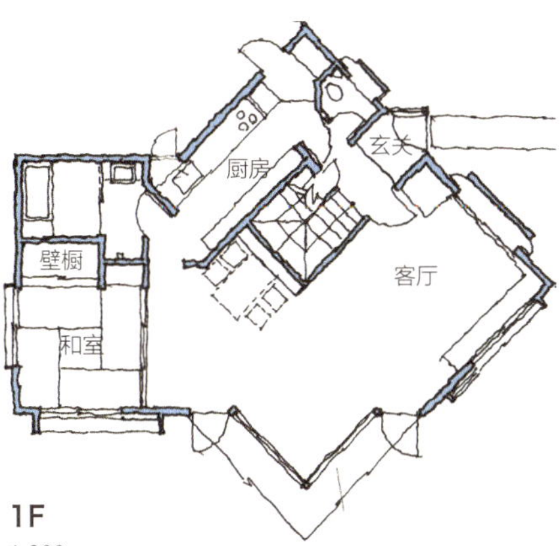

1F
1:200

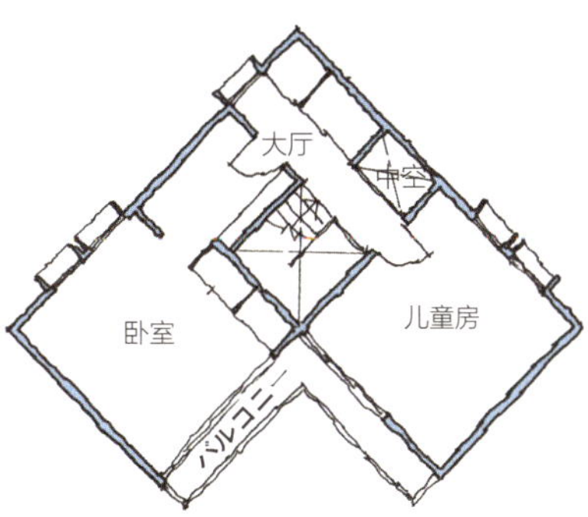

2F

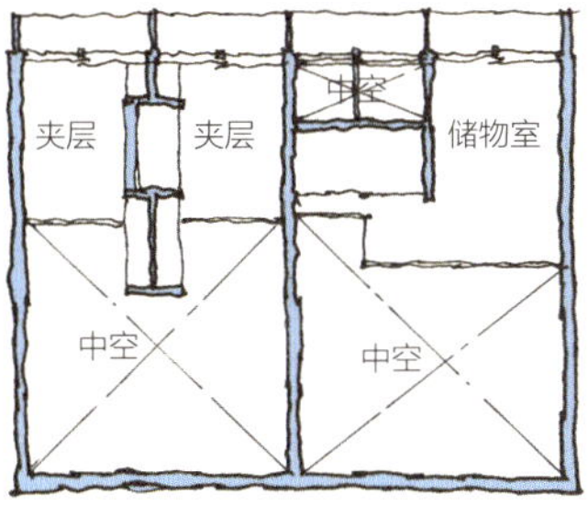

屋顶夹层处

具有4间×4间的规模，基本的居住形状已经成立，为了让住宅更加充实，积极地利用了建筑与用地边界间的空间。

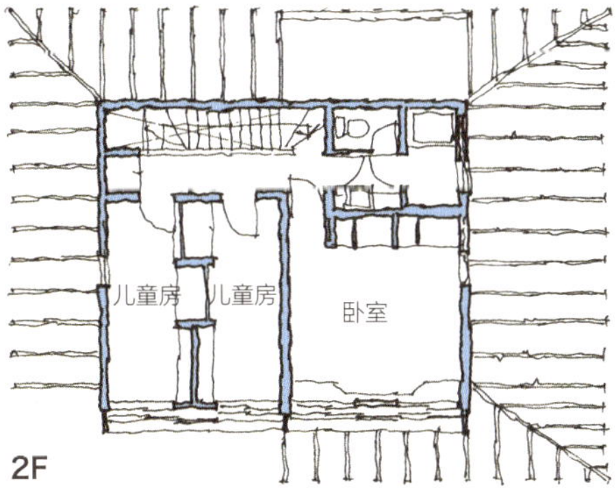

2F

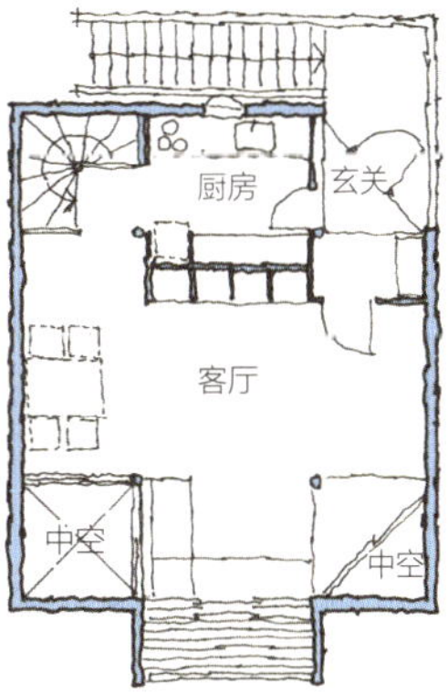

2F

4间×4间的设计，考虑到整体为二层楼的建筑，总建筑面积达到约104m²，这种规模已经超出了亚洲发达国家住宅的平均值，即使是减去中空的96.8m²，也足够一家人居住。

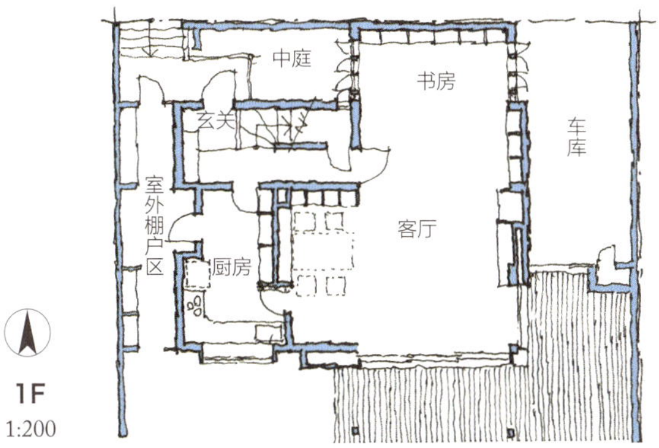

1F
1:200

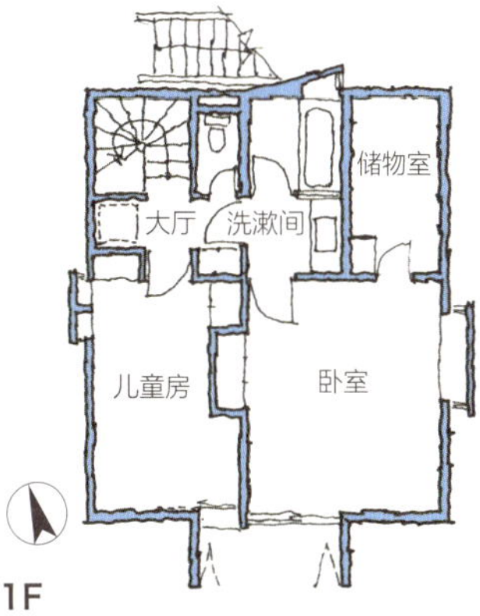

1F
1:200

2 以“动线”为本的住宅

设计师建造建筑物的基准是水平、垂直、直角以及直线。在建筑上要彻底遵守这个准则。因此无论什么样的住宅，其走廊的拐角大致上都为直角，房间的四角也都是直角。

但是人的行为模式如何呢？考虑一下人类的动作，很少有人拐直角弯。就行走动作本身而言，即便自己想一条直线行走，实际上还是会偏左或偏右地走出弧线形，然而这才是很正常的。

依照前面所说，设计出符合人类行动特性的住宅，居住起来也更加舒适。下面要介绍的实例，就是这样考虑的。在考虑设计时，主要是从玄关客厅到各个房间的部分按照人的动线进行设计。结果，既没有直角也没有45° 等微妙的角度，动线也为最短距离并且更加易于行走，同时减少了走廊部分的面积。

但是这样的通道在形状上虽然易于行走，相反由于不是直角而造成视觉上的不安定，出现不舒服的状况。重要的是不要忘记什么事都要保持恰当适中。

人很自然地在无意识中，被强制形成直角拐弯的行动方式。但是如上所见的这种设计，已经没有了直角拐弯的走廊。人的动作随意而自然，让人可以想象到居家生活一定是心情愉悦并舒适的。

进入玄关，从形状富有变化的大厅，到一层的各个空间在动线上的设计均为最短距离。

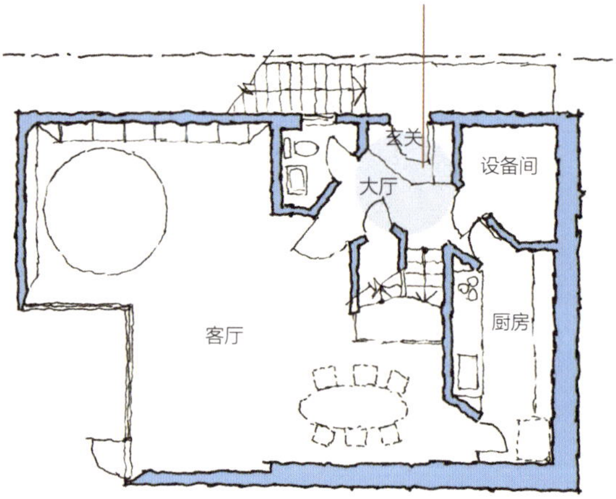

地上
1:150

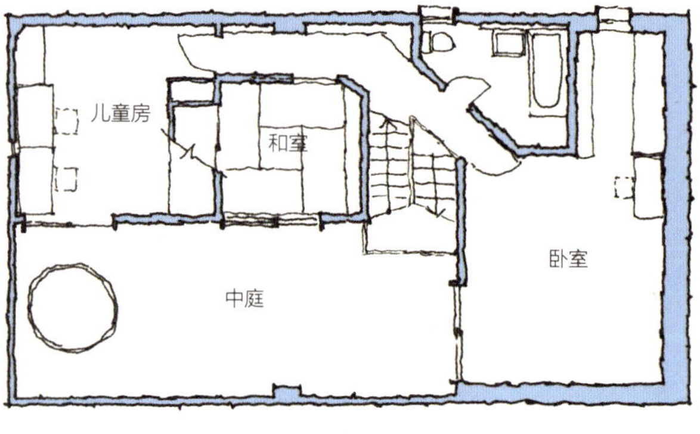

1F

通常会通过调查居住者的动线，确认功能空间的划分，按照房间的重要程度逐次进行安排配置，完成设计。但仅仅这样的话，是无法呈现出富有魅力的房间设计的。

让房间富有魅力的方法多种多样。在后面会讲到的洄游路线便是其中的一例。还有采用中空和天窗的形式，对立体设计进行研讨也是一种方法。

这里介绍的方法是以设计为重点或者核心，让住宅富有魅力。

在一层中央，凸出的饭厅是以偏转45° 角朝向客厅方向的。由于饭厅的地面比客厅的地面高出约有1m，一旦坐到餐桌旁即可清晰地看到家中任何地方，对家里情况一目了然。这里就好像航船的掌舵室，是守望着每天生活的重要场所。在以四角为基本的设计中，只有这里做了45° 的偏转，是在表明这里与其他场所的不同，强调是有特别意义的场所。

只是坐在椅子上就能够把握家中状况，这种感觉也一定很惬意，即便长时间坐在这里也不会厌倦。

看到这间住宅的平面图就会明白，一层采用了偏转式凸出的饭厅区正是这个住宅的中心。连带中空的这间饭厅，地面高度的不同说明这里也是上下层的中心位置。本设计是一例呈现了住宅重点，并让人身心愉悦的设计。

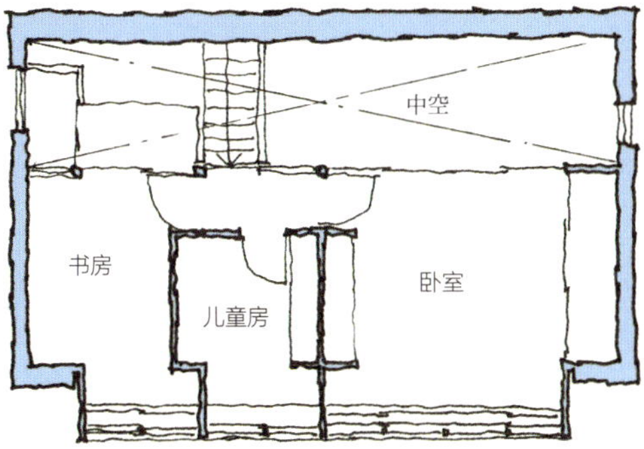

2F

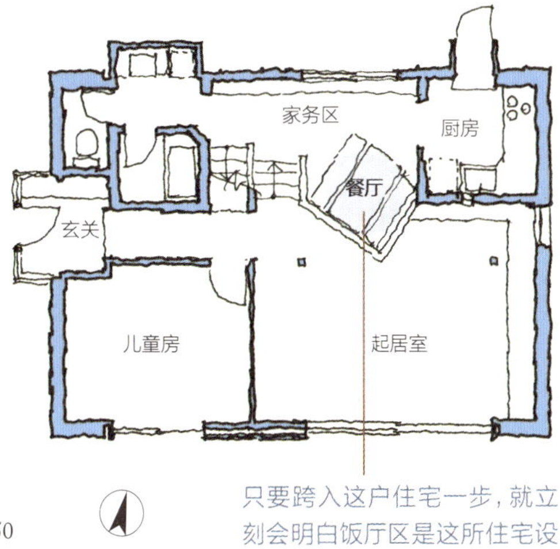

1F
1:150

只要跨入这户住宅一步，就立刻会明白饭厅区是这所住宅设计的核心。房间中央偏转式凸出的饭厅，具有强大的存在感。

4 回归到住宅的“原始”形状

所谓原始形状是指在含有立方体、长方体、圆筒等各种各样的形状在内的形体，尽可能保持其原有的形状，或者尽可能为简单明了的设计。

宫胁先生否定缺乏秩序的建筑，提倡设计简洁的原始形状。并将以此理念贯彻深入，从而开发出一系列建筑，称之为“盒子系列”。

正如这里介绍的设计案例，带有原始形状的建筑具有表现力强的特点，即使规模小也容易被认知，因此即便在密集的城市之中，也能够体现出鲜明的存在感。

为了建造简洁清晰流畅的建筑，首先要避免外墙壁线上凸起和凹陷，然后仔细并慎重地设计外侧墙壁上门窗的大小、位置、数量、形状等。门窗的数量虽然受到限制，但是可以利用增加门窗面积改善效果。

其次，为改善门窗数量受限的制约，可以采用设置天窗来增加采光，这也归结为原始形状的一种手法。天窗采光的优点是可以达到墙壁窗采光效果的3倍，因此应该加大天窗的利用。

但是，阳光直接照射室内对家具生活也会造成一定的影响，所以有必要花费功夫考虑如何有效的调整入室光量。

所谓原始形状是指像立方体和长方体那样简单的几何形状，正因为简单才具有强烈的表现力。在致力于原始形状住宅的设计时，如果建筑为木质材质结构，那么住宅的屋顶应采用简单的人字形。

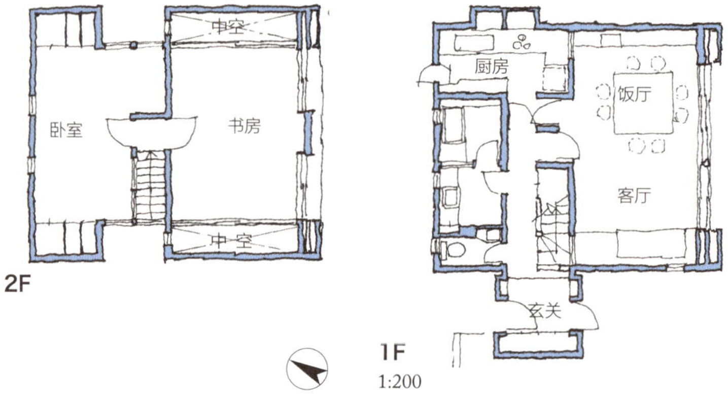

在致力于原始形状住宅的设计时，如果建筑为钢筋水泥结构，基本是将其设计成立方体形状。根据建筑物规模的不同，若完全是方体形状则印象过于沉重，有必要探索在某些地方进行切或取等修改。

考虑设计时以"模块"为基准单位。模块的大小以我们最习惯的单位为准，比如一张榻榻米的大小。

一张榻榻米的大小被称为1叠，为3尺×6尺（约90cm×180cm）。在此，若以榻榻米作为基准，可以称为3尺模块。3尺模块是目前被广泛使用的模块，其他被使用的还有以1m为基准的米模块。

但是宫胁檀建筑研究室在一段时间，采用了以4尺为一个基准单位的"4尺模块"。使用这种模块，可以让狭窄的走廊和卫生间能够宽裕起来，如果以3个单位来计算，便形成了在住宅上惯用的"2间"尺寸，并且与3尺模块的4个单位面积一致，使用起来非常方便。使用4尺模块构建和室时，还有一个好处即在铺上榻榻米后，房间周围能够稍微余裕出一点木地面的空间，可以用来放置壁橱等。

然而与3尺模块相比，由于每个单位上多出33%，一旦疏忽，设计出的住宅可能会超出建房用地范围。而且较多建筑材料的尺寸需要对应3尺模块，使用4尺模块时会造成建筑材料的浪费，或者因无法采购到适合的材料提高成本，这样也是造成放弃4尺模块的原因。

在使用4尺模块设计时，其最突出的特征为能够充分确保走廊的宽度。正因为像玄关大厅那样在宽度上有余裕，除去可以非常宽裕的使用以外，还可以设置一些收藏架存放小物品等。

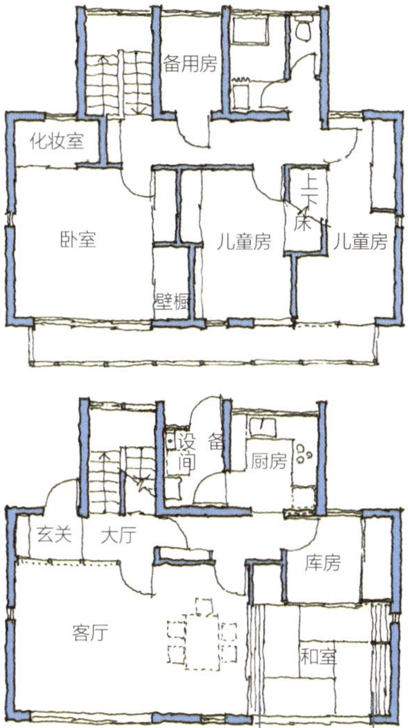

2F

1F
1:200

在使用长为6尺的榻榻米的和室里使用4尺模块，就会呈现如图所示的富裕空间。在富裕出的空间上铺上木质地板，这间和室也变得更加宽阔，并且功能更丰富。

利用4尺模块设计的走廊比普通走廊宽阔。因为进入玄关立刻就能步入走廊，这里兼备通道和大厅的功能。

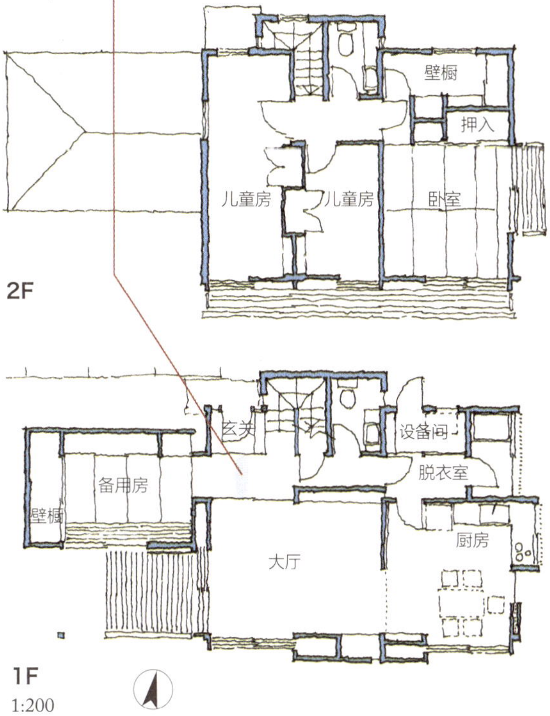

2F

1F
1:200

例如这家住宅的设计，使用4尺为一个单位，那么2个单位为2400mm，3个单位为3600mm，对于木质构造使用4尺模块的优点一是没有超出规模范围，二是视觉上非常宽敞。

6 依据住宅的“构造”来决定设计

柱子和墙壁是用来承担建筑物的构造。看到它们在平面图中的形式，就大致可以理解建筑物采用的构造方式。

建造建筑物时，一般以水平、垂直、直角为基准，因此房间的形状也基本上为四角形。通常，建筑物本身的重量（自重），及受到风或地震时带来的力量（外力），或者由于积雪和家具等造成的力量（负重），以及建筑物要承受的各种力，都要通过柱子和墙壁以水平和垂直的方向传导承受。然而，参看左侧的实例，住宅中的墙壁呈曲线状。这不仅是依据形状展现别墅的赏心悦目，也是通过准确的计算柱子和墙壁的传导力量得来的结果。这个建筑物的屋顶极具特征，通过改变顶梁柱的高度打造出屋顶的起伏，但如果在任意一个位置竖切顶梁柱看到的垂直断面上，都会呈现出倒V字形，即人字形屋顶。在水泥墙壁支撑屋顶的结构中，屋顶的下边缘与墙壁的上边缘结合部分宽度不变，并以直线状延续。但由于顶梁柱呈波浪形，屋顶的倾斜程度时急时缓发生连续性变化。对于屋顶到墙壁部分力的传导，在倾斜缓慢处则呈八字形向外展开，在倾斜湍急处则以近似垂直的角度向下延伸。为了使力能够顺畅的传导，沿着力的走向改变墙壁的角度，以及在屋顶倾斜缓慢处增大墙壁的倾斜程度，使得力在地面处得以扩散，方得出呈曲线状的墙壁。这就是依据住宅构造来决定设计的实例。

外壁形状如同鼓的断面，不仅单纯考虑到房间的设计，对承重墙受力的方法也与结构负责人进行了认真的研讨。这个在角度上发生连续性变化的屋顶是有它的道理的。

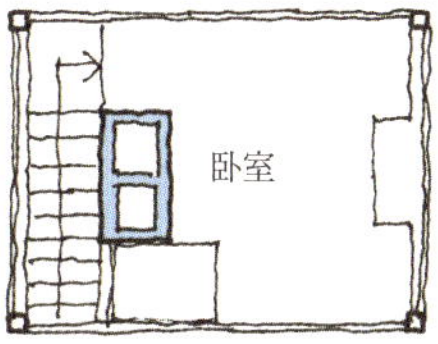

中二层

如图所示，一层四周的墙壁为了支撑以不同角度变化的屋顶呈弯曲状。墙壁配上富有变化的屋顶，也赋予了这个建筑别具一格的外观。

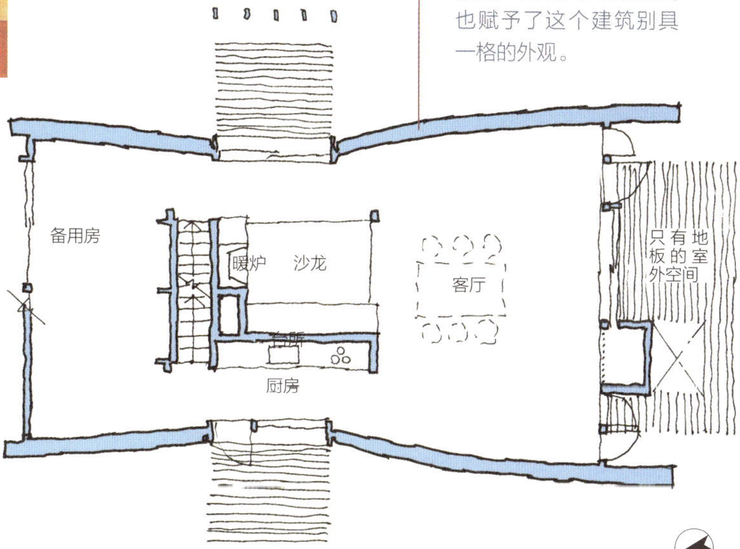

1F

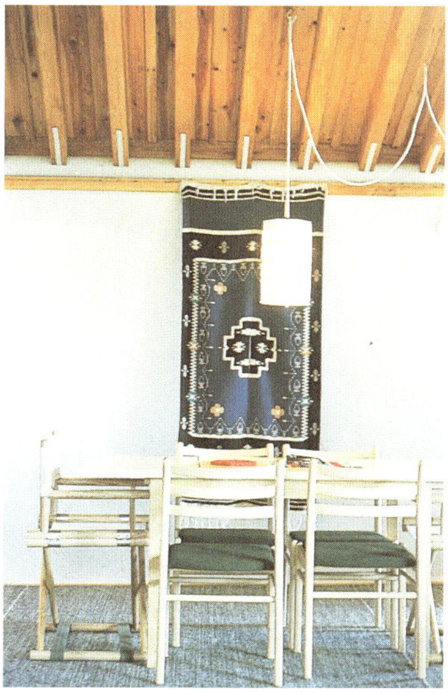

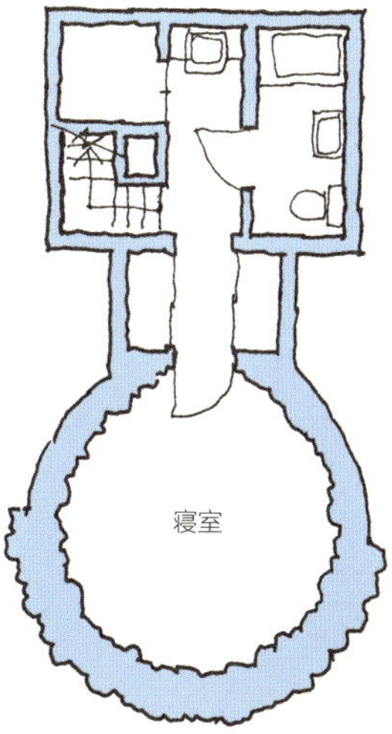

地下室
1:150

7 “超小型住宅”的形状

提到“超小型住宅”，立刻就会联想到1950年由池边阳先生设计建成的“立体超小型住宅”，以及1952年由增泽绚先生设计的住宅等。无论哪一处住宅都不满50m²，预计供3人居住。增泽先生的住宅在1999年由住居设计中心OZONE重新复原之后,在完全保持原样的基础上，迎接了不同的居民，在当时也成为风靡一时的话题。现在，已经被翻建为“9坪屋”，并进行商业化展开。

宫胁檀建筑研究室认同的“极小型住宅”，除去别墅规格以外，基本都是建筑面积为60至70m²左右，主要适用于2到3人的家庭，大多数的设计特征是把客厅设置在二层，客厅以LDK（Living=客厅，Dining=饭厅，Kitchen=厨房）构成。

选择二层作为客厅的理由，首先由于建房用地狭窄，能够享受日照的庭院面积就会随之减少，其次，在一层无法眺望远景，并且如果为位于一层的客厅建造宽阔的门窗，也会带来安全隐患。

在常规的设计上，一般尽可能在两个地方设置洗手间。一间是家庭成员专用，另一间兼有化妆室功能提供给客人使用。然而这里介绍的实例为小规模住宅，由于受到面积的局限，难以实现设计2个洗手间的方案，因此通常会把洗手间设置在卧室所在的楼层。

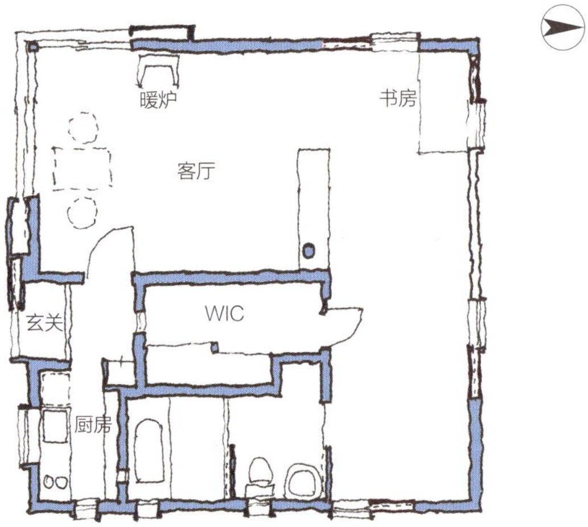

1F
1:150

作为适合一个人居住的单人住宅，面积为64m²，在日本这样的面积达到人均面积的2倍左右，虽然不能算是极小型住宅，但最低限度的预备了适合起居生活所必要的一切要素。

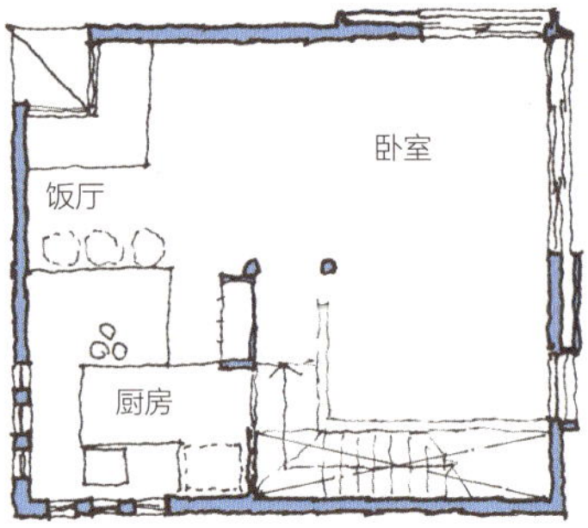

2F

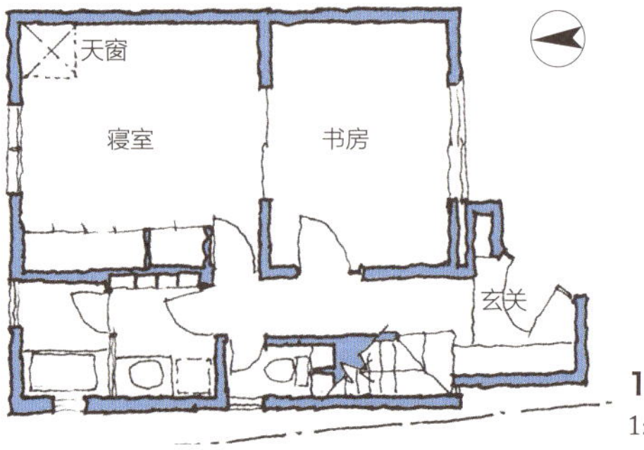

1F
1:150

从父母家分得到一部分土地用来建房时，如果是市区部，土地面积受限是很正常的。利用有限的建房面积在设计夫妻2人的住宅时，必须考虑以极小型的规模的住宅进行设计。这户住宅的用地面积为74m²，建筑物占地面积不到72m²，适用于城市部的设计。

占地60.5m^2适合夫妻2人生活的小型住宅。尽管面积不大，但在二层设计出达到16贴（现在通常计算方法为1贴＝1.6529m^2）以LDK（Living＝客厅，Dining＝饭厅，Kitchen＝厨房）划分构成的房间，四壁均为开放式设计，居住起来明亮宽敞心情愉悦。

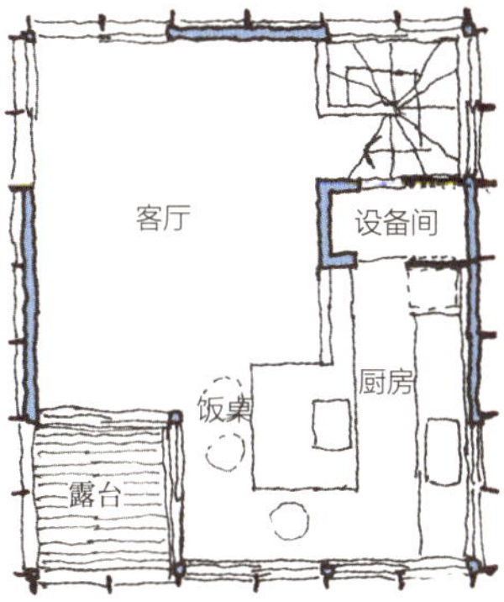

2F

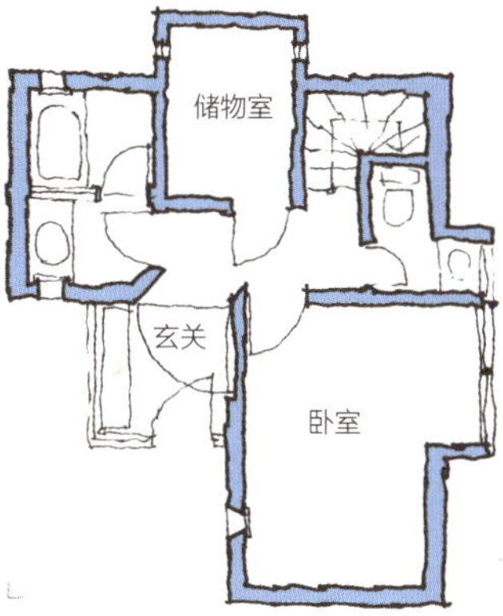

1F
1:150

如果把夫妻2人作为家庭的最小单位，这里要介绍的实例是适合一个家庭生活使用程度为最底线的设计方案。一层是以卧室为中心的个人隐私区域，二层为LDK（Living＝客厅，Dining＝饭厅，Kinchen＝厨房）的公共开放区域。

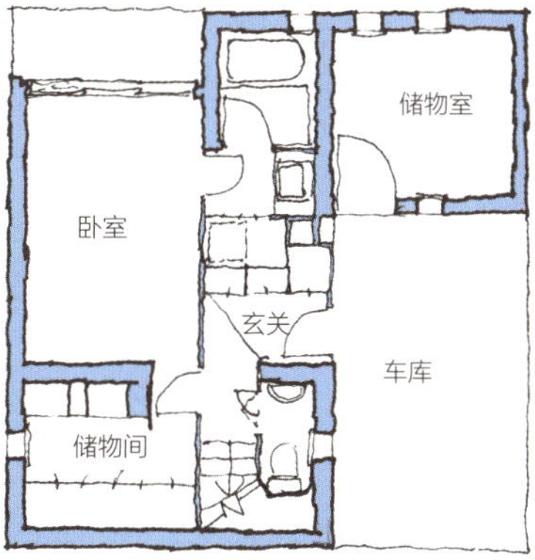

1F
1:150

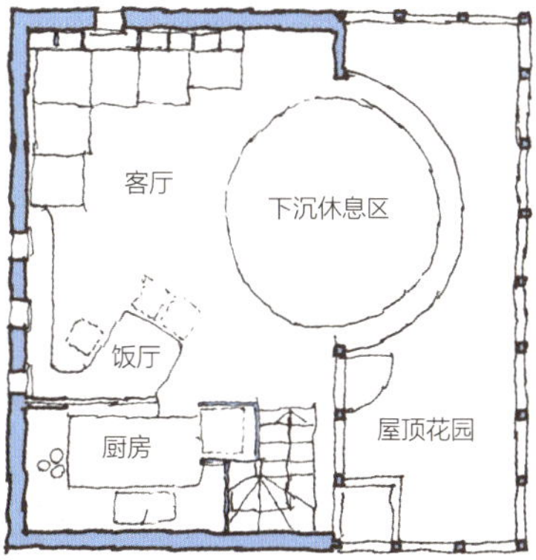

2F
1:150

8 充分利用小户型的空间

无论是小型低排量汽车还是大型的豪华汽车，在保障行驶的条件下，其基本机械构造及规格是相同的。小型低排量的汽车尽管容量小却五脏俱全。

住宅与汽车相同，无论是小型住宅还是大户豪宅，为了保障居住所必要的功能和配置是一样的。如果想把小户型住宅设计得合理、功能齐全的话，需要精致的制作，那样房间内部也会变得更加紧凑。

在此介绍的实例为建筑用地为60多平方米（约20坪）功能齐全合理的小户型住宅。在有限的建筑空间里，首先确保了厨房、卫生间和收藏空间。在此之上，尽可能设计出比较宽敞的客厅，并且在设计上到处都凝聚着各种各样的技巧。

例如需要具备通下水管道的卫生间和浴室，这些虽然与建筑物规模无关，但是属于必需生活空间，虽然可以把它们设计到人体所需的最小限度，但是为了确保这些空间的舒适度，在此设计师采用减少墙壁厚度的方法。即便是水泥墙，也可以根据承重功能的大小改变墙体的厚度，继而增加房间面积，并且还增加了收藏空间的面积。通过对比一、二层平面图，可以发现上下层都涵盖了有效利用空间的设计理念。

小户型平面图，在有限的空间中设计基本满足了建筑物所必需的要素和功能。宫胁先生说要把这种小型住宅设计得像潜水艇一样。

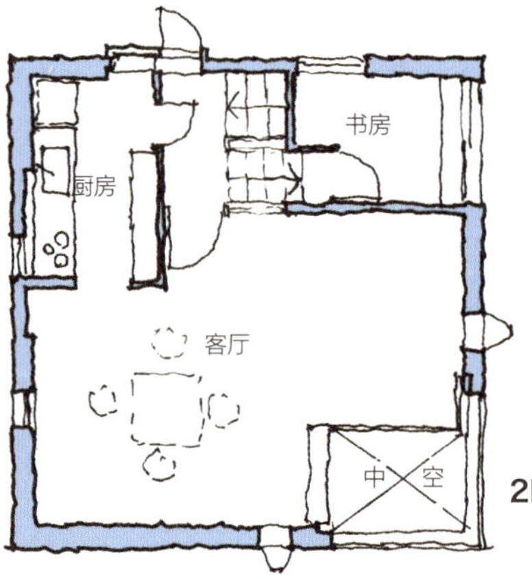

2F

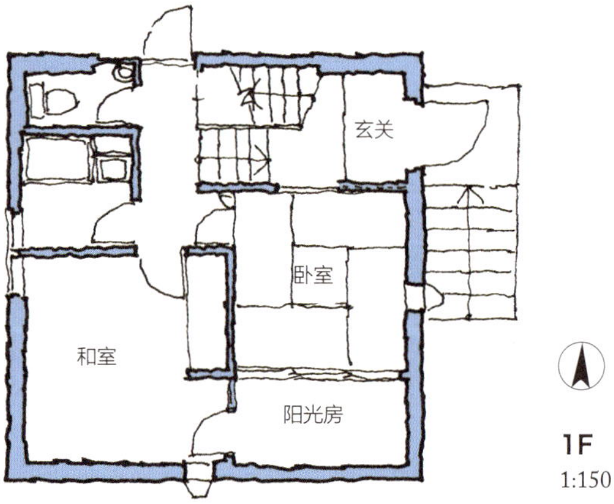

1F
1:150

在小户型住宅中，应合理有序地安排所有必需的要素并充分发挥其功能性。二层设计了宽敞的客厅，卧室设置在一层，还同时设计了采光室。

“遮挡视线”的同时保持良好的“通风·采光”

如何合理设计卧室、厕所、脱衣所、浴室等需要确保个人隐私的房间呢。不仅需要确保隐秘性，还需要保障充分采光和通风，要是能够眺望远景就太理想了。从建筑用地、周边状况、建筑物本身的朝向、位置以及各个房间的最佳位置，在进行设计时都要精心揣摩。

为了确保个人隐私空间，可以在窗口处挂上百叶窗或遮阳卷帘，或安装窗帘，但这样并无法让人有安全感。

对于卧室的设计，宫胁先生经常采用的方法是，在床头部分设置采光式飘窗。右图所示的位于西北侧的卧室即采用此设计。飘窗是在垂直于外侧墙壁处固定的L形悬臂固定模框，然后直接浇筑混凝土成型。采光式飘窗强调采光，但这种设计在床头上方的飘窗，床头处是墙壁，所以在保障充分的采光并完全遮挡了外部视线的同时也确保了个人隐私的空间。即便卧室的位置与邻居家相邻或临街，采光式飘窗也能够让人安心。在飘窗两侧设置了可以单向开关的小窗，以确保良好的通风。

但是，这种形状的飘窗虽然确保了个人隐私，却无法观望到窗外的景色。

采光式飘窗最适合卧室，既可遮挡外部视线，又可确保采光和通风。并且在飘窗凸出的墙壁还可以装饰绘画或者摆放照片等，用于满足各种使用目的。

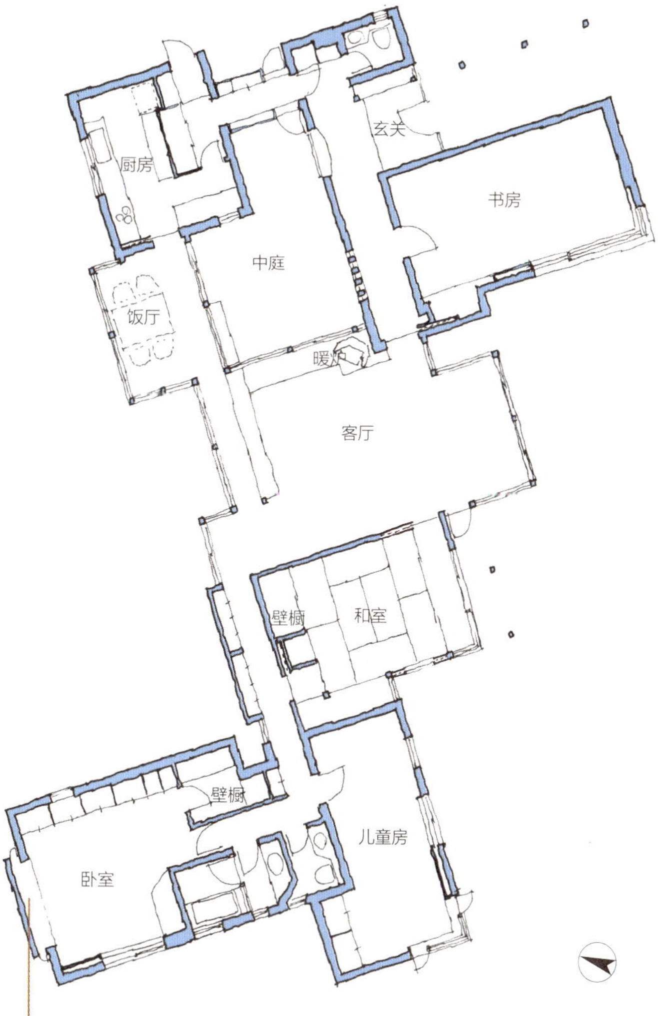

1F
1:200

这个部位可确保采光和通风，飘窗正面是墙壁造型，可遮挡外部视线，由窗体上方采光。在平面图上显示这种形状。

10 为将来增改建着想的住宅

许多因素会影响住宅的规模。住宅的规模首先是根据居住者的意愿来决定，即居住者所期待的居住方式。其次资金也是决定住宅规模的重要因素。另外建筑规模还会受到建筑覆盖率和容积率等法规的限制。

受到资金及现状的不确定性因素等影响时，最初设计时可以为将来的增改进留出余地。像这样的情况，如何为将来增改建做打算呢？

首先，要考虑是住宅建筑是横向拓展还是纵向增高，或是在双方向予以增改。对将来的增改建做大致的评估，从而考虑建房用地上的安排。住宅建筑物的结构和施工方法等直接起到有益或不易增改建的作用，因此要把各种可能性在最初考虑到设计中。

这里介绍的实例是钢筋混凝土墙壁构造的设计。由于是水泥墙壁构造，很难为增建而打通其中一部分。为了便于将来的增建施工，可以事先决定房间扩张的方向及位置，在构建时事先在预定向外扩张的墙壁上设置稍大面积的开口。如果是木质构造的房屋，在实施增建时对施工方案进行研讨也完全来得及。

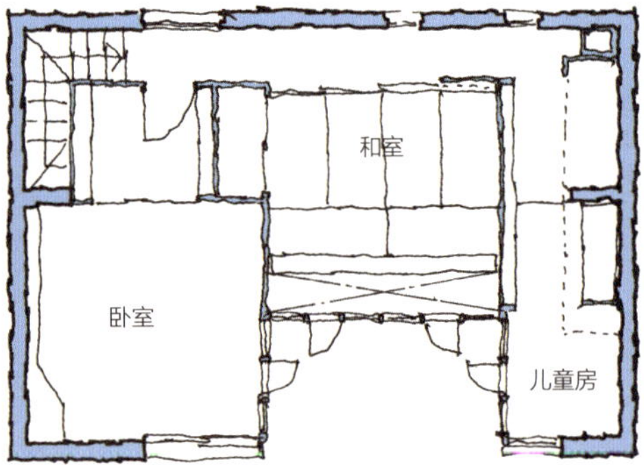

2F

在最初就有将来增建的打算时，一定要事先决定增建的位置和改建的程度。这个设计是打算将来从露台向南延长增加房间的案例，所以从一开始就对与此对应的外侧墙壁本着易于增改建的原则进行了设计。

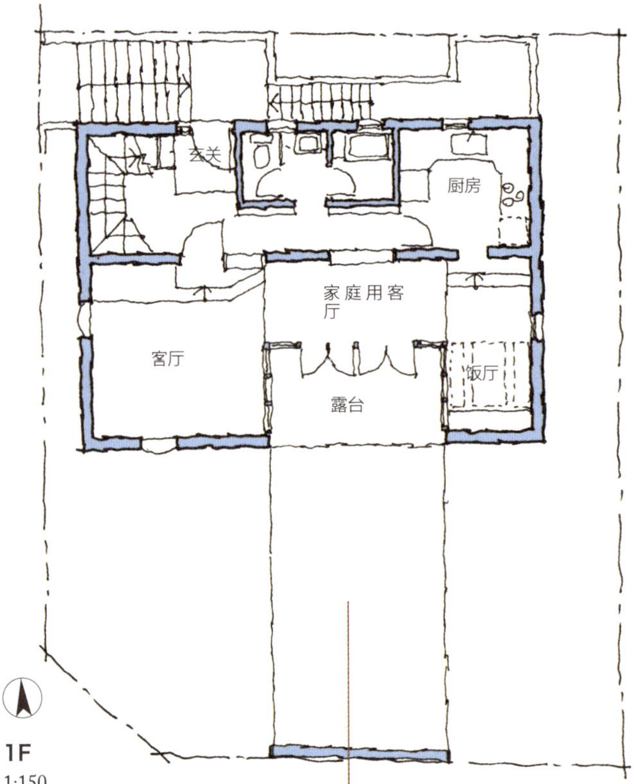

1F
1:150

建筑物为钢筋混凝土结构，将来即使进行增建可以直接利用原有墙壁。从一开始就毫不犹豫地在一层预留了宽阔的空间。

集中“连接水管的位置”到一侧 11

需要连接水管的位置分为两个区域，它们分别是以厨房和家务为主的家务区域及以卫生间、浴室、洗漱室等为主的卫生区域。一般，客厅等公共区旁边安排家务区域，而卧室等个人隐私区域旁边安排卫生区域。

当然最好是集中连接水管的位置，便于进行接水、接电等管配施工，也便于集中给排水设备和电气设备等的配线施工。缩短管线长度可以减少物品总量，提高施工效率，也有利于今后的维修。另外集中所有连接水管的部分，各种用途的小面积房间也集中在一处，墙壁的密度提高，这样的构造有利于防震（耐震墙壁的集中化）。在使用上，正因为集中到一处不会带来不便。

这里介绍的实例是木质结构的二层住宅，东西7.2m（4间），南北6.3m（3.5间），连接水管的部位集中在一层的东北侧，占用了墙壁的一半。这里的一半也包含了楼梯和走廊等移动空间，从其他的任何房间能够以最短距离到达厕所和洗盥洗室，这样的设计使用起来很方便。这户住宅有效地利用有限空间，所以能够在南侧设置LDK。

进行设计时，尽可能地把厨房、浴室、卫生间等连接水管的部位集中起来。本案例是把连接水管的部位集中到一层，占用了一半空间，这样有利于施工和进行维修。

下图住宅的北侧集中了所有连接水管的部位。厨房、浴室、盥洗室、卫生间均整齐排列在一侧。

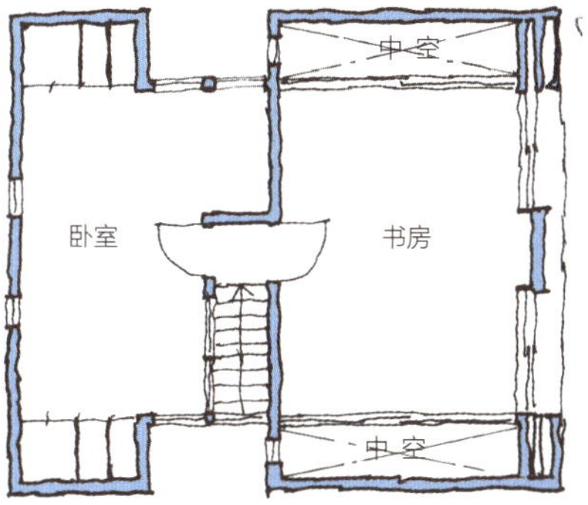

2F

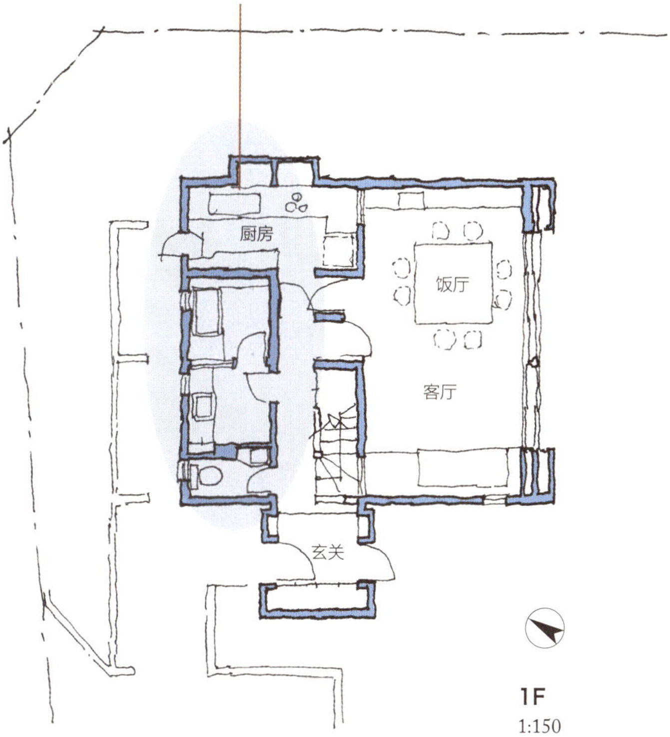

1F
1:150

12 延续“中央走廊”式的设计

中央走廊式设计起源于日本昭和时代初期，以日本关东地区为中心广泛流行，是中产阶级住宅的一种，也可以称为第二次世界大战以前完整的日本住宅。构造是进入玄关后，笔直的走廊南侧排列了西式餐厅、客厅、茶室等，北侧女佣房（保姆房）、厨房、浴室等连接水管的部位，动线清晰有序，饭厅与卧室分离，设计合理。

中央走廊式设计在住宅正中央贯通了主要的动线轴，设计紧凑有条理易于施工，完全适合现在社会。

在此列举的实例，除了以走廊为动线轴的设计外，还有即便没用所谓的走廊贯通空间，在住宅中央处安排动线轴的设计。

采用中央走廊式设计时，要注意考虑房间的采光。即走廊被周围房间团团包围时如何进行采光。作为住宅的主要动线轴，完全依靠灯光照明还是有点遗憾的。为了保证走廊处的外部采光，一般采用天窗和中空的方法，实在难以实现的情况下，可以考虑在走廊与朝向走廊的房间之间设置门窗，或者走廊和房间之间的墙壁采用透光性好的材料等方法。

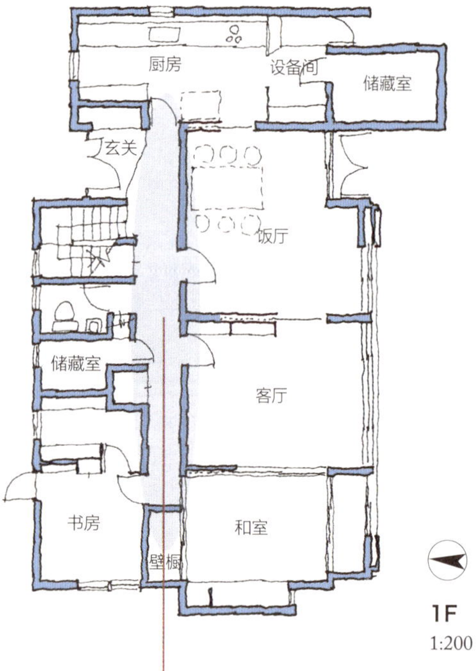

中央走廊式的设计，走廊贯通中央，南侧为客厅、和室，北侧为卫生间、储藏室。二层也采用相同的设计，走廊南侧为卧室、儿童房，北侧为卫生间、浴室。

位于住宅偏中央处的笔直的走廊。以这个走廊为中心动线方便使用。

进入玄关从大厅处连接了笔直的走廊。这个设计的特征还在于可利用长走廊的墙壁储存物品。

一层和二层都采用了中央走廊式设计。一层走廊北侧为和室，没有设计连接水管的空间，二层走廊的北侧却与连接水管的空间相连，为典型的中央走廊式设计。

从玄关进入为笔直延伸的中央走廊。一直到走廊尽头的两个房间，走廊的长度适度，确保各个房间的独立性。

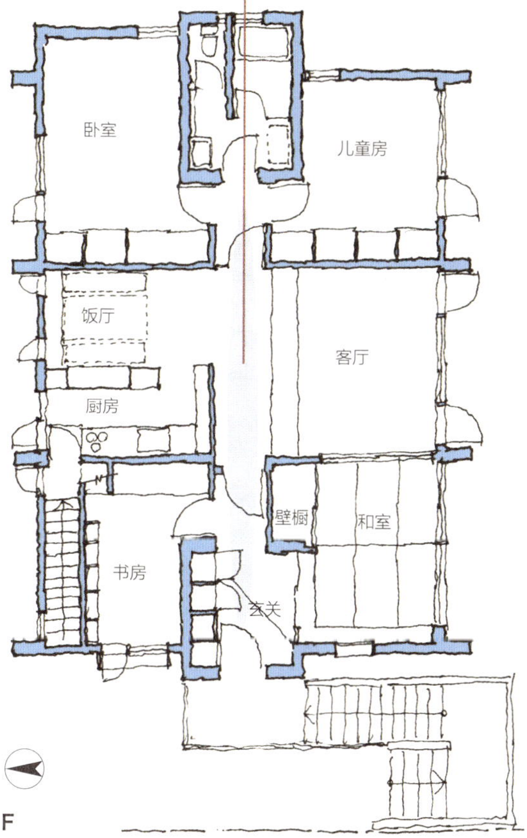

1F
1:200

进入玄关贯通着走廊，在日本是很普遍的设计，在这户住宅里走廊成为所有动线的中心，空间使用方便。

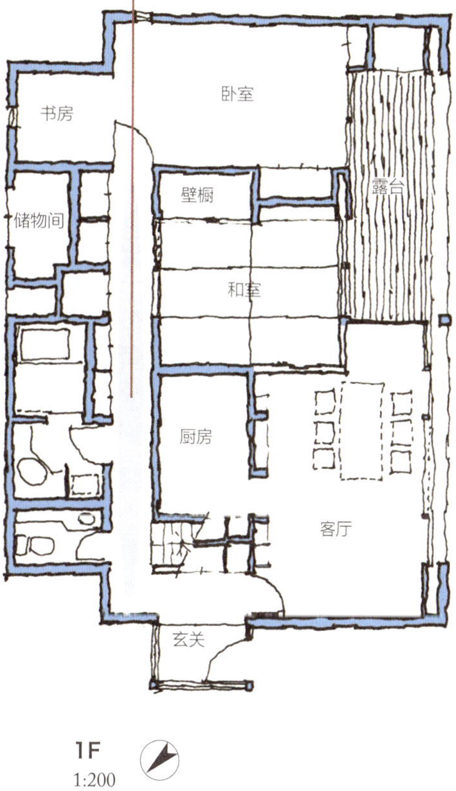

1F
1:200

这户住宅也采用了中央走廊式的设计，两侧房间（和室、书房、连接水管的部位等）的面积基本均等。当时正值以榻榻米房间为中心的日本昭和年代初期，中产家庭普遍采用中央走廊样式设计。这种设计也是完全可以适用到当今社会的，即便现在人们的生活方式是以西式住宅风格为主。

本案例是在一层的中间处设计了走廊。看图会误解没有室外采光，其实这户设计在走廊上方采用了天窗，可以直接从高高的天窗处让外面的光线照射进来。

13 设置“设备中核”

“核心”英语为core，即中核，在设计中表示将一些要素集中到一起。

住宅里提到的“设备中核”是指将所有水管集中联系起来，如厨房、设备间、浴室、盥洗室、卫生间等。如果设计出设备中核，就能够集中设备配管，对于施工及今后的维修较为方便。更具体地说，首先能降低成本。另外对于比较小的房间，通过集中设备核心，便于设计耐震墙壁，在结构上也是合理的。

在很多集合型住宅中常见利用设备中核来整合房间，这种方法也适用于一户住宅的建筑。采用相同的方法来进行设计有利于对住宅整体进行规划。越是小规模住越显而易见。

左侧实例为钢筋水泥制的小型住宅。如图所示，住宅的一层中央部的浴室、卫生间，以及正上方二层的厨房贯通了设备中核。从设计图上就能感受到由水泥墙壁包围的这个中核部在结构上的重要性。另外，这户住宅在设备中核处设计了楼梯，通过集中动线的方法便于从住宅的任何方位进行移动。也可以说设备中核为设计房间构成时发挥了重要作用。

仅通过看平面图就知道中核所在。一层为浴室和盥洗室，楼梯也设计于此。

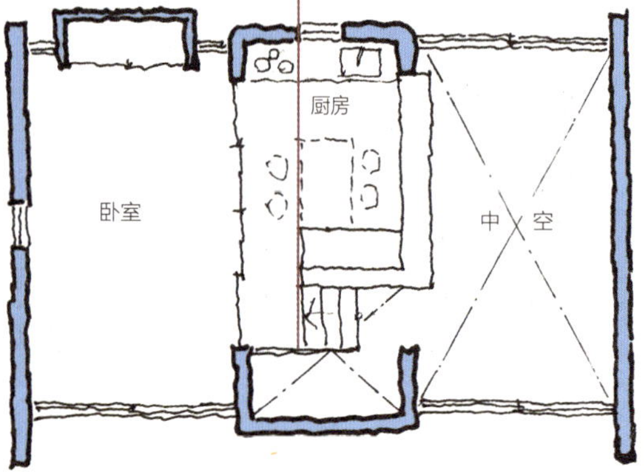

2F

这户住宅采用了钢筋水泥制结构。连接水管的部位包围在墙壁中，位于住宅的正中央，结构稳定，牢固耐震。

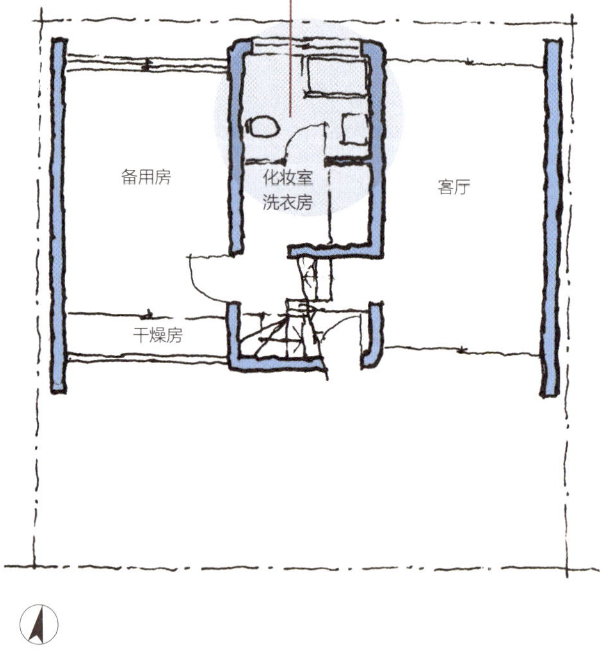

1F
1:150

将“设备中核”设计为双核 14

一个建筑物可以拥有两个“设备中核”，但这一般适用于规模较大的写字楼等，普通的小型住宅难以实现。

在此介绍的实例是在东西两侧有两个设备中核。

这户住宅的外框为“门”字形的钢筋水泥“盒子”，内部采用了木质框架结构。“门”字的左右支柱部分别为2个结构中核。因此在进行设计时，利用了两侧的结构中核设计为设备中核。

连接水管的部位无论如何都无法摆脱潮湿的问题，这与设备及使用方法无关，潮湿还会严重影响住宅的耐久性。因此，在木质住宅中，尤其是连接水管的部位的墙壁，要采用耐潮湿性较强的水泥材质，水泥墙的高度要到半腰高。在钢筋水泥质的构造中核处设计设备中核实际上有充分的理由。

与水管相连的设备及配管等，根据使用方法和维护方法的不同在使用年限上会有很大差别，但一般需要在使用15年到20年左右时进行更换。因此，在钢筋水泥结构的住宅中，要注意为了便于将来更换设备，尽可能避免把配管类埋嵌在水泥中。

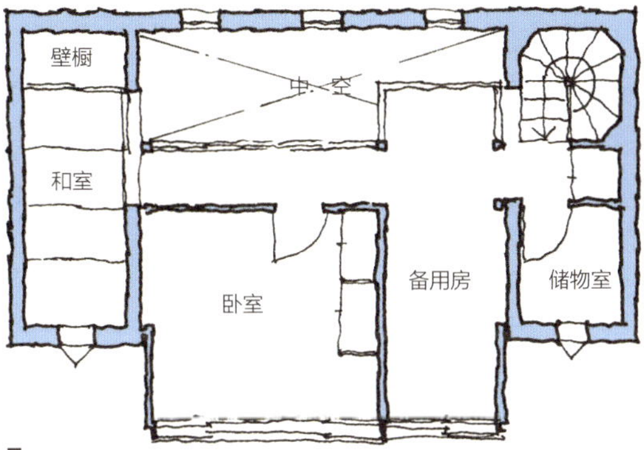

2 F

钢筋水泥的墙壁结构，分别包围了卫生间、浴室设备和厨房的设备，在两处采用设备中核（兼构造中核）。在小型住宅的两侧采用这种设计，形成了由两部分组成的结构，及『门』字形的形状。

中图建筑物两端设计“中核”，并实现了各种功能。一层连接水管的部位所有功能都在此启用。

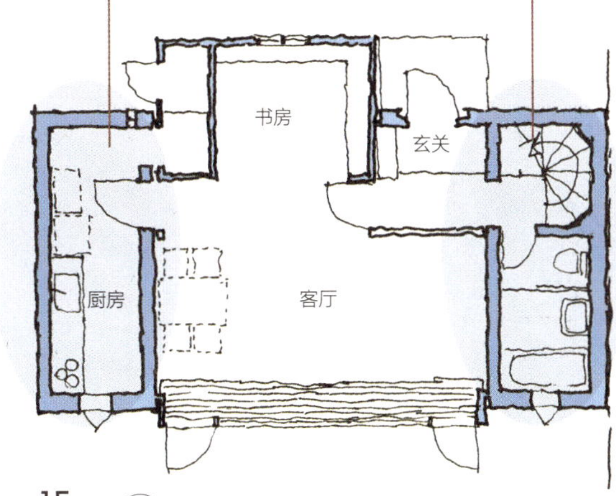

1F
1:150

15 适应未来变化的设计

一般一个家庭的构成和生活方式在五年左右会发生变化。例如伴随子女的就学、升学和就职，或者由于婚丧嫁娶等原因都会导致生活的改变。

类似这样当家庭成员发生变化时，对住居空间就需要进行调整，或增建（少数还会减拆建）。另外，以10年、20年为单位，伴随着设备老朽化，在考虑交换设备、维修配管时也会出现增改建的可能。

当更新设备、交换配管时，如果住宅是采用传统工艺（木结构承重框架工艺）建造的还比较容易对应，如果采用的是木结构面板工艺，或者是钢筋水泥结构的墙壁构造时，由于无法轻易破坏墙壁，从而导致增改建施工难度的增加。根据住宅建筑工艺的不同，在最初进行设计时有必要对将来的增改建做施工计划做打算。

宫胁先生提倡混合结构，即根据需要在住宅中改变建筑结构，需要具备耐火、耐久性功能的地方采用钢筋水泥的外壳，将来有可能会进行增改建的部分采用木结构，在同一户住宅中混合建筑结构。这里介绍的实例是在钢筋水泥墙壁结构的外壳下，组建木结构承重框架，其目的是应对将来的增改建。

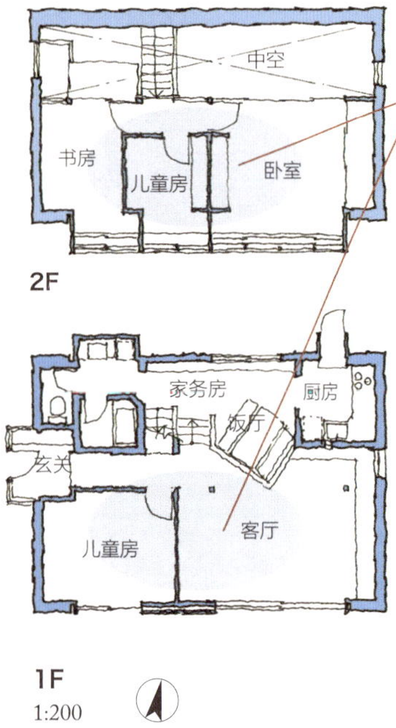

建筑物周围结构牢固，但隔墙在一定程度上可以自由进行更换。二层的儿童房附近的墙壁是可以拆除的。

这间住宅并不是很宽敞，如果最初就把房间划分得特别细致，会导致融通性上的欠缺。由于孩子还很小，在设计上，把一层的儿童房和客厅部分作为将来可能变更部分。

两个"中核"部分在结构上无法变更，把这两个核心之间的部分作为宽敞的客厅使用，并且可以对应将来的增改建。

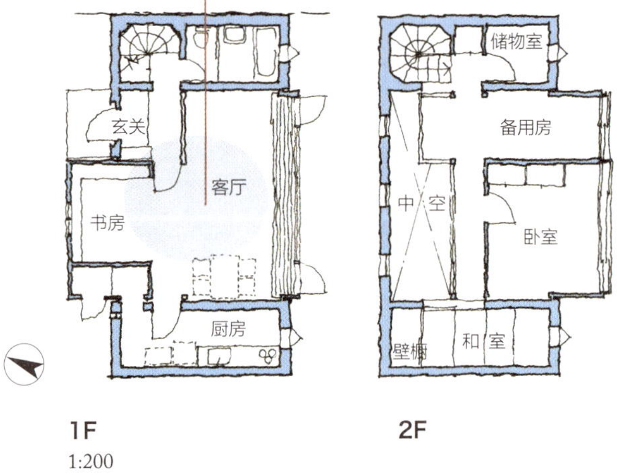

上一节介绍过这户住宅，在结构上呈门字形，中间空出的部分采用木造结构来填充。这里没有钢筋水泥，任何时候都能够增改建，是以备将来变动的设计。

剖析“钢结构房屋”的优势 16

钢结构房屋是指使用H钢（断面呈H型的钢材）、角钢（角型钢材、角型钢管）等钢材来做建筑物的框架。根据使用钢材的种类，钢结构房屋一般可分为轻型钢结构和重型钢结构。住宅建设上经常使用的是轻型钢结构，使用轻型钢结构几乎可以达到与木结构住宅同样的效果。

相比轻型钢结构，重型钢结构主要用于中等规模以上的写字楼，由于使用的钢型断面较大，重量较重，因此能够加长横梁的跨度（支柱间隔），利用少数支柱获得开阔空间。

在此介绍的住宅就是利用上述特征进行设计的。在设计住宅时，支柱总数少可以提高结构的自由度，并增强了房间之间的融通性。如图所示的住宅虽然是平房，138m²的大屋顶仅靠6根支柱支撑，配置了与支柱毫不对应的墙壁。这样的构造，如果在将来家庭成员发生变化或者生活方式发生改变时，只需移动壁墙而无须改变住宅的框架就可以。

能够实现这样的设计，也归功于重型钢结构。这种结构设计不仅适用于写字楼，在众多的越来越多家庭住宅中也正在被广泛地采用。

这户住宅本身为重型钢结构，实现了减少支柱的数量目的。被支柱限制的空间得以开放，可以游刃有余地进行设计。使用重型钢结构最突出的优点就是可以增加支柱间的间隔。

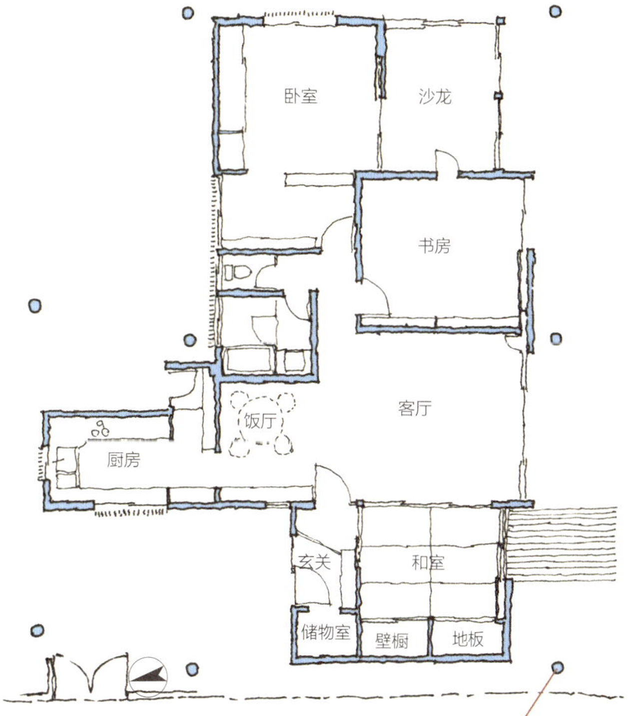

1F
1:200

小圆圈代表钢结构的支柱。正因为整体为钢结构，支柱间的间隔得到进一步增加，能够确保空间更加开阔。

17 考虑住宅风水

如果从建筑学的观点来考虑风水，有些是合乎逻辑的，但有些已经得到科学的验证定义为迷信。

风水的判断基准本应在住宅的中心，但实际上判断方法有若干种，因此对风水的判断也会大相径庭。即使出现不符合风水的情况也有各种应对的措施。宫胁先生完全不相信风水，但当居住者持有风水观念时还有必要尊重他们的意愿。

从风水的视角看住宅，对住宅影响较大的是被称为“鬼门”的地方。特别是玄关和厕所的位置容易受到“鬼门”束缚。当无法更改物理空间位置时，可以像这间厕所这样，通过切割墙壁改变形状或者移动墙壁等，来躲开不利的方位线。如果无论如何调整都无法避开不利方位线时，可以使用其他方法进行权宜。例如玄关部位逃不开鬼门时，种植南天竹来权宜。因为南天竹意味着避难免灾，逢凶化吉。

宫胁先生认为住宅的风水有的地方合理，有的地方则不然，所以在进行设计时并没有特殊化。但是如果居住者执着于风水的话，那么需要耐心倾听其意愿后进行特别的设计。

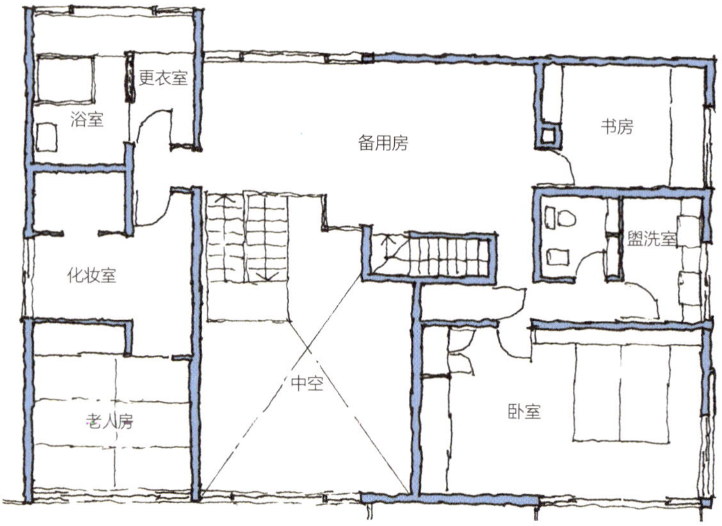

2F

由于风水与房间的朝向关系密切，这间的厕所为了避免鬼门设置成斜向。

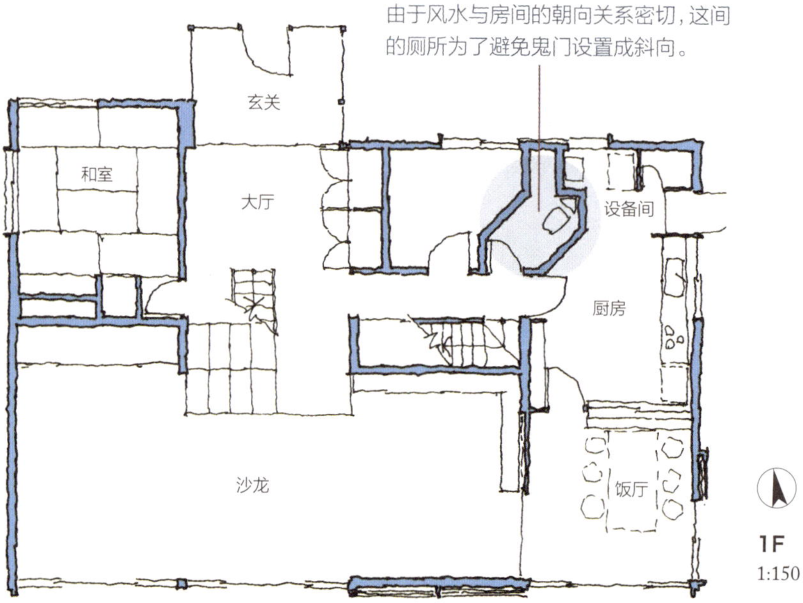

1F
1:150

居住在“城区”的局限性 18

居住在城区的最大魅力是便捷。交通道路发达、医院设施先进、博物馆、美术馆等文化设施完备，商业街繁华等等……

城区里的住宅用地面积小，周围建筑密集，日照通风难以得到保证。并且绿化少，噪音大，居家生活还有被偷窥的危险。都市的生活环境不能说是理想。即便如此，城区部生活还是具有它独特的魅力。

这里介绍的实例位于新宿副都心附近，为了克服都市闹区的不良因素，在设计上花费了很多工夫。客厅设计在环境最优越的二层，因为客厅是家庭成员在家中停留时间最长的地方。其它房间尽管只能设计在一层，但可以利用天窗确保日照，同时还保护了个人隐私。二层的客厅面对露台花园，这是根据居住者要观赏绿色植物的意愿而设置的，虽然不是庭院，也一样能享受室外生活。为了保护个人隐私，花园四周使用了带格子的框架，在框架上围上了竹帘。因此，主要的采光要依赖位于楼梯上方的天窗。

在都市中心部居住的优点就是便捷。但需要克服面积、日照、来自高层建筑的偷窥、噪音等因素。这个实例可作为一个解决方案。

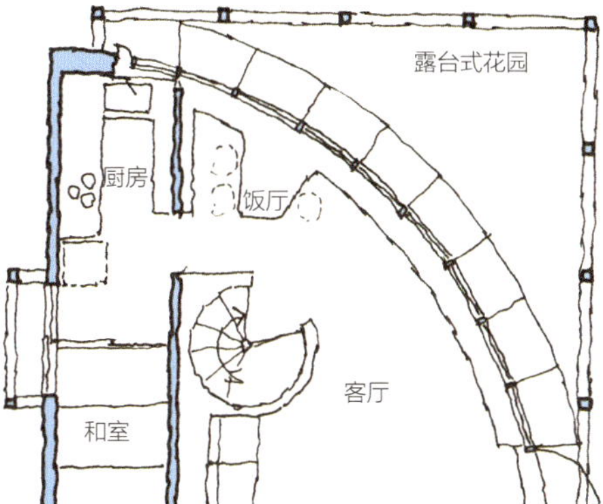

2F

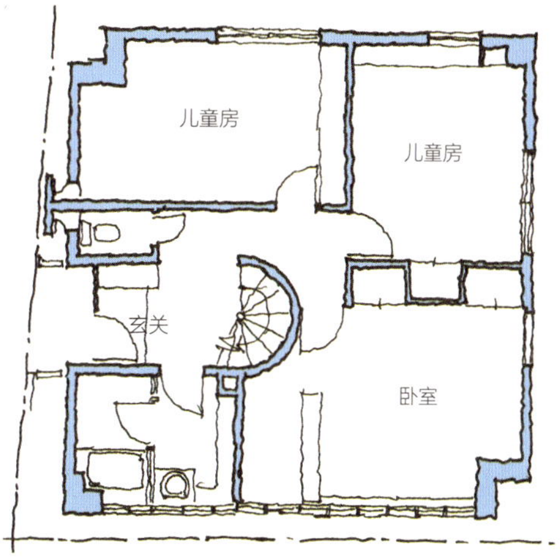

1F

1:150

19 刻意设计为微型的“窗户”

对于首都市区内属于自己的土地是可遇而不可求的。好不容易遇到合适的候选地，但与预算相符的大多是住宅密集区，土地面积狭窄。在这样的住宅用地上设计什么样的住宅才能让人称心如意。与邻居家一尺之隔伸手既能推开邻居家的窗户，如何确保家庭的隐私成为了最值得优先考虑的问题。像古时候的传统住宅那样，窗户临街，从街道可以直接看到家中的全景，这也很难被现代人所接受的。

这户住宅的主人，为了保护位于住宅密集区的个人隐私空间，提出无窗住宅的想法。建造没有窗户的住宅虽然很简单，但实际是违背建筑法规的。建筑法规定住宅必须要保障采光和通风，并且必须要设置能够采光和通风的门窗。

为了满足以上的要求，设置了微型门窗以备通风，在采光上完全依赖天窗，这样可以保护个人隐私。在住宅的四角设置了合计4坪（约13m²）的天窗和中空，以确保房间的采光。隐私得到保护，采光得到保证，但是由于没有充分考虑夏天的日照，在避暑对策上不够理想需要改进。

一般在二层的墙壁上考虑门窗的大小和位置，但这户住宅正如所看到的几乎没有可以设置门窗开口的位置。

看得出这户住宅平面图中显著的特征吗。如果注意到住宅外侧的墙壁，就会发现墙壁上没有窗户。最优先考虑保护个人隐私，这样的设计也于情于理。

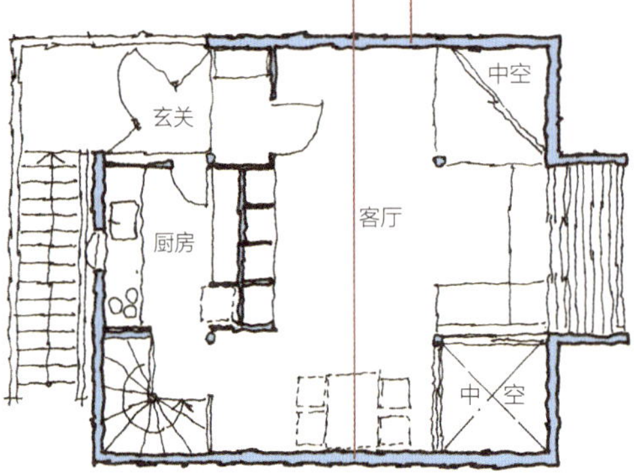

2F

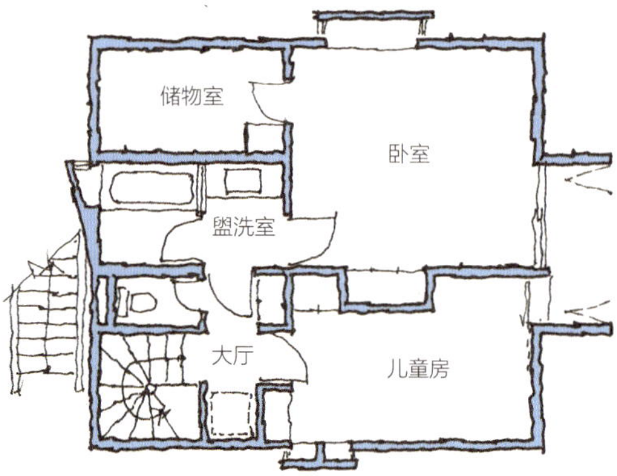

1F
1:150

根据建房用地、居住人具备的条件、生活状态、土地所属地区的法律法规等各种情况，住宅可以设计出多种方案。

在此介绍的实例，是一例克服了受到建房用地所在的位置和周边环境影响等困难的住宅。建房用地的位置虽然处于城市中心，但被较矮的住宅包围，且庭院中还留下了许多树木植物，是当今非常难得的建筑环境。应景进行设计是理所应当的。

在住宅的南北侧设置宽敞的开口，并全部采用推拉式样，取南侧相邻宅院的绿化和北侧平房邻居庭院的树木入自家，并与自家的植物结合起来共享绿色。

类似这样利用现有的景色投入自家住宅景观的方法称为借景，这是日本建筑的一种传统手法。借景可以利用在建房用地面积狭窄、建筑物密集的现代都市环境中。即使自家庭院无法实现充分的绿化，环顾四周，如果附近有公园、学校的绿地或道路两旁有植树绿化时，可以在设计中积极的加以采用。即便是透过邻居住宅的间隙能够看到微小的绿化，如果巧妙的把它设计到自家的窗框范围内，也就变为一幅赏心悦目的艺术品了。

南北两侧邻家的树木茂盛。设计时在此方向上加以拓展能够享受到更多的绿化，不愧为与邻居分享绿化的院落。

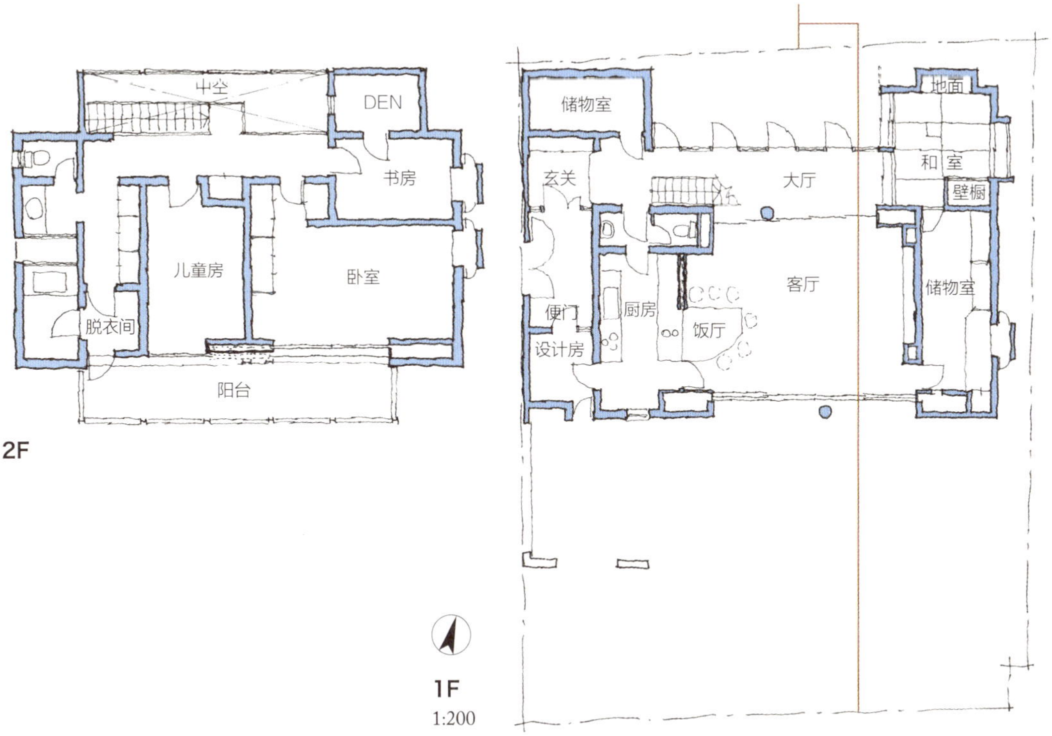

『借景』很久以前就得到了认知，如果附近有优越的环境没有人会置之不理。此例由于南北两侧的邻居宅院里都有很好的绿化可以共享，因此将客厅设计为南北通透的格局。

21 将室外空间纳入设计之中

为了保持街道的景色和良好的住居环境，对处于建在市郊一些地区的住宅，在建筑面积和建筑密度作出了严格限制，而且从对建房用地的边界线到住宅外侧墙壁之间的宽度也有要求。

原本是想利用各家各户在自家房屋周围种植花草树木，打造出绿色住宅地区为出发点。但是建房用地狭窄时，既要遵守这些规定，又要满足房主的设计要求可不是件轻松的工作。

这里介绍的实例就是位于上述地区的住宅，规定住宅的外侧墙壁到建房用地边界线之间必须有一定距离。于是这户住宅利用了建房用地的围墙和住宅间所形成的空间，这个空间的上方搭建了屋梁型的框架（室外地面上方等的框架），看起来就像主屋的延伸，室内面积也得到增加，在这里活动感觉和在房顶下活动一样。

这样的室外空间不被加算到建筑面积上而是按照屋外空间进行处理，但如果以防雨为目的在屋顶的框架上安装玻璃顶棚，就会被视为建筑物的一部分，加算到建筑面积里，由于外墙与房屋的一体化造成外墙建筑在建房用地的边界线上所以还违反了相关规定。

西侧的建房用地边界线和住宅之间狭长的空间可用来做各种杂务。

西侧为建筑物与墙壁构成的细长室外空间。搭建上框架后于住宅成为一体，可用与做垃圾分类，晾衣服的空间，还可以作为工作场所或储物空间来使用。

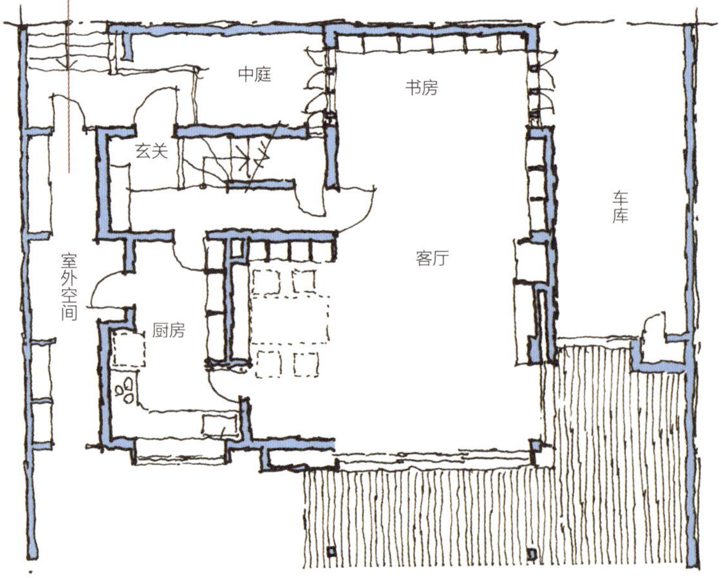

1F
1:150

南北细长型建房用地的南侧入口设计 22

如果建房用地的形状南北向细长东西向狭窄，很难设计出心仪的面南的房间。如果建房用地南北走向且南侧临街，为了确保通往南侧玄关的小路，不得不对原本就狭窄的东西走向的建房面积进行进一步缩减，而且玄关的朝向也不得不面南，这样更加大了设计的难度。如果南侧入口处高出道路的话，也可将通往玄关的道路设置在低于地面处。

这里介绍的实例，虽然建房用地东西走向的幅度并不是极其狭窄，但能够做到两个房间都朝阳实属不易。考虑到建房用地的形状，不得不将其设计为细长型，在此，玄关的位置成为了整体设计的关键所在。南侧紧邻道路，如果再将玄关设置在南面，就会导致动线纵深过长，设计上不够紧凑。

为了解决这个问题，在沿着建房用地的西侧设计通往玄关的通道，其宽度设计为最小限度，玄关位置正好处于细长设计的中心。这样，动线的长度得到调整，同时也确保南侧房间的紧凑感。

考虑到住宅中央部分的采光，可以把住宅的形状设计为雁形或者采用天窗以确保采光和通风。

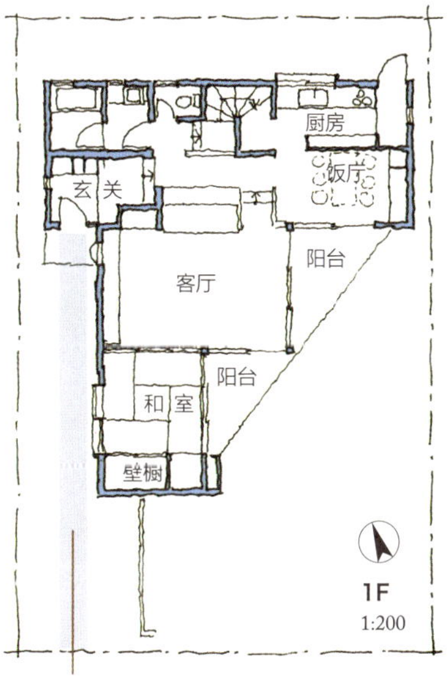

一般会把住宅建造在建房用地的北侧尽量在南侧多留出一些空地，也会设计出像实例住宅那样，从南侧的道路延伸出一条很长的小路通往玄关。

设计图为建房用地南北狭长，南侧入口的实例。首先，把玄关设置在建房用地西侧中央偏里的位置，其次通过道路连接在深处的玄关。这样易于为朝南住宅做设计。

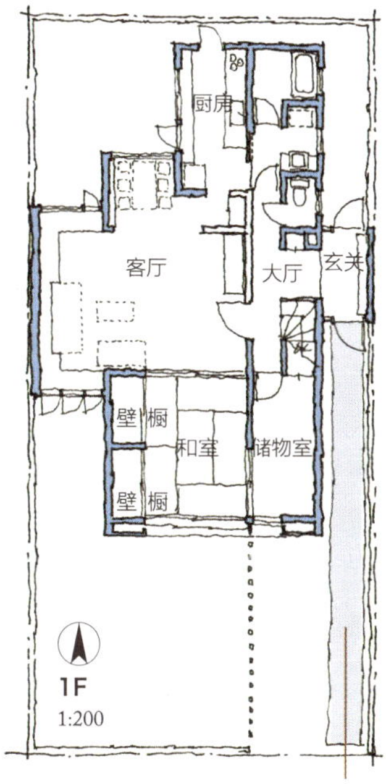

南侧入口，建房用地东西侧狭窄南北细长，由于打算把玄关设计在南北向的中间，因此设计了较长的通道。这个设计得像胡同一样的玄关通道也是必不可少的。

建房用地南北细长东西狭窄，从南侧入口，像这样的情况，为了确保南侧房间的面积，利用建房用地平线上的围墙作为建筑物的一部分创造空间。

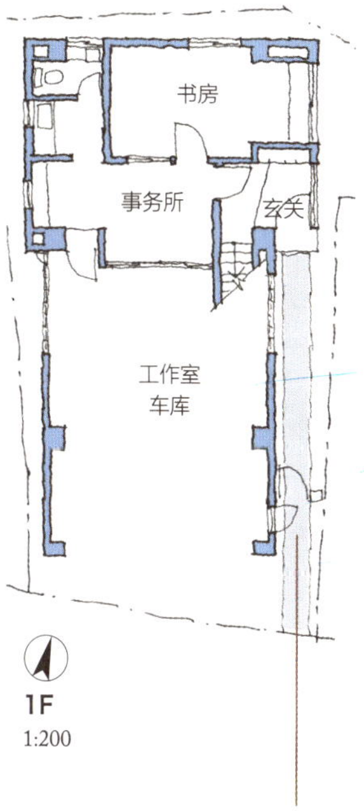

从南侧延伸出来的长的道路。不但确保庭院的采光，而且作为通向玄关的引导路也有重要意义。

在建筑物的东侧，加长设计了连接南侧道路与玄关之间的通道。可以想像玄关在南侧时，就会明白这个设计的意义。

23 南侧开口宽度不足时的设计方法

理想的建房用地一般指东西向有一定的宽度，能够建造最少有三间朝阳的房间。这在现实中很难实现，能够有两间房间朝阳就已经很不容易了，而东西向狭窄的建房用地随处可见。

在此介绍的建房用地与理想的地形相差甚远，仅有一间房间可以朝阳。地形呈“L”字形，虽然建筑总面积不是很小，但“L”字形的短边朝南，因此住宅的宽度小。像这种住宅南侧狭窄的情况，可以将朝南侧的门窗设计到二层的高度，顶部中空结构纵深到深处，这样光线可以照到一层里面的房间。但是这样的设计，由于贯通一层的中空部分无法利用，影响了建筑总面积数并且无法确保房间使用个数。

对此问题的解决方法是，利用建房用地“L”字形的拐角部设置中空结构并安装天窗，这样一层最里面的房间也能获得足够的光照。二层的房间面向中空侧设置窗户，以便利用天窗进行采光。

在中空结构最下方的一层，通过天窗可看到天空，自然明亮，这种光线一直延伸到一层的纵深处的饭厅，饭厅投入自然光是很理想的设计。

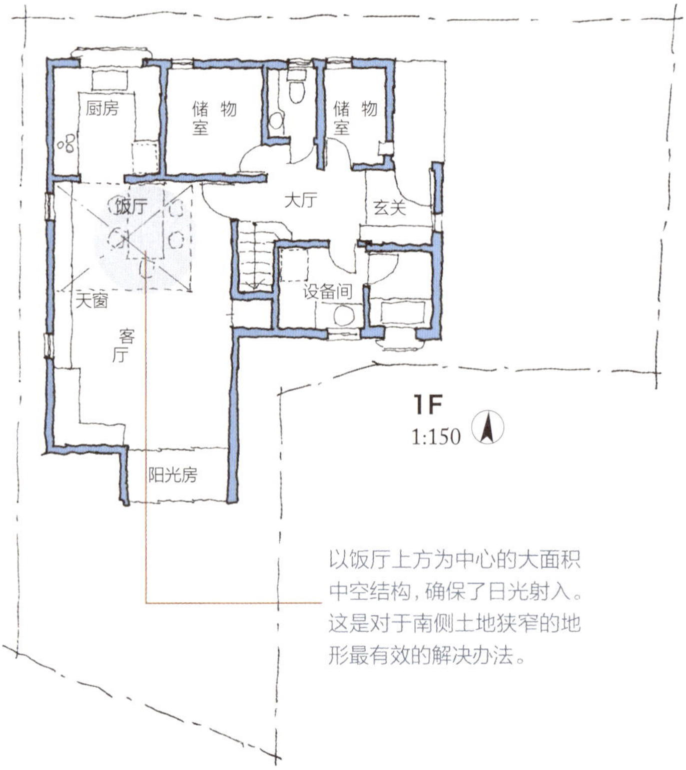

本例的建房用地形状呈「L」字形，南侧大部分被邻居的建筑物遮挡，只有一个房间能够获得的真正有效的日照。为了补偿日照，采用了中空结构和天窗。

让坡地上建房接地面积降到最低 24

最受欢迎的建房用地地形为四方平坦，比面对的道路稍高一些（不要过高），道路的位置处于建房用地的东侧、西侧或者北侧。

这是因为这样的地形容易进行设计（符合建筑公司的设计方案），或者便于施工，最终达到的目的。住宅开发商也愿意尽可能的开发这样的建房用地，因此呈阶梯式的平整地四处可见。

与此相反，斜坡地不受欢迎（朝南的缓坡地另当别论）。特别是陡坡地的价格比起平坦地便宜许多（别墅地则不是这种情况，因平坦地面积较少，斜坡地面积多价格便宜反而变得理所当然）。

但如果在坡地上建造住宅，做地基工程时的搭架等费用和材料费用上都会高出平坦地很多。因此，如果对设计草率行事，好不容易以低价格购买的土地，却因在地基工程上高额的成本，完全丧失了土地价格的优势。

对于降低坡地的地基工程成本，最有效果的是减少施工面积。因此进行设计时，需要将接触地面的一层部分的接地面积减少到最小值。

在此介绍的实例是处在相当陡峭的坡地上建设的一栋别墅，一层部分基本上只有玄关。

在购买建房用地时，一般说来坡地价格低于平地价格。但建造住宅时，根据住宅结构的不同，坡地上的地基工程有可能需要投入高额的费用。因此要全面衡量整体的费用再作出最终的购买决定。

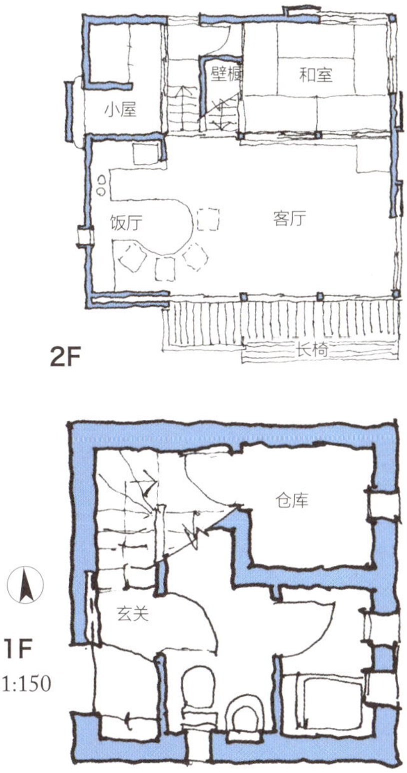

如图所示，坡地上建造住宅时，将一层的面积设计到最小值。在此之上再建造住宅部分可以减少地基工程的费用。

25 赋予房间“回转性”

让人感觉身心愉悦的住宅设计可以让人在充分的空间中得到放松。房间的大小和天花板的高低等比例的和谐，建筑物整体的均衡都是让人感到舒适的要素。

然而实际上，综合建房用地的规模和地形、与道路相接的条件（高低差及方向）、与周边环境的关系、预算等原因及受到法律法规等限制等，很难得到理想的设计。实际也有很多实例，在关于房间面积上理想与现实存在差异出现事与愿违的情况。

如果在住宅中通过通道把各个房间互相连接，可以在室内自由移动，并且移动的通道呈环状，在住宅内实现回转的移动路线，那么即使是50m²左右的小型住宅，也能感觉到房间的宽阔和住宅整体的空间的敞亮。

即便在这个回转路线中包括了走廊和玄关也没关系，结合环状的动线设计每个房间的位置即可实现住宅的回转性。

在考虑回转性的同时，值得注意的是还要保持房间的安静和安全感。

在住宅的一层，实现了玄关大厅⇒客厅⇒饭厅⇒厨房⇒玄关大厅的回转路线。如果回家时想直接去厨房的话，可以从玄关进入也可以从后门直接到达厨房，适用于家里来客人或其他情况。

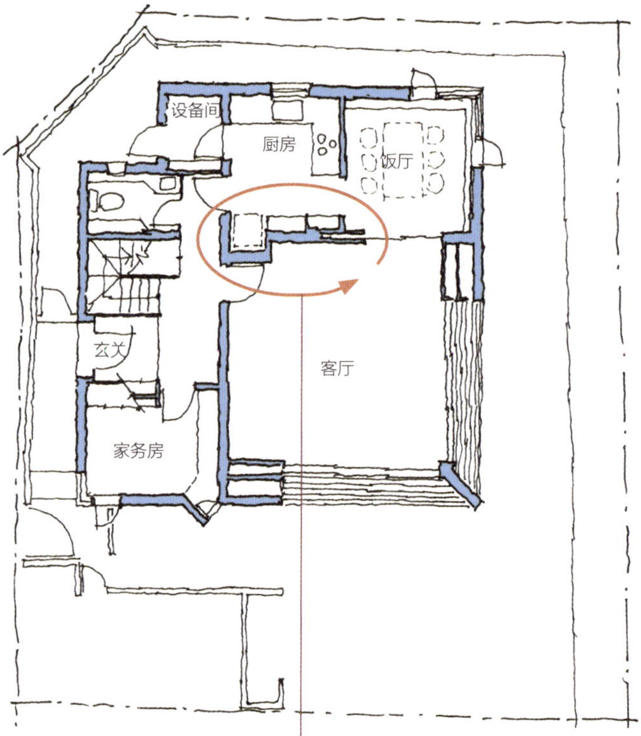

1F
1:150

在几乎为正方形的一层中央，设置环状的动线通道。相反，远离这条通道的房间也是最安静的房间。

这户住宅内包含了双重回转路线，小回转路线是从玄关大厅⇒客厅·饭厅⇒厨房⇒储物室⇒玄关大厅，在小厅回转路线的外侧是大回转路线，从玄关大厅⇒和室⇒储物室⇒玄关大厅。

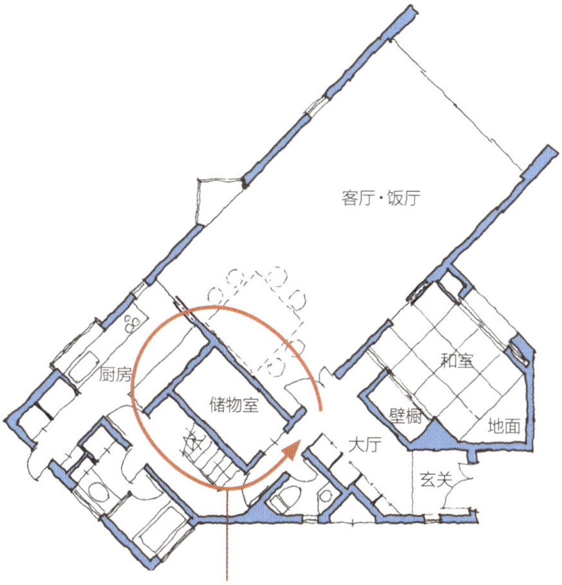

1F
1:200

从一层宽敞的客厅围绕储物室构成回转路线。连接饭厅和厨房的动线发生了一点儿变化。

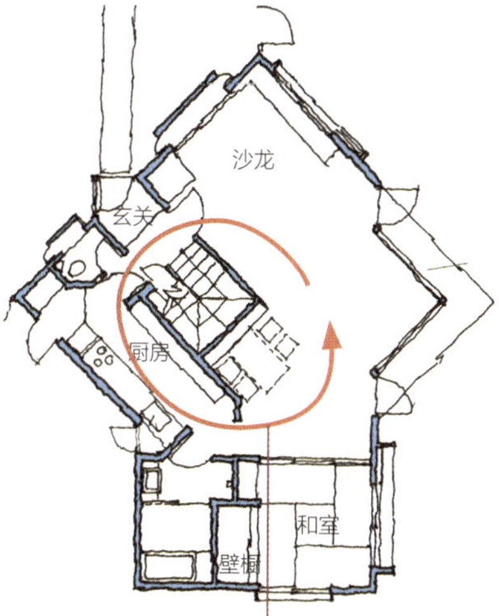

1F
1:200

进入一层的玄关，向左向右都可以回转，虽然是处在有限的空间中，却能感觉到住宅是非常宽敞的。

一层的回转路线从玄关大厅⇒沙龙⇒饭厅⇒厨房⇒玄关大厅，参看P11的二层图，回转路线为大厅⇒卧室⇒阳台⇒儿童房⇒大厅。在二层的回转路线比较少见。

此住宅的设计含有三重回转路线，玄关大厅⇒厨房⇒饭厅⇒玄关大厅，在此通道的外侧增加走廊⇒客厅通道，以及走廊⇒和室通道。因为是中央走廊才能实现的洄游路线。

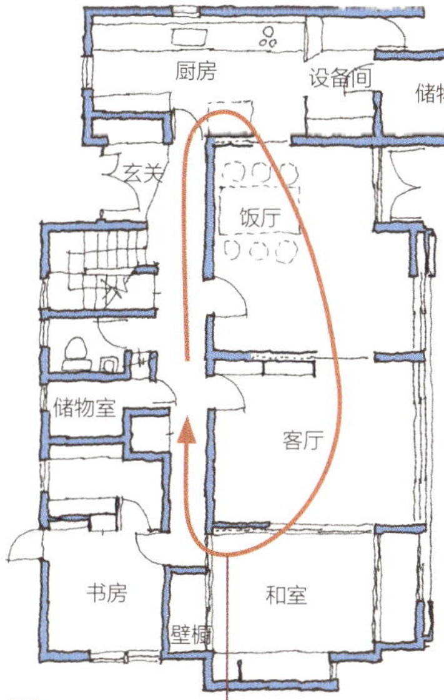

1F
1:200

从东侧的厨房到西侧的和室形成了绵长的洄游动线。在这条动线的途中的一侧又分出复数条动线。

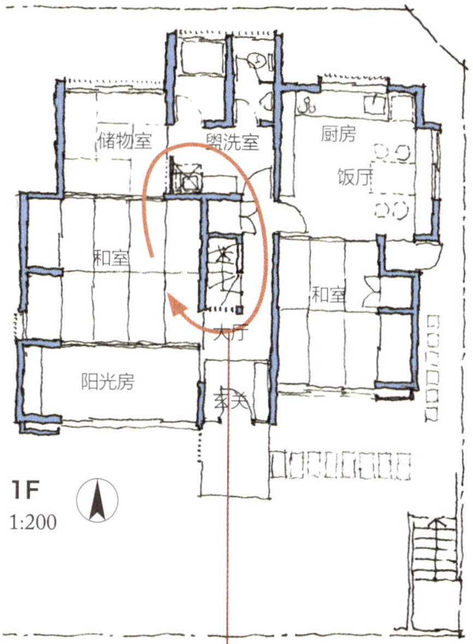

1F
1:200

从玄关开始在一层进行洄游。住宅的西侧部分全部包含在洄游路线中。

此住宅的设计实现玄关大厅⇒和室⇒储物室⇒盥洗室⇒走廊⇒玄关大厅的洄游性。饭厅从回转路线中隔离出来，无法穿梭于此但确保了这个空间的安宁静谧。

26 设计上下楼的回转路线

一般来说，带有“回转性”的设计是分别在各楼层内平面展开，一层在一层，二层在二层，如果能在两处分别设置楼梯的话，上下楼之间的“回转路线”也能够得以实现。

如果家中实现回转路线，无论是单层平面式的，还是跃层立体式的，都能够体会到空间被无限拓展的感觉。特别是立体回转路线可以在移动过程中伴随变化的景色体验动感空间。这也是由于根据楼梯位置不同而得到的体验。在两处设置楼梯作为回转路线，可以把其中一处的楼梯设置在中空处，或者设置在从一层的露台到楼上的阳台处，这样有可能进一步增大回转路线的乐趣。

住宅中有回转路线，其特征是可以对移动方式进行多种选择。例如，从客厅去玄关时，经由饭厅和客厅从家人面前通过，或者为了节省时间也可以直接从走廊以最短的距离移动到玄关，可根据情况加以选择。如果是跃层洄游的立体通道可以让选择性更多，例如从玄关到卧室时，可以不经由其它房间直接前往。请想像如下实例中的各种通道。

此住宅中在两处设置了楼梯，一处是在与玄关大厅相连处，另外一处是与客厅相连处。丰富了使用方法，实现了跃层的回转路线，享受空间变化的喜悦。

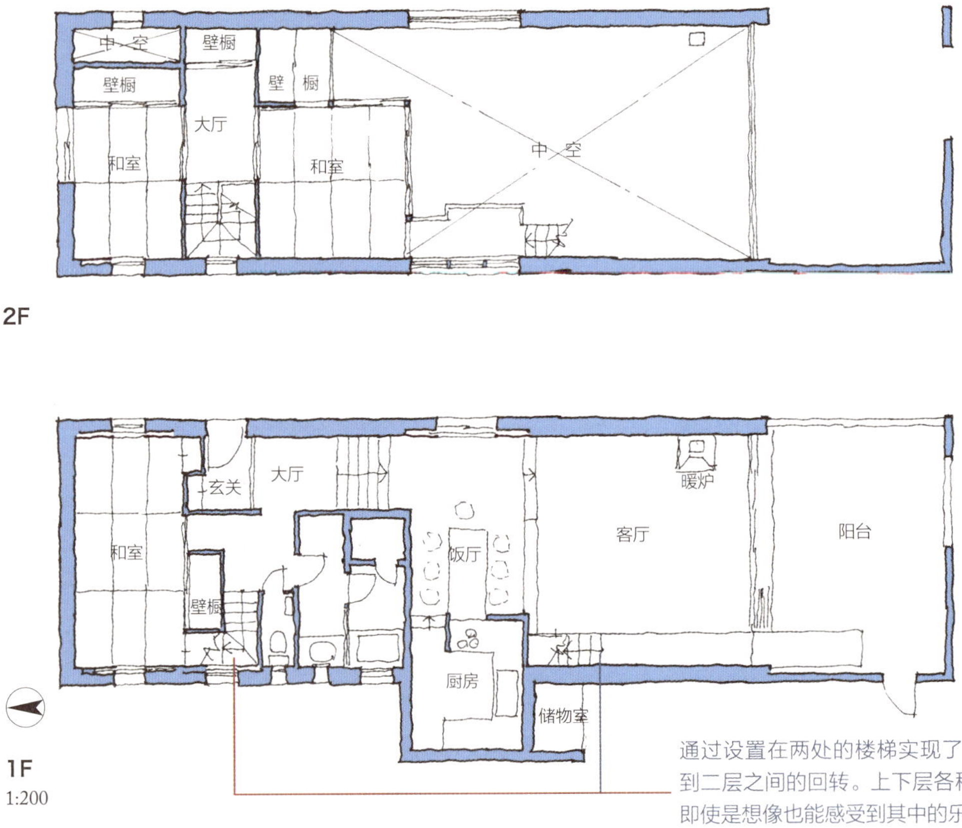

通过设置在两处的楼梯实现了从一层到二层之间的回转。上下层各种动线，即使是想像也能感受到其中的乐趣。

评价住宅设计的成功与否不能一概而论，因为评价其成功与否是受许多条件影响的，而住宅的宽敞程度就是判断舒适度的条件之一。

当住宅在面积上达到一定规模后，自然可以感受其开阔程度，但如果受到建房用地面积和预算等制约时，住宅面积达不到足够的规模时，通过推敲揣摩在设计上多下些工夫，这个问题也是可以得到很好解决。

此实例在进行设计时，室内相邻的房间尽可能不使用墙壁，而是采用推拉门隔开，这样房间在竖向上是延续的。经过精心设计房间的排列和推拉门的位置，设计出从住宅的纵深方向的一端看到另一端的“线”，自然会感到住宅的舒适性。通过利用视觉效果，让整体规模并不大的住宅，在视觉上却能得到更加宽敞的效果。

当然，房间之间的推拉门处于闭合状态时，可以确保空间独立。关闭推拉门视线虽然被遮拦，但对于居住者来说，在心里上却感受不到压抑，因为他们知道推拉门连接的是一个延续的空间。

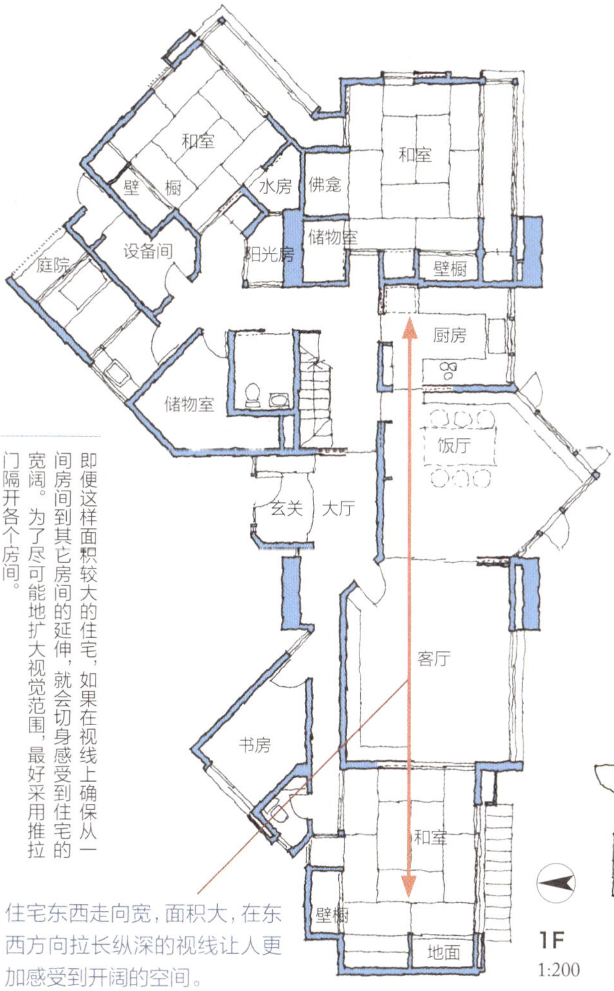

即使这样面积较大的住宅，如果在视线上确保从一间房间到其它房间的延伸，就会切身感受到住宅的宽阔。为了尽可能地扩大视觉范围，最好采用推拉门隔开各个房间。

住宅东西走向宽，面积大，在东西方向拉长纵深的视线让人更加感受到开阔的空间。

住宅并不宽敞，从西南端的和室通过中间朝南的客厅一直到东北端的饭厅，精心设计确保开阔的视觉。这种设计手法避免了因住宅面积狭窄造成的压迫感，是很到位的设计。

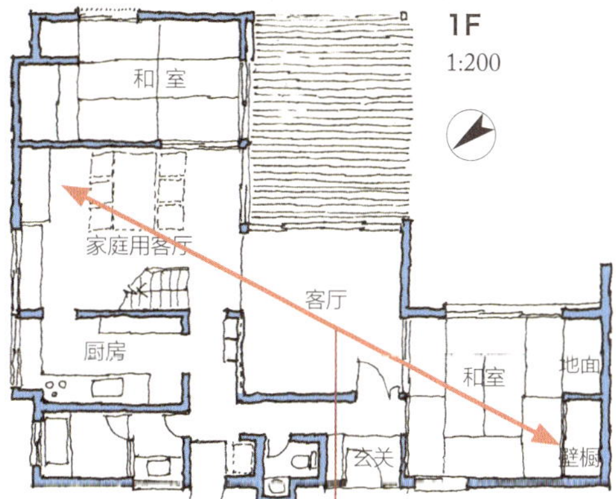

在并不宽敞的一层，视线贯穿全部住宅。通过这样的设计创造出超出住宅本身面积的开阔感。

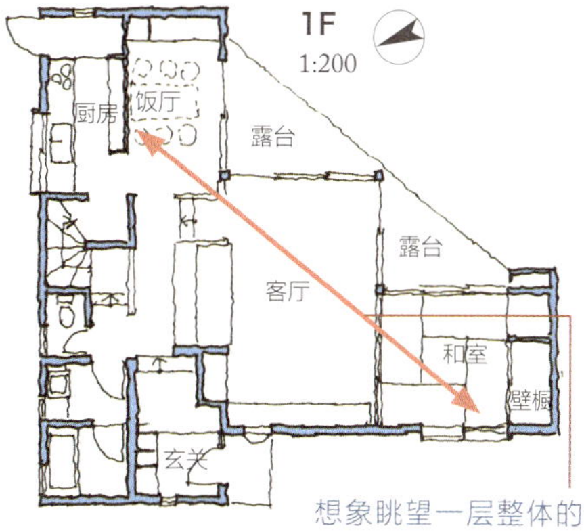

在这户呈『乚』字形的住宅中，可以从一层西南角的和室一直看到相反方向上的家庭用客厅。身在客厅时可以看到在和室玩耍的孩子，可以体会到住宅整体的开阔感。

想象眺望一层整体的视觉感受就会体会到这家客厅是多么舒适的场所。

28 设计双重动线

回转路线是指能够回转的动线，它不仅是大型住宅专利，通过精心设计在小型住宅也同样可以实现。有了回转路线的家，移动空间可以无限延续，在移动过程中看到变换的家中光景让人忽略了狭窄。当然，住宅规模越大回转路线越容易设计，当规模达到某种程度之上时，就可以设置复数的回转路线。回转路线设计多种多样，例如两条或三条小回转的回转路线，还可以考虑在小回转的回转路线的外侧设置大回转的回转路线。

当回转路线为复数时，房间的使用方法也呈多样性，增加了房间使用的兼容性。例如，可以把家人与突然到访客人的动线，设计为不发生重叠的动线。

在此介绍的实例，大多为日常客人来访较多的家庭。打开房间之间推拉门连接两个房间，供人数多的大家庭聚会使用。即便有客人突然来访，拉上推拉门，家人所在的区域具有独立的回转路线，接待客人的区域也同样拥有回转路线，家人和客人都可以自由的活动。

小回转路线是从玄关大厅⇒客厅⇒厨房⇒玄关大厅的外侧，大回转路线从玄关大厅⇒客厅⇒地板屋⇒和室⇒盥洗室⇒厨房⇒玄关大厅。大回转路线中兼备了小回转路线的一部分。根据回转路线在房间的活动范围更加广泛

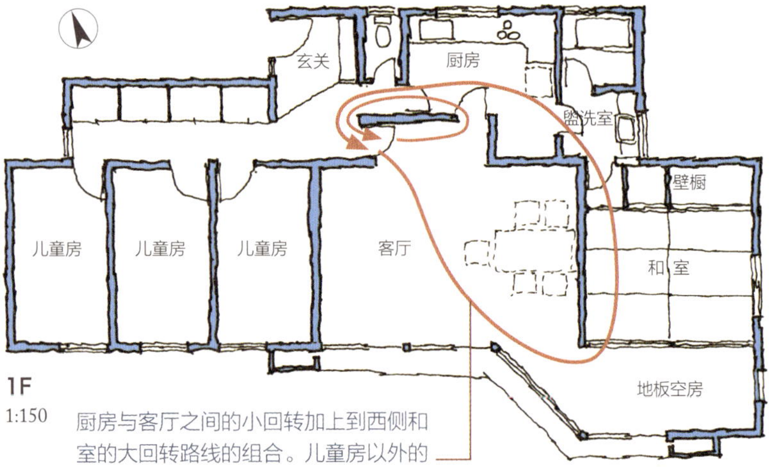

厨房与客厅之间的小回转加上到西侧和室的大回转路线的组合。儿童房以外的部分通过动线互相连接。

有以多功能室为中心的两条回转路线。仅此设计就会让有限的空间变为意想不到的开阔。

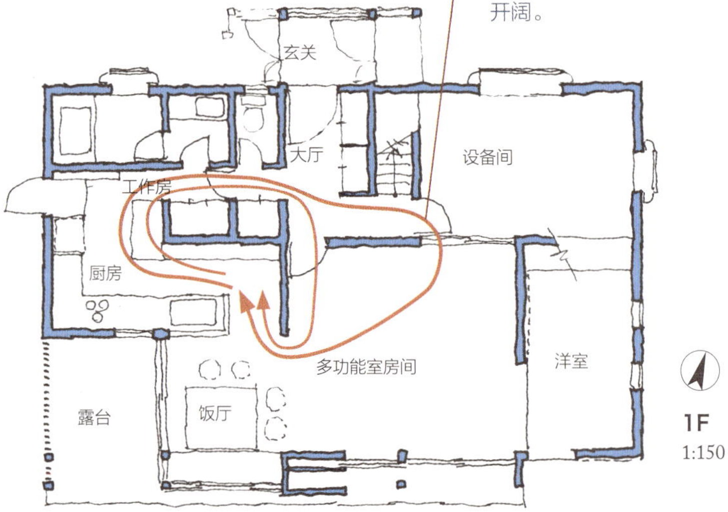

将卧室和儿童房设置在二层，一层以多功能室为中心形成公共空间。多功能室和旁边的房间相邻，并且备有能够做各种家务的房间。动线可以改变家人移动方式。

左此住宅的设计中，回转路线是通过围绕玄关大厅⇓走廊⇓厨房⇓玄关大厅而成立，这是因为客厅可以从这条通道中分离出来，在此回转路线的外侧，还有另外一条较大的回转路线。可以适应多样的方式。

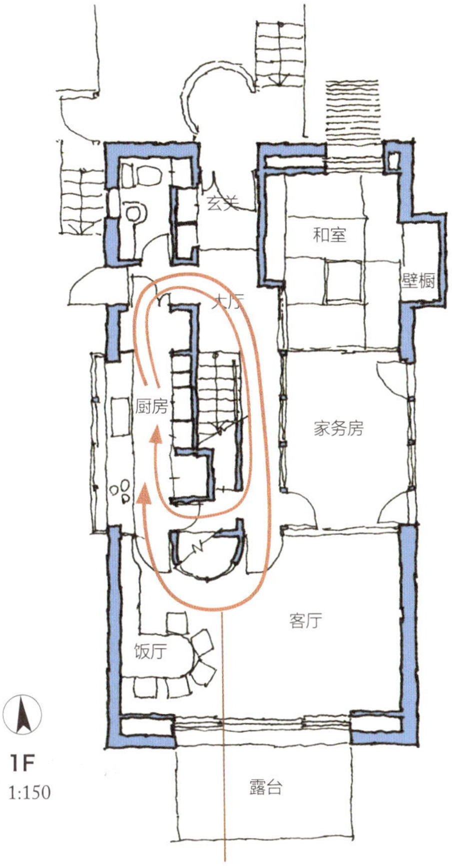

两条通道的中心是厨房，与厨房相反方是家务房，这样的设计对主妇来说，在室内非常便于移动。

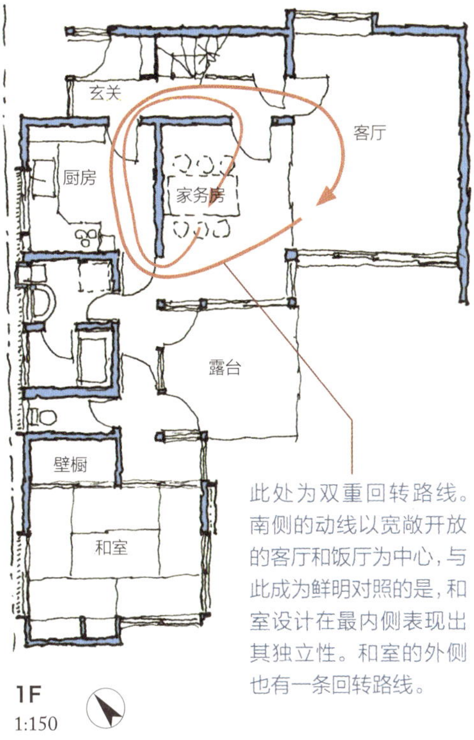

此处为双重回转路线。南侧的动线以宽敞开放的客厅和饭厅为中心，与此成为鲜明对照的是，和室设计在最内侧表现出其独立性。和室的外侧也有一条回转路线。

此设计中的回转路线是玄关大厅⇓厨房⇓饭厅⇓玄关大厅的外侧，加上客厅的通道，以及在外侧庭院的通道，形成三重回转路线。可以感受到起居生活中的各种变化。

此设计是一个在并不宽裕的住宅中合理的设计出非常良好的回转路线的案例，一层以厨房为中心，分别设计出两条回转路线。并且在外侧从玄关大厅⇓和室⇓客厅⇓家具室⇓厨房⇓设备间⇓玄关大厅的顺序形成了回转路线。

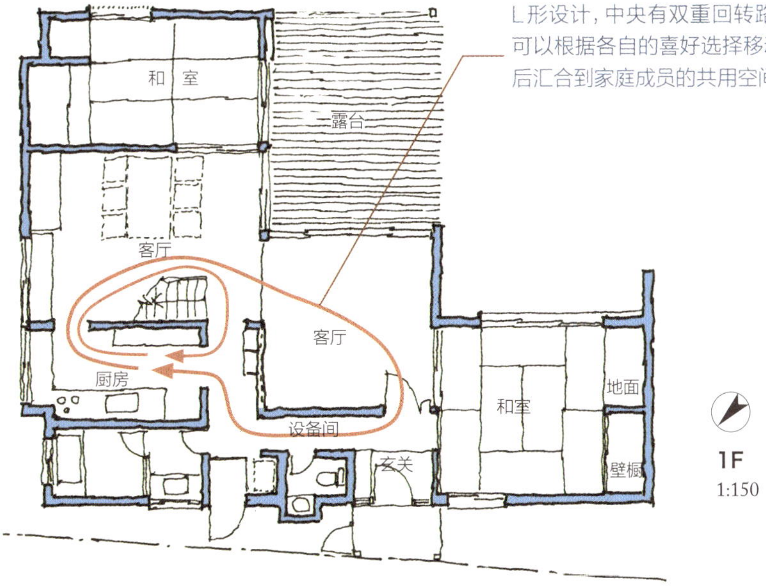

L形设计，中央有双重回转路线。家人可以根据各自的喜好选择移动方式，然后汇合到家庭成员的共用空间。

29 在南北侧使用开放式滑动门窗

确保通风也是评价优良住宅的条件之一。

通风除了受到当地天气影响之外，还会受到建房用地的条件，建筑物的构成等多种因素的制约，建造通风良好的住宅的最基本方法是在南北两侧分别设置门窗。

设置南北面两侧的门窗，貌似简单实际上很复杂，需要长时间的揣摩。在此介绍的住宅，很幸运都分别在南北方向成功的设置了大型门窗。

如图所示，无论哪栋建筑在其中央部位的南北面，都设置了大型门窗。由于采用推拉式滑动门窗，门窗可以达到最大开放程度。这也是设置大型推拉式滑动门窗的用意所在。

但是在设置这样的大型门窗时，尤其是北侧的门窗时要加以注意。有些建筑的北面，与地边界线邻近，要考虑到邻里、临街等对隐私空间的影响。如果单纯的采用围屏来保护隐私，必然会产生对通风的影响。采用篱墙可以作为一种不错的选择方式。

东西走向长度大的建筑，一层的中央为客厅。在一层，如果把和室的拉门开放，和室可以成为客厅的一部分。卧室和儿童房设置在二层，家人多聚集在一层。对一层客厅的要求是贯穿客厅良好的通风。

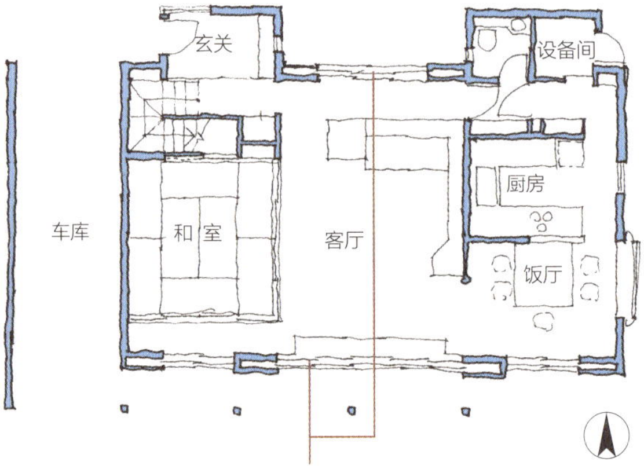

因为在南北侧各自设置大型的门窗，同时开放两侧的门窗时，可以确保宜人的风从室内通过。

1F
1:200

建造通风良好的住宅其基本条件是为风设置入口和出口，在日本关东地区，原则上在南北侧设置门窗。这间设计在南北侧设置了完全开放的推拉门。

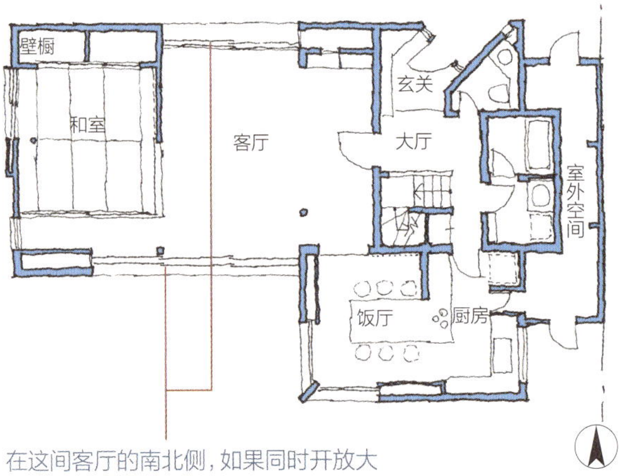

在这间客厅的南北侧，如果同时开放大型的门窗，风可以穿堂而过。解决了作为优良住宅条件之一的通风问题。

1F
1:200

跃层地面是指同在一层，地面高低不等呈现出台阶状。

连接高度不同的地面时，虽然也可以像无障碍住宅那样使用带有坡度的地面，但一般来说还是以台阶方式相连。需要采用跃层设计的有如下情况。由于建房用地地面带有坡度，将住宅中的各个房间沿坡设计提高其便捷性，其次在一部分低于地面的住宅中，通过向地下移动地面，可以合理的利用低于水平地面半层的空间，还有，为了减少上楼的负担，可以把台阶的高度设计为舒缓型。

跃层地面的乐趣在于，通过地面的高低差，在视觉上感受天花板的高度和视点的高度所产生的多种变化。由于跃层是在住宅的垂直方向上，也就是说在断面产生变化，仅仅通过平面的设计图去感受其乐趣所在，多少有些困难。

在此介绍的几个跃层实例中，最上面的实例地面有三种高度，与地面高度相同的玄关及同层的地面，以此为标准下降半层的楼层，以及高出玄关层半层的楼层，玄关层的上方是中空结构，面向高出玄关半层的楼层，这样的设计变化丰富结构复杂富有魅力。

此住宅的儿童房和卫生间位于比玄关低半层的地下室楼层。比玄关高出半层的楼层为厨房和卧室，这里正好处于地下室的上方。客厅与玄关同一楼层，客厅上方为中空结构，能够观察到厨房和饭厅。

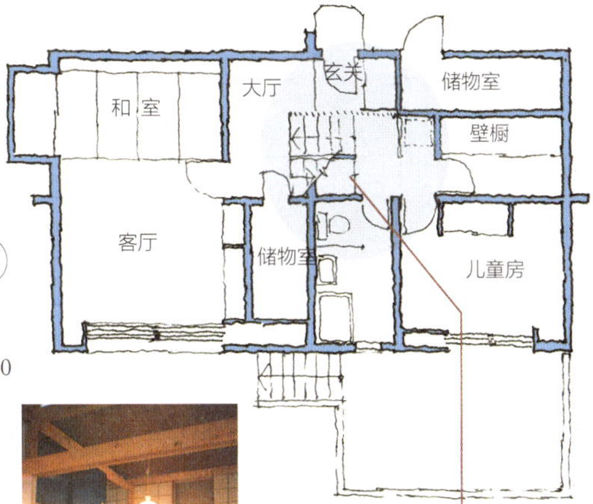

1F
1:200

这部分带有台阶。以客厅的高度为中心，向下是儿童房，向上是厨房，诞生了变化丰富的室内空间。

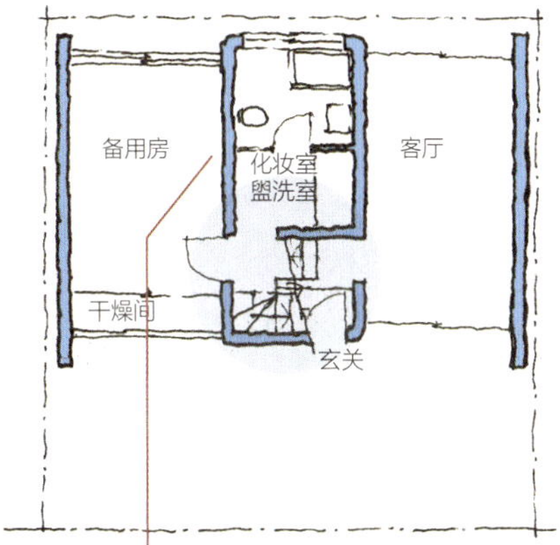

玄关的上半层是卧室，在卧室下方的半层是备用房。尽管为小户型，但是采用跃层设计赋予住宅变化。

1F
1:200

在此住宅中，客厅位于中央与玄关同层，下半层是浴室、卫生间等需要连接水管的设备和备用房，上半层是厨房、饭厅、卧室，客厅上方为中空结构。采用跃层设计，让空间有了丰富的变化。

这是根据建房用地的坡度改变室内地面高度的住宅。斜面的最高部分是玄关，最低部分是客厅，坡度是缓慢的。最低部分直接与客厅室外的露台相连。良好的接地性也是此设计的重点。

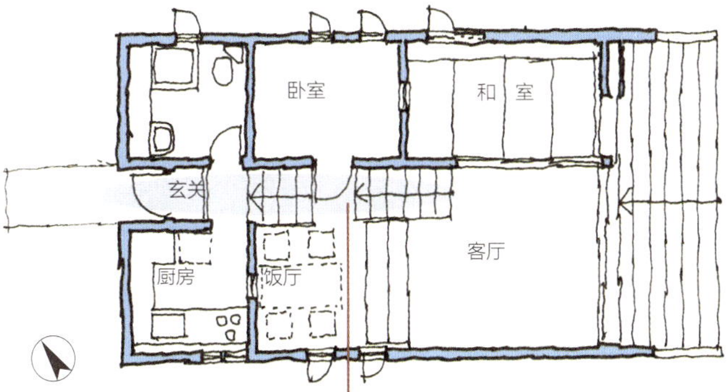

1F
1:200

由于是为了适应是向下倾斜的建房用地而设计的，因此从位于西北方中心的玄关，向东南方向逐渐下降。

31 房间通风的设计

关于住宅的采光和通风，在建筑基本法规中有明确详细的规定。即便是没有做规定，通风和采光作为居住的基本条件也是不可或缺的。

在住宅中建造门窗保持通风大多采用窗户，但仅仅依靠窗户难以让通风更理想化。

为了让房间通风，首先有必要确认风向。因为风向根据季节、时间、地点等不断变化，所以实际上要确认考察的是建筑物所在地域。在关东地区，一般来说是夏季刮南风，也被叫做恒定风。为了让风吹入室内，首先在住宅的南侧设置窗户。这是风的入口。为了让风穿堂而过还必须设置风的出口。出口的位置基本在与入口相反的方向。为了让风均匀的穿过房间，出口应设计在远离入口的位置。实际上设计作为出风的窗户是有难度的。主要原因是很难将风的入口和出口重叠在南北侧同一位置。

因此在设计中还有一项重要的工作就是需要精心设计风的通道来完成入口和出口的重叠。在此为大家推荐几个实例仅供参考。

通风良好的住宅源于风的入口和出口的位置，确保出口位置往往会超乎想象的困难。此住宅的北侧墙壁上，在高处设计了天窗，通过开关天窗确保风的出口。

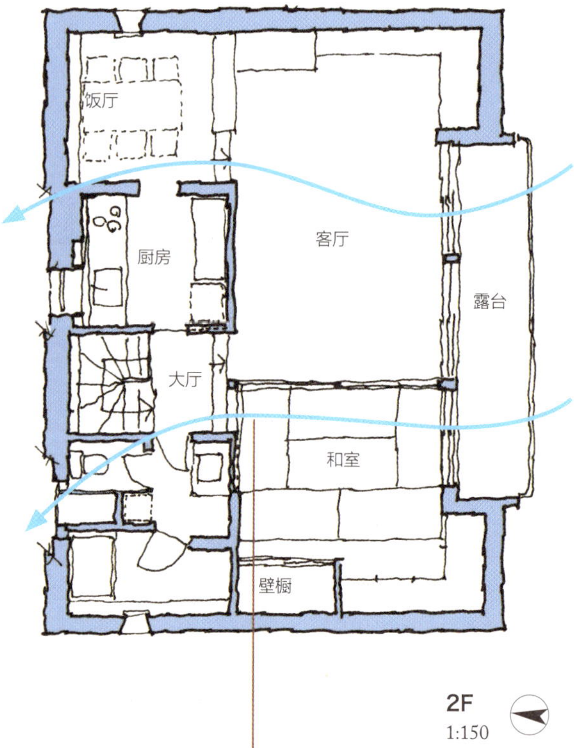

客厅所在的二层南北走向宽敞开放，但需要接水管的设备及房间几乎占据了北侧的所有空间。然而风可以从二层上方通过。

想在二层的卧室中为风设计通道，可是如果并排摆放上衣柜和储物柜等，就找不到设计窗户的位置了。为了解决这个问题，在这间卧室的储物柜后面的外侧墙壁上设计了窗口，储物柜的门为百叶窗式，风可以通过百叶窗流动。

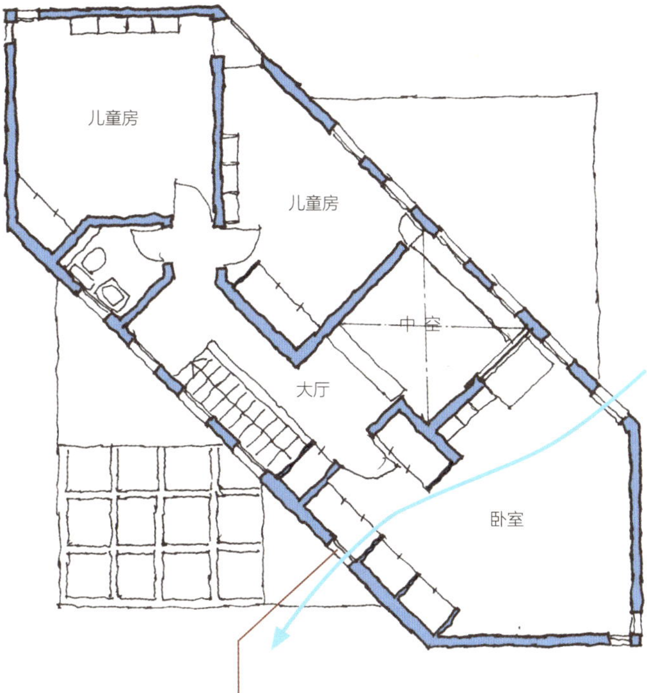

在二层西侧卧室，确保南面吹来的风通过。在储物柜里侧的墙壁上设计了小型窗口作为风的出口。

2F
1:150

卧室的通风在风量上没有必要太大，但需要确保隐私空间不被侵犯。此处风的入口为柜门上百叶窗，经百叶窗柜门，通向储物柜后面外侧墙壁上的百叶窗式窗口。

因采用了能够通风的柜门，从窗口吹入的风经由卧室穿过反方向的储物空间。

1F
1:150

32 通过改变地面高度来衔接房间

此栋住宅由三个空间构成，视觉上变化丰富有层次感。建筑整体呈“L”字形，这是因为房主希望在建房用地的南侧和东侧能够眺望和欣赏到日本的南阿尔卑斯山、富士山和八岳山的美景。因此房间也是考虑到这一点而进行设计的。

由于曲折的建筑形状，形成视觉上丰富的变化，在整体空间上营造了令人愉悦的氛围，而且，通过改变地面的高度，还可以起到调整心情的作用。

另外还有一种方法是保持地面水平的同时，改变天花板高度。但就置身于个性不同的空间里的心情而言，地面高度地变化可以在让人感受到空间的转变的同时增加对空间的表现性。如果从无障碍设计的观点来考虑，则不考虑改变地面的高度，所以采用哪种设计方法，需要事先与使用者就使用目的等进行讨论。

这栋住宅地面高度的设计为三种，烧烤露台的地板贴近地面，能够大范围的活动，客厅及餐厅的地面比一般的二层楼低，但处于这栋住宅的最高处，可以远眺美景。卧室的地面比客厅的地面下沉了一米左右，舒缓安静。总而言之，伴随空间的转换享受不同的心情。

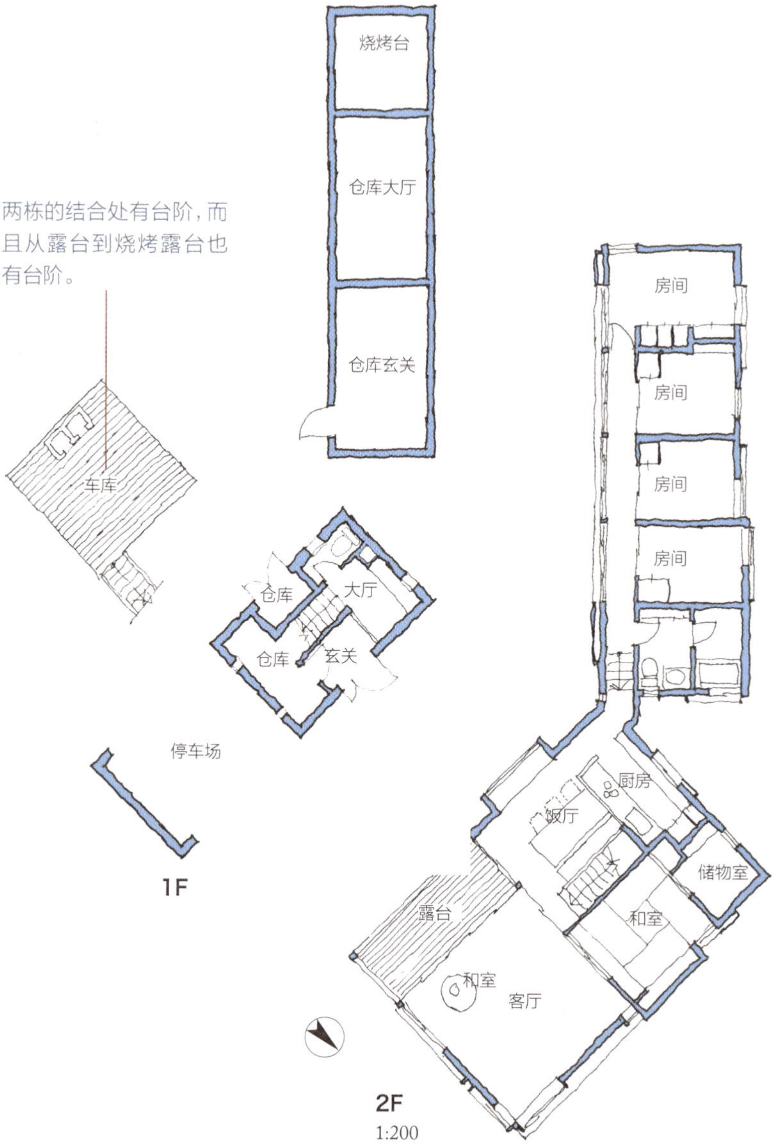

通过改变地面高度充分享受别墅的乐趣。地面的变化可划分为三个区域，客厅区域、住宿区域、烧烤区域。可以尽情享受场景变化所带来的乐趣。

融合“席地”与“坐椅” 33

如果从适合高龄者的角度考虑无障碍住宅，不建议采用带有高低差的地面。但即便是水平的地面，如果设计不妥也会违背营造舒适居家生活的初衷。

居住者年龄悬殊较大时生活习惯也会不同，全家共同进餐时，有人喜欢坐在榻榻米上，有人则喜欢坐在椅子上。

为了满足双方的要求，以餐桌为中心，将榻榻米房间和地面房间结合起来。但是如果按照通常的地面高度，坐在榻榻米上人和坐椅子的人在视线的高度上无法一致。这时可以改变双方座位的高度，即无论坐在哪里，视线在高度上都一致。将榻榻米和地面的台阶差设置为椅子坐面的高度，高度大约40cm左右。

在此介绍的实例即这样考虑采用了台阶差的设计，确保了坐在榻榻米和椅子上的人视线处于同一高度。如果视线高度不同，也会影响用餐的气氛。

但是，如此大的台阶差，让榻榻米的房间和地面的房间难以同时连接庭院，所以这间住宅只是将铺地板的房间直接与外部相连。™

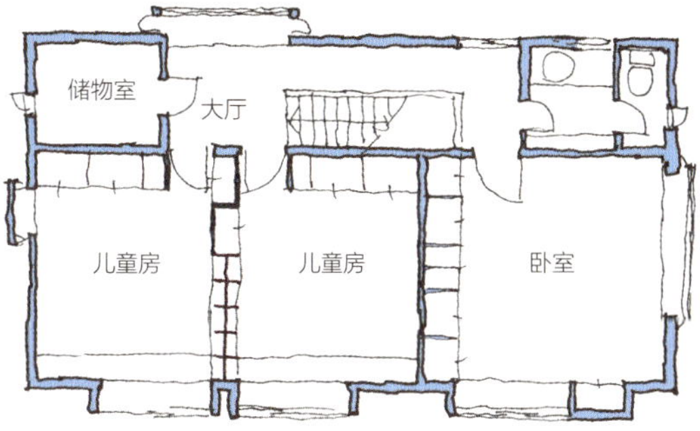

2F

榻榻米与椅子各具魅力。在同一场所，保持双方的生活模式共同生活，重要的是要考虑到让双方的视线自然的接触。

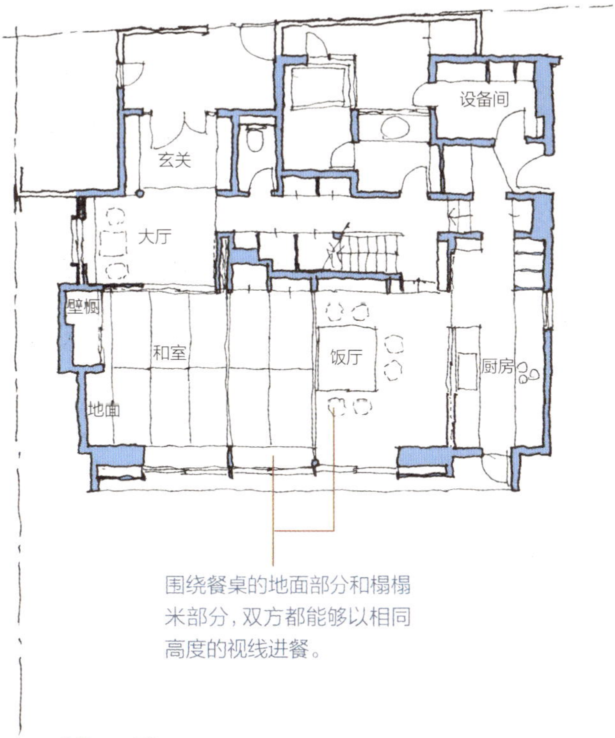

1F
1:150

34 尝试“中空”带来的效果

将复数单间房间横向相接可以创造开阔的空间，如果在此手法上加以采用中空结构，既可以将每个楼层横向相接的空间贯穿，通过中空结构纵向上连接各层，可以得到一个断面呈 " U " 字形的开阔空间。

采用中空的空间无论是向横向还是纵向伸展，对于单间房间而言，即便与其他房间有一定距离，也难以阻挡声音和气味的传播。也就是说，即便两间在各个角落里的房间，各自做着各自的事情，彼此都会下意识对去顾及对方。

例如，即使在二楼查阅资料，也能够觉察到一楼已经开始准备饭菜，甚至连具体的饭菜名都能够猜到。这点是中空结构的优点，但是进行中空结构的设计时，如果对相邻房间的选择及方法不予以注意，反而会变成缺点。

在此介绍两个实例，第一例是为了确保房间的安静将儿童房和老人室从中空结构中隔离开来的例子。第二例是通过中空结构实现提高繁忙的主妇在家庭内的工作效率及便捷性。

即便是复数同样单间房间的中空结构，也存在暖热空气集中上升的特征。在房间设置暖气会也出现一层寒冷二层温暖的现象，需要考虑对策解决这个问题。但这种现象反而有利于厨房的换排气，这是因为中空结构发挥了风洞效应的结果。

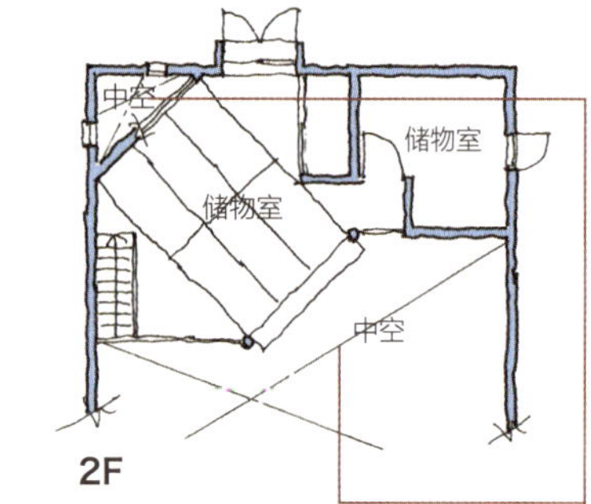

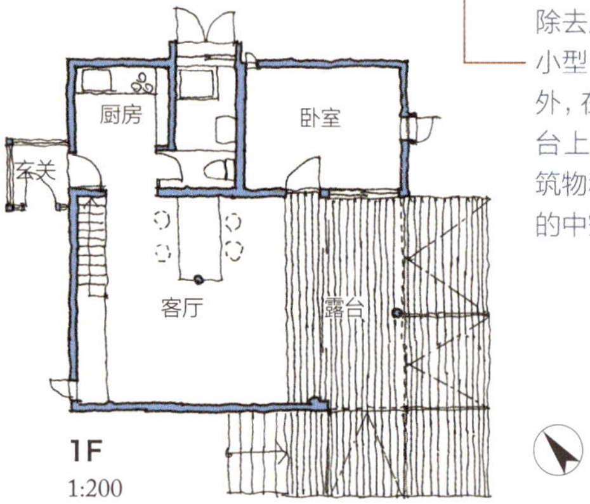

除去厨房上方的小型中空结构之外，在宽阔的露台上方，依靠建筑物和墙壁形成的中空结构。

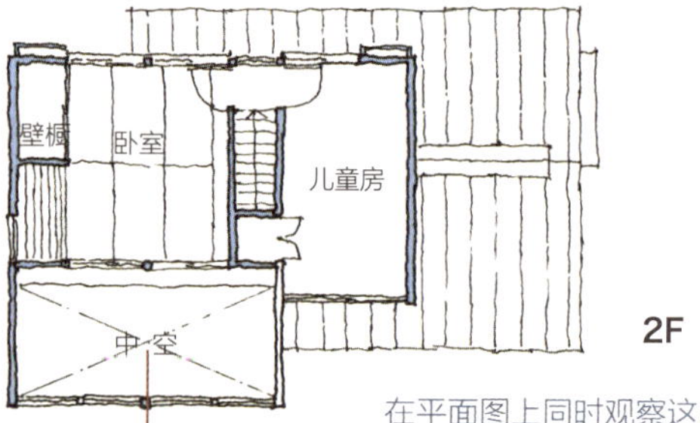

在平面图上同时观察这部分的一层和二层，能够想像得到这里成为一体时的宽阔空间。这种建造方法强调了空间的宽敞程度。

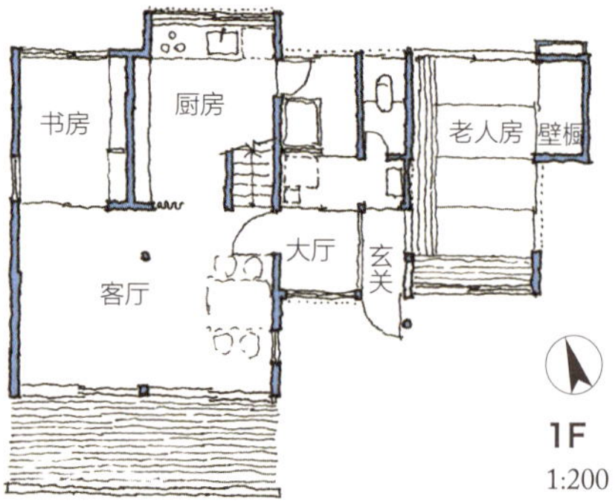

此住宅在厨房处采用中空结构。一层的暖房效果可能会差一些，但中空结构成为通风管提高排换气效率，是很重要的优点。

中空结构产生的效果之一是可以感受上下层互动性以便更好的配合对方。这间设计中主妇在一层的客厅和餐厅做家务时，也可以轻松的往返于二层的卧室。

利用“中空”守护个人隐私 35

对于保护住宅隐私，考虑相邻的周边环境，究竟做到什么程度为佳是我们经常讨论的课题。即便在住宅内部也需要最高限度的保护隐私。

常言说即便是最亲密的朋友也要讲究礼数。夫妻之间也存在不想被对方知道的隐私。根据保护隐私的程度和对象，每家每户不尽相同。但作为保护隐私的基本，要考虑相邻房间的隔音，要尽可能的减少墙壁和地板传递的声音。

在决定地板、墙壁的构造以及材料时，使用隔音材料和吸音材料，防止声音在物理空间的传导。还可以在相邻房间之间设计壁橱或者储物室等，这样的空间具有优良的隔音效果，衣柜等也具有同样效果。当然还有更有效的方法，如在此介绍的实例，相邻房间采用了中空结构，让两个房间被完全分割。类似这样初期的设计计划极为重要，带有中空结构的设计，使住宅空间开阔，便于移动，魅力十足。希望设计师在进行设计时，能在剖析其优缺点的基础上积极的加以采用。

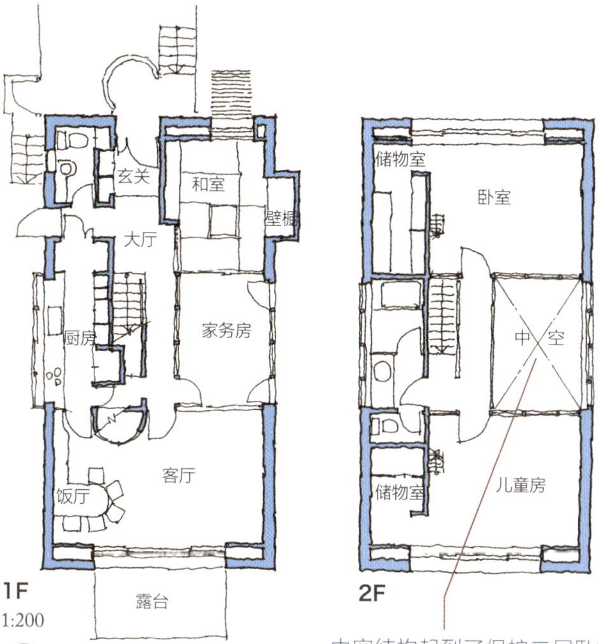

中空结构起到了保护二层卧室隐私的效果，分别从上下层双方观望时，空间是开阔的。

此栋住宅的二层为卧室和儿童房，属于隐私区。增加卧室的独立性以确保隐私，所有把两个房间分离在住宅的两端，并且和儿童房之间设计成中空结构。

大型的中空结构把卧室和儿童房完全分割开。

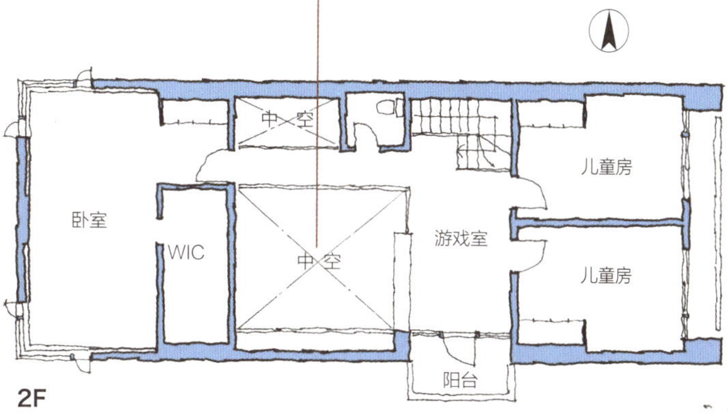

二层的隐私区域中有卧室和儿童房，为了确保卧室的独立性，与儿童房之间插入了中空结构。通过开阔的中空能够观察对方，虽然独立却不孤立。

36 不同的“中空”形状

仅仅通过观看平面图中的中空结构设计，就能够自然的感受到立体空间。

所谓中空结构通常是指在同一个建筑物中把上下层空间连接贯通为一体的形式。但也存在即使实际上没有连接上下层也貌似成为一体空间的建造方法。这种方法是把下层的一部分设计为玻璃屋顶，可作为天窗采光，上层则围绕这个玻璃屋顶建造外侧墙壁。

从下层观望天空的同时可以看到上层的外墙壁，感觉同中空一样。在上层打开墙壁上的窗户，透过天窗也能看到下层。

这样相连上下层打造出一体的感觉虽然具有中空结构的特征，但实质上并没有连成一体，因此可以不用介意声音和气味的传导。

例如此处的实例，是在下层一角设置了四方形的天窗，在与其相应的上层，未采用天窗设计，利用“L”形的外墙，让开口部成为宽敞的窗户。这种结构对于处在住宅密集地区的二层建筑而言，确保了必要的光线缓解了下层的采光，虽然是小户型住宅，但看起来却显得很宽敞。

此栋住宅在设计上，虽然打算采用中空结构确保一楼卧室的采光，但从保护隐私的角度着想，又想避免与二层空间的一体化，并且为了保证二层通风，还考虑设置可开关的窗户。于是出现了一层的天窗部分作为二层的缺角，折中了中空结构的设计。

即便没有采用宽敞的中空结构，仅仅依靠这部分非常狭小的空间，却得到如同中空一样的开阔效果。

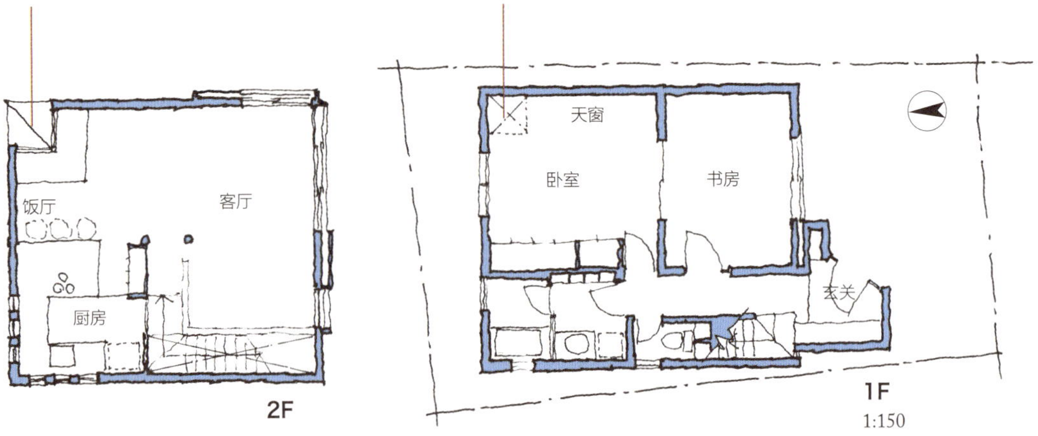

发挥“飘窗”作为家具的作用 37

飘窗是窗户的一种，特征是本应与墙壁平行的窗户的一部分探出了墙壁。由于一部分的探出，增加了窗台的宽度，可以在窗台上放置物品，或者可以像展示架一样利用起来，具有非常好的实用性。而且，这个探出部分一般来说不算入建筑面积，在设计上也是非常受欢迎的。

建筑基本法没有对飘窗进行定义。但却规定飘窗在超出一定的条件时将被算入建筑面积，所以要设计在规定条件允许范围内的飘窗。

法规中对飘窗的具体规定为，窗台的高度在地面30cm以上，探出部分的宽度在50cm以下。看到这个数字时，会联想到沙发和长椅的尺寸，因为它们的尺寸非常接近。也就是说，可以设想坐在飘窗上，把飘窗作为内置的长椅使用。

在此实例中正是利用客厅的飘窗作为长椅使用。这栋建筑，原本受到容积率的限制，房间的规模及面积都不够充分。因此，能够把本来没有算入建筑面积的飘窗加算到客厅面积中，也是一个意外的收获。

另外法规中对飘窗的具体规定还有，即窗户面积占飘窗本身面积的一半以上时将被算入建筑面积。

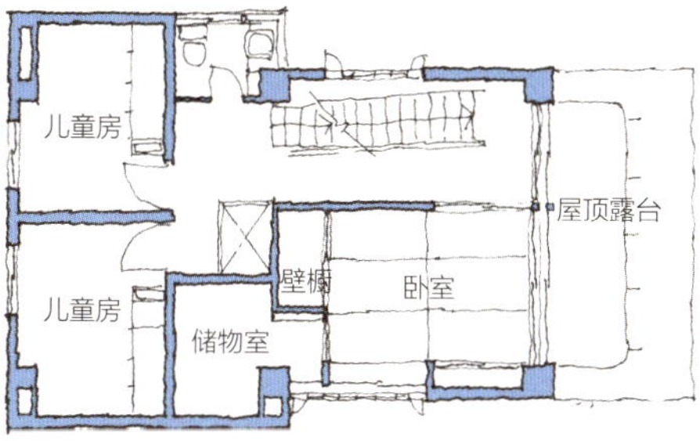

3F

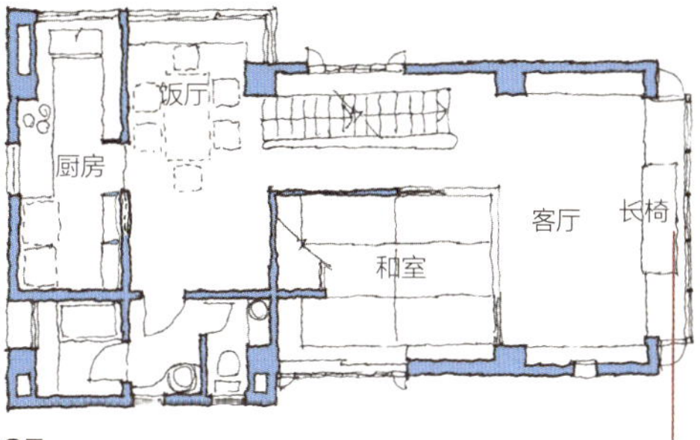

2F

二层客厅虽然不是很宽敞，但是家人坐在这里的惬意完全满足了客厅的舒适度。

受法律法规所规定的建筑面积中，如何利用可以被免除的面积也是非常重要的。此设计中，利用了不被算进建筑面积中的飘窗作为内置式长椅，从而达到缓解客厅狭窄的问题。

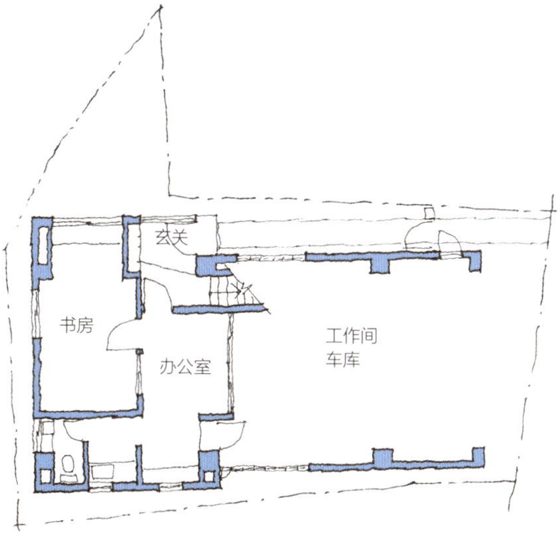

1F
1:200

38 设计独立柱

所谓独立柱，是指没有包藏在墙壁中或墙壁的一部分中，而是单独的位于房间中的支柱。

木结构承重框架工法是指使用支柱和横梁构建框架的方法，为了支撑主梁，出现独立柱，这在钢筋水泥结构和重型钢骨架结构的住宅中不容易见到。即使是木结构框架工法，墙壁本身成为建筑的框架，也很难见到独立柱。

实际上，在并不是很宽敞的空间里，独立柱并不容易进行设计，因此要尽量避免使用独立柱。然而有时为了更好的规划设计，也有刻意使用独立柱的情况。

例如此处的实例是在房间面积较大的情况下使用独立柱，通过独立柱分割周围空间，或者让独立柱所在的空间成为中心，具有象征性的存在意义。正因为最近的住宅（特别是集合住宅）很少见到独立柱，因此即便没有特殊的意图设计的独立柱，也会起到令人新奇的效果。因为很少见到房间中有独立的一根支柱，大家会在不经意间依偎于此，回转于此，还会伸手抚摸。

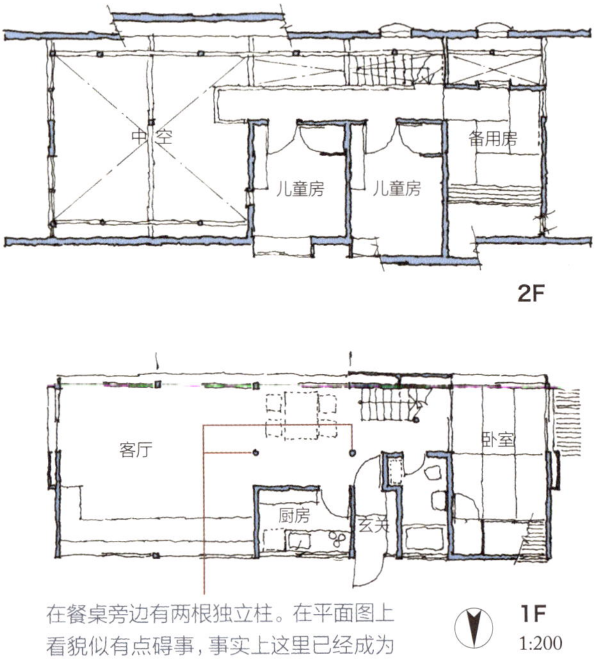

在餐桌旁边有两根独立柱。在平面图上看貌似有点碍事，事实上这里已经成为这间房间独特的亮点。

使用传统的木结构承重框架工法建造住宅时，有可能设计中出现独立柱。需要事先进行严格的调整，以确保独立柱的位置不妨碍其他要素，但是独立柱具有很强的存在感，让人在不经意间会产生抚摸的冲动。

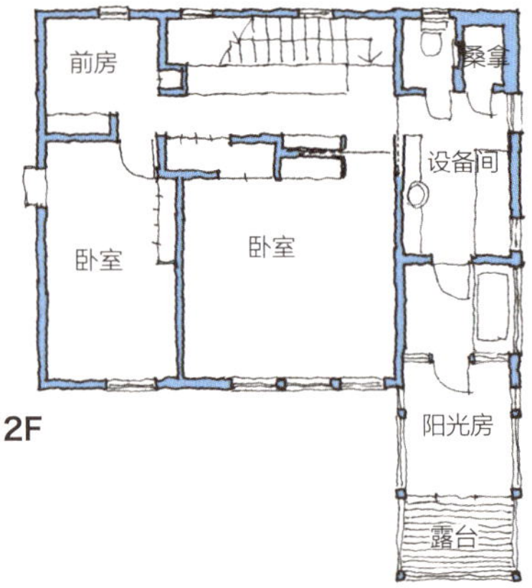

从客厅过渡到露台处的两根独立柱。乍一看好似碍事，但不知为什么总是会有想要凑近想法，确实具有不可思议的存在感。

采用独立柱是木结构承重框架工法设计的特征。把独立柱设计在什么位置，独立柱的数量，与承重框架是否相辅相成，通过对这些问题的研讨进行决定。如果设计得当这些问题并不能成为空间中的障碍，反而会成为房间的中心。

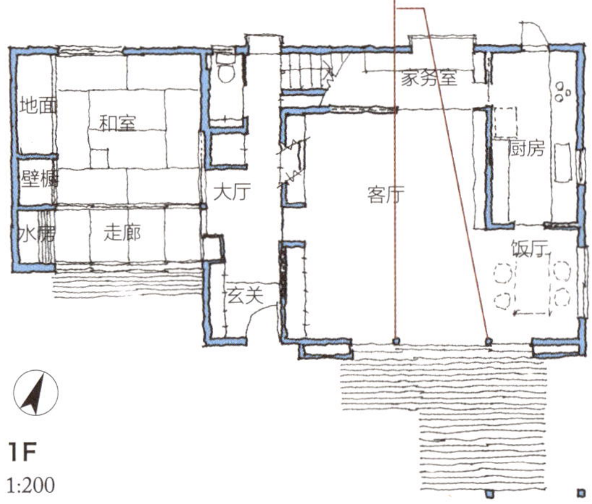

将"外"部空间整合进"内"部空间的技巧

在建筑中有效的利用外部空间，使外部空间与建筑浑然一体，这样的实例不仅在传统的日式建筑，在世界各地的建筑中也随处可见。

房梁下方的外侧，日本建筑称之为房檐、边廊、露天走廊、回廊的空间，貌似在内部，实际上这一部分空间是属于外部的。在国外的建筑中这种空间也很常见，例如韩国的达官贵族的住宅的外廊、西欧的门廊和拱廊等。无论在哪个国家，这部分空间都是处于完全不同性质的室内空间和室外空间之间的组成部分，是为了确保两方顺利连接和转换，以及担负过渡功能的重要空间。这个空间，没有墙壁和门窗的遮拦，通风良好，又因处于房檐下不用担心强烈日照和雨水影响，就好像依偎在大树的树荫下一样，是一个让人身心放松的空间。在韩国边廊被称为夏天的客厅，的确在天气良好的季节里，即便呆上一天也不会厌倦。

在此介绍的实例就是将这样的场所纳入整体格局中的一个案例。左上例的别墅中，打开露台的大门后，建筑物的正中央形成了一个风可以穿堂而过的空洞。而其它的实例中，受建筑面积的限制，在没有屋顶的部分架上凉棚（这样感觉就像处于屋顶下一样），将外部空间纳入内部区域中。

一层的露台用腰墙围起来。上方成为中空结构，没有屋顶的空间归属外部，在实际感觉上明显是内部区域。

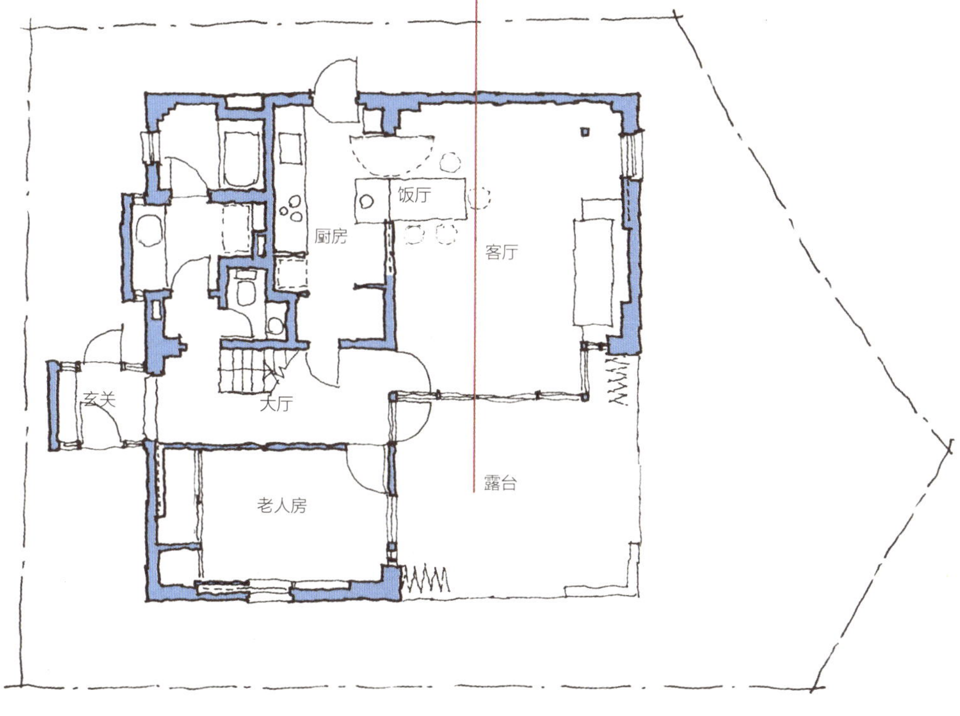

1F
1:150

此户设计中，划分出9m的缺角作为露台。在露台周围，设置腰墙作为建筑物的外侧墙壁的延长，露台上方架起屋顶形的凉棚，虽然是外部空间，在感觉上一样能够作为内部区域使用。

人字形屋顶的长方形住宅，露台处于屋顶之下，虽然没有墙壁但下雨时也不会被淋湿，属于内部空间，风走向畅通，保持了外部空间特征，综合这些既非内部又非外部的特征，可称为中间区域。

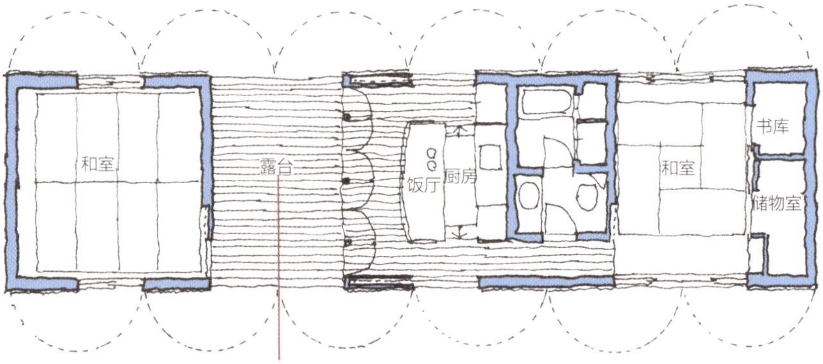

1F
1:150

两栋之间设置的露台从餐厅延伸而出，即便称为外部空间，实际如同一间房间。

二层南侧的一角设计为屋顶花园。屋顶花园虽然完全是外部空间，但被二层的外侧墙壁包围，上方架上屋顶型的凉棚，在感觉上与其它房间（内部空间）完全一样。

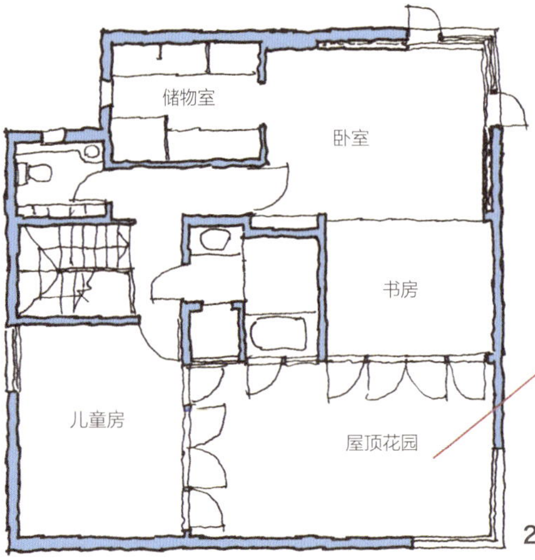

2F

利用位于二层南侧条件优越的一角建造的屋顶花园。通过平面图方能感受到这个空间的魅力。

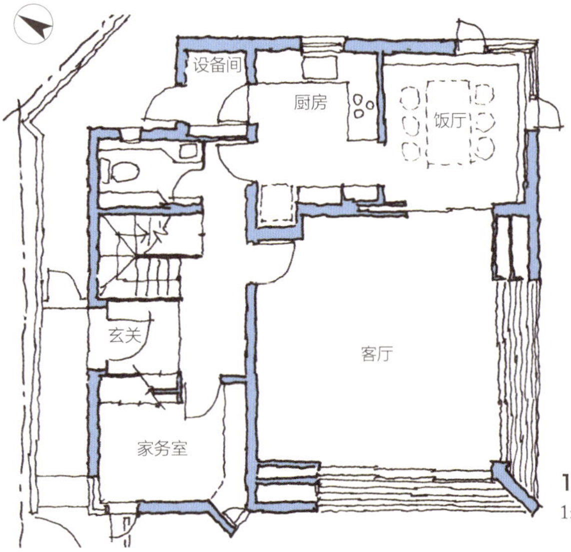

1F
1:150

延长设计从“院门到房门的通道”

从院门通往房门的通道，指从道路与建房用地的界线处开始（一般有院门），到住宅的玄关门前的通道。

如何设计这条通道，受到道路和地势地形、建筑物走向、车库空间等关系的影响，根据具体情况有所不同。进行设计时，要尽可能的延长这条通道，原因是为了尽可能延长在这条通道的行走时间。

从院门到房门的通道连接了公共空间（区域）与私人空间（区域），兼有双向的性质，可称为中间区域。例如外出时，打开玄关门前完全属于私人区域。通过中间区域即通道，到打开院门走出去的过程中，完成了转向公共区域在心里上的切换，通道起到了在心理上调节准备的作用。同样，来自公共区域客人，进入其他人家的私人区域时，也同样需要在心理上进行调整的时间。

在此介绍的实例，是在纵深较长的建房用地的中央位置设置玄关，从玄关到院门利用建筑物的外墙设计出胡同式通道，要注意保证此通道的长度。如果玄关距离道路较近，难以保证通道长度时，可以将玄关和院门在平行方向上错开，用于拉长通道的距离。

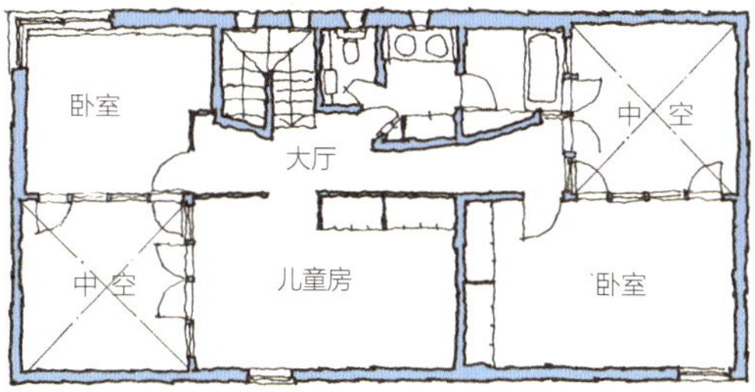

2F

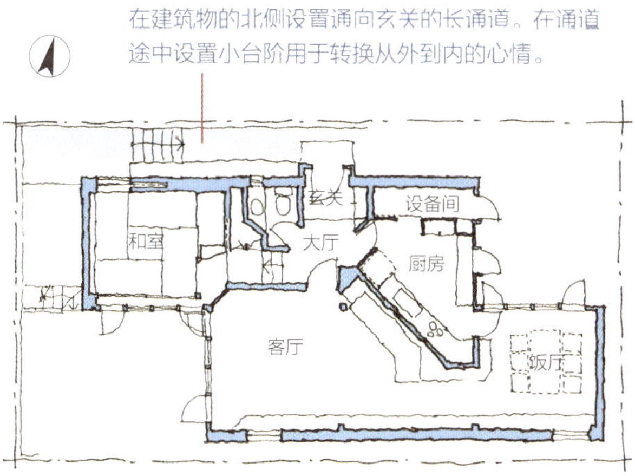

1F
1:200

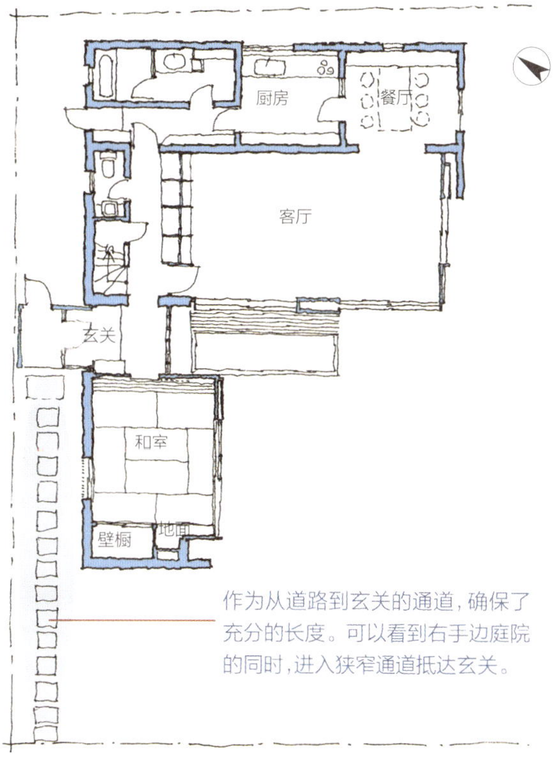

1F
1:200

在建房用地不充裕时，可以参照此实例采用胡同式通道。在通道上种植一些植物或者设置脚灯等照明设备，分散对狭长的建房用地的注意力。

南侧宽广开阔，靠近北侧的角地建造了住宅，玄关的位置几乎处于建筑物的正中央。保证了通道的长度发挥出通过通道转换心情的重要作用。

41 “透过院落”隐见的自宅

邻居家的墙壁隔墙即触，想必一定让人不舒服。窗户位置与邻居家重叠，或者邻家的空调室外机被放置在自己窗前时，一定不愿意开窗户。这种情况在住宅密集地区随处可见，无法观景的窗户不能称为窗户。

如果眼前展现的是自家的景观却会感受到意想不到的空间的开阔。

如果建房用地的面积较大，而且建筑物为平房，对望式的设计还是比较容易实现的。即便建房用地面积不是很大，在设计上也能够达到同样效果。

在此介绍利用庭院实现对望式的设计方法。即便是迷你型庭院，也可以设计为“U”字形、“口”字形、或者“L”字形。最为典型的方法是采用中庭式的设计，不必一定要遵从此方法，但通过围出即便很小的庭院也会得到足够的将自己家给隐藏起来的效果。

此图中中庭式的庭院，不仅演绎出空间的开阔，而且还将采光和通风更有效的引入到房间里，非常具有实用性。

此户住宅呈「U」字形，中央是开阔的中庭。客厅与和室通过中庭对望，实现了自家景观的无障碍化。

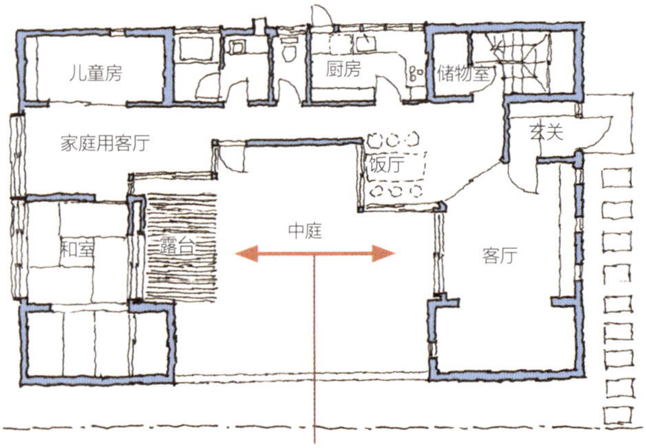

中庭式建筑，穿过中庭看到的是自己家。采用这种设计，能够在感觉上得到建筑面积的扩张感。而且，中庭也是小孩的安全游乐场所。

1F
1:200

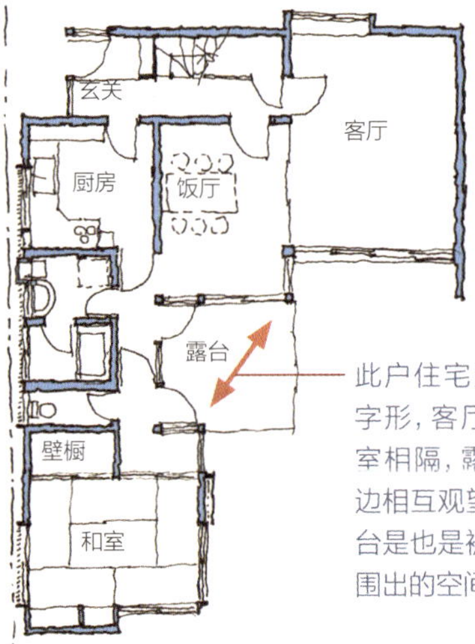

1F
1:200

此户住宅呈“L”字形，客厅与和室相隔，露台两边相互观望。露台是也是被自家围出的空间。

此住宅沿着建筑用地界线用板架围出中庭，「L」字形建筑的外侧墙壁面向中庭。能够观察到儿童房的状况，还可以从院落外部通过板架感受建筑整体的规模。

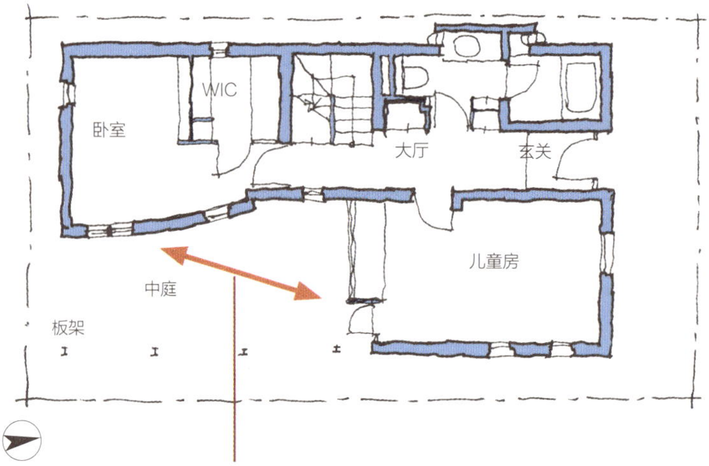

1F
1:200

能够看到自家的设计图。一层从儿童房能够看到卧室的墙壁，二层从家庭用客厅能够看到书房。

这是一处沿着地皮的边界线，庭院里包围着凉亭，「L」字形的住宅。从房间里面通过院子可以看到外壁，能看出来对儿童房的用心，凉亭在加上外壁是一处可以感受到建筑物规模的作品。

被建筑物和围墙包围，没有屋顶的地方称为中庭。中庭的大小和形状多种多样，尤其是形状小的中庭被称为坪庭。装饰方法也大相径庭，种一些植物、铺草坪或者设置一个小型喷泉，还可以铺装石子或砖瓦地面等。

无论如何装饰这个外部空间，由于周围被建筑物或墙壁包围，身处其中都会感受到一种远离尘嚣的安全感，这与室内的氛围近似。

因此，设计面向中庭的房间，还可以把中庭当作室内的一部分来使用。中庭不算入建筑面积，不必在意建筑覆盖率和容积率的限制。中庭的高度设计，如果能够确保与室内的连贯性，就能够增强室内外的一体化。由建筑物和围墙包围的空间不仅局限于一层。在二层建造中庭也是完全可能的。特别是客厅在二层时，可以形成更为有效的空间。

即使中庭与隐私性强的私人房间和浴室等房间相连，也会让人有安心感，有助于身心得到放松。

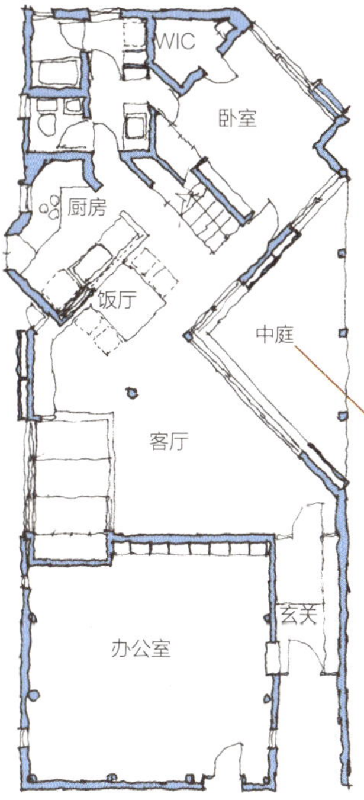

1F
1:200

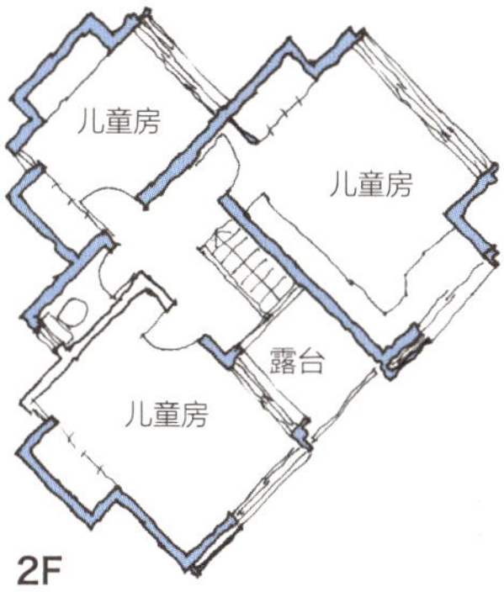

2F

中庭斜向切入客厅。打开客厅的门窗，中庭即成为客厅的一部分。

与事务所兼用的住宅，建房用地呈长方形在中央处设计出呈45°的三角形中庭。在中庭上方架上凉棚，地面镶嵌地砖，可作为客厅的一部分使用。

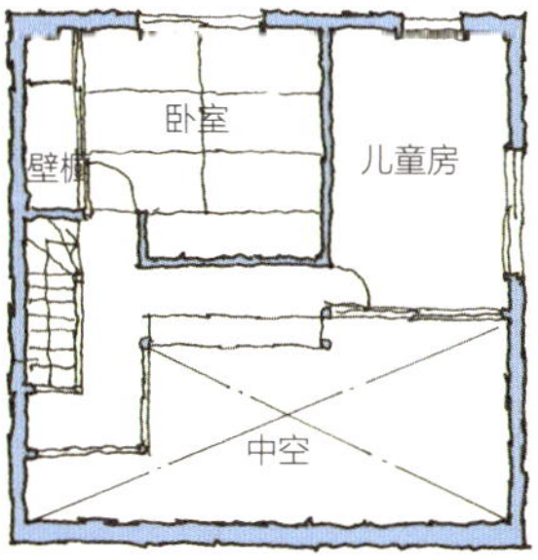

2F

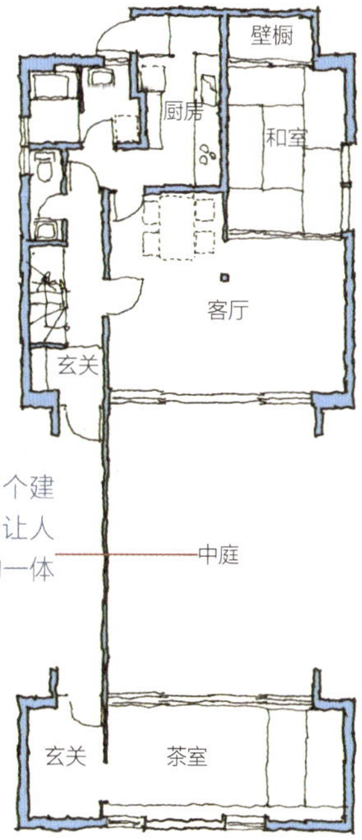

1F
1:200

正如看到的，中庭是由两个建筑物和一面墙围出来的，让人真的感受到中庭与住宅的一体化，即住宅的一部分。

此住宅是以正方形为基本的二层建筑，并设计有一个和室，宽敞的中庭。如图所示，中庭被建筑和围墙包围，已成为住宅中的一部分。

43 回转路线中包含“中庭”

中庭虽然是外部空间，但被建筑物和围墙等包围在内。而通常的院子，呈开放式面向外部的道路或者邻居家。与院子相比可以说中庭是更接近于房间的空间。

中庭在使用方法上，一般用来作为与其接壤房间的延长，这时的中庭像走廊一样发挥着连接几个房间的作用。

在此介绍的实例，是沿建房用地的边界线围墙、建建筑物，因此中庭被完全围在住宅之中，为典型的中庭式单户建筑的设计。

此处的实例，由于沿建房用地边界线建造的建筑物缺乏足够的厚度，因此无法在住宅内部设计回转路线。取而代之的是，以中庭为主的洄游路。通过经由中庭进出接壤的几个房间，中庭构成了大小各异的多种回转路线。

通过这样的回转路线，能够欣赏到不同季节的风景。虽然雨雪天时不得不准备雨伞，但这种繁琐却平添了几分乐趣。

『洄游』原则上指在住宅内部的回转。当无法实现回转时，可以像这所住宅这样，利用中庭实现洄游。中庭原本可以归纳于近乎房间的一部分。

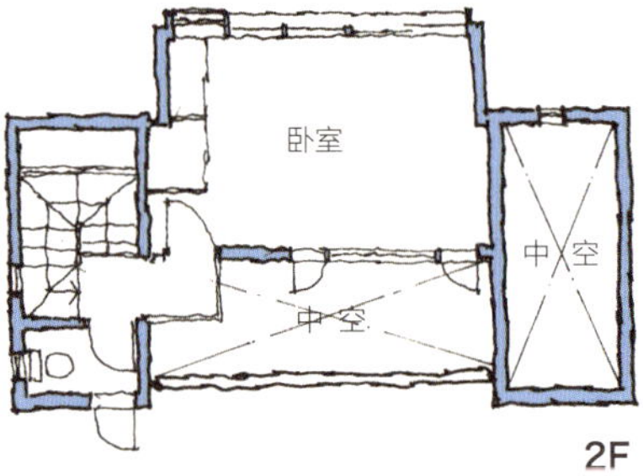

大型回转路线不局限于室内，这条洄游路借助露台把中庭也纳为室内的一部分。

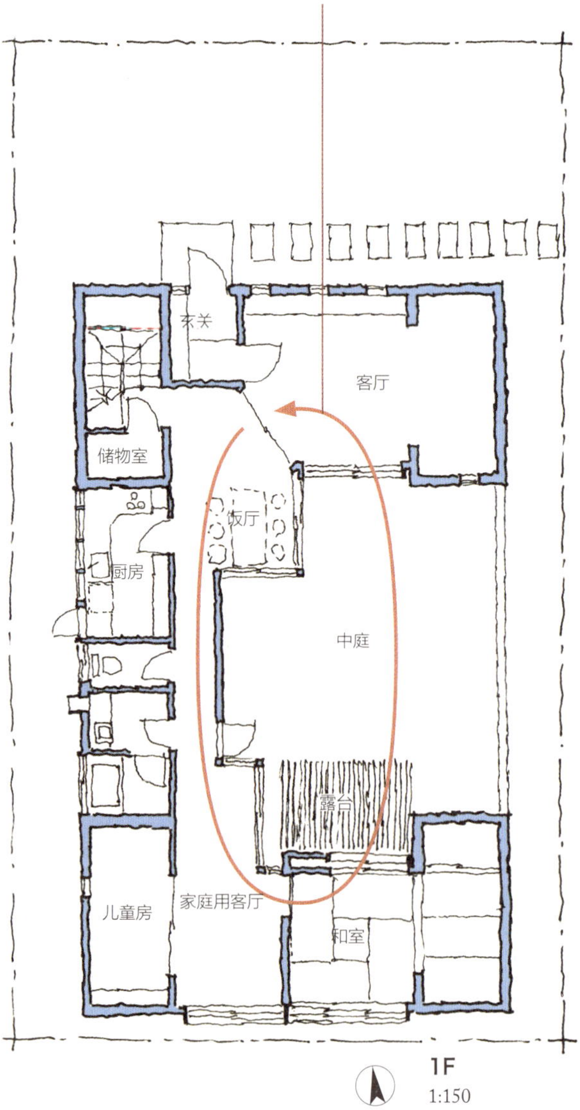

利用中庭隔离“公”与“私” 44

分区的设计方法是指按照不同房间的使用方法划分公共区域和隐私区域。

公共区域包括家人共用的客厅、餐厅、厨房等。玄关和迎客空间也属于这个区域。浴室、卫生间、储物室等，如果是家人共用，也属于这个区域。

家人各自的专用房间，例如卧室、儿童房等属于隐私区域。如果是个人专用的卫生间、储物室也属于这个区域。同时有人认为家人共用的卫生间和浴室也属于隐私区域。如果明确划分出公共区域和隐私区域，住宅空间将得以更加有效的利用。

划分公共区域和隐私区域，可以利用夹杂中庭的方法。不使用墙壁分隔空间，而是在意识上和心理上进行划分，这样在实际使用中更能够感受到各自区域的独立性及方便性。

上面的实例儿童房安排在二层，一层通过露台把卧室和LDK分开。下面的实例是在住宅中配置工作室，也同样可以通过中庭划分区域，这样 “公”“私”空间清晰分明，弛张有序。

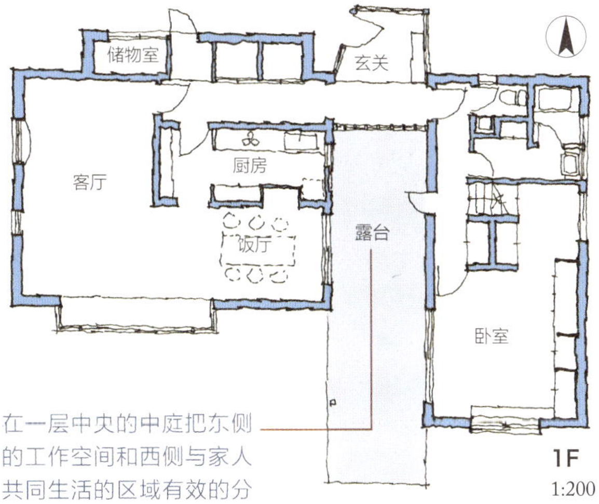

在一层中央的中庭把东侧的工作空间和西侧与家人共同生活的区域有效的分开。对孩子们来说中庭是最佳的游玩场所。

儿童房在二层，卧室在一层。看到一层的平面图可以发现，正中央狭长的露台将东侧隐私区的房间与西侧公共区的房间合理的分离。

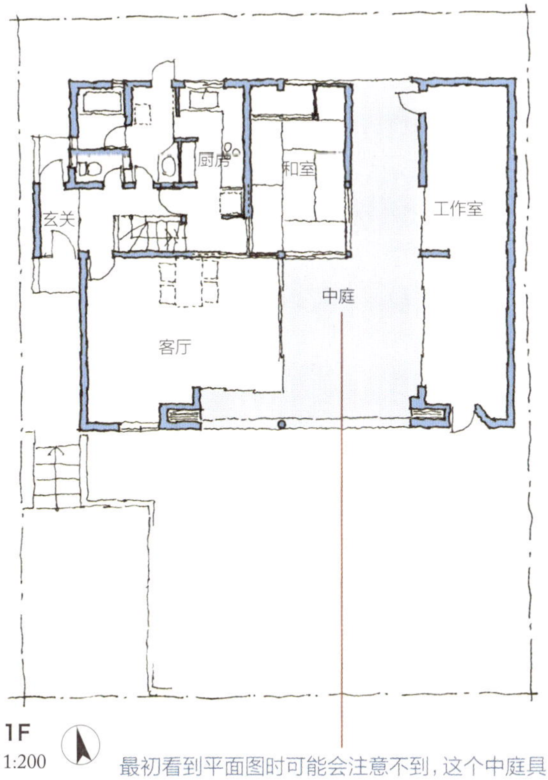

可以把中庭理解为在一栋建筑的中间设计的庭院，通过中庭可以改善采光和通风。

最初看到平面图时可能会注意不到，这个中庭具有把东侧工作室和西侧住居部分分离的作用。

45 与父母同居——同居型

日常生活中常见父母子女生活在同一屋檐下。

以东京为中心的都市，由于从昭和50年代（70年代）开始住宅土地价格不断攀升，子女划分父母的土地，或者两代合资购买土地。这种所谓的两代住宅，以令人惊异的速度增长。宫胁檀建筑研究室也接到许多这种形式的设计委托。

父母子女共同居住，其居住形式大致可以划为三种类型，同居型、部分共有型、分离合居型。

同居型，指父母使用住宅中一个房间。这种情况多以子女为主导，偶尔也有以父母为主导的情况。

同居型多出现于子女夫妇的任何一方父母为单身时，大部分人选择和室作为老人专用的房间。由于老人在家里的时间长，通常将老人的专用房间设置在采光良好的位置。但由于受到各种条件制约，无法达到预期（例如无论如何老人的房间只能设在北侧）时，可利用天窗等采光。当然还要考虑到在老人房间附近设置卫生间。

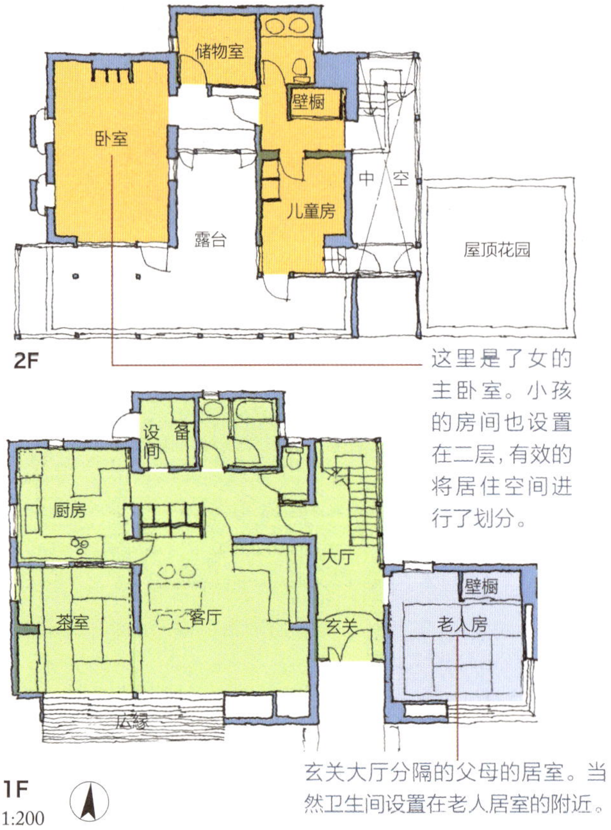

两代同居型住宅的平面图，父母使用的房间是玄关旁的和室。父母的房间貌似偏离了住宅主体。二层是子女使用的空间，开阔的露台可以作为专用的庭院。

父母子女两代同居型住宅。玄关旁的和室作为父母的居室，是因为卫生间和浴室都在和室附近。子女利用的部分被玄关大厅和室内露台分离。下图上这里是子女的卧室。在二层也有饭厅和客厅。

尽管与父母共同生活但两代人的生活方式截然不同，例如，父母早睡早起，子女熬夜晚起的例子很常见。在这种户型设计中，虽然是一栋住宅但在感觉上，父母的居室貌似分离于住宅主体。

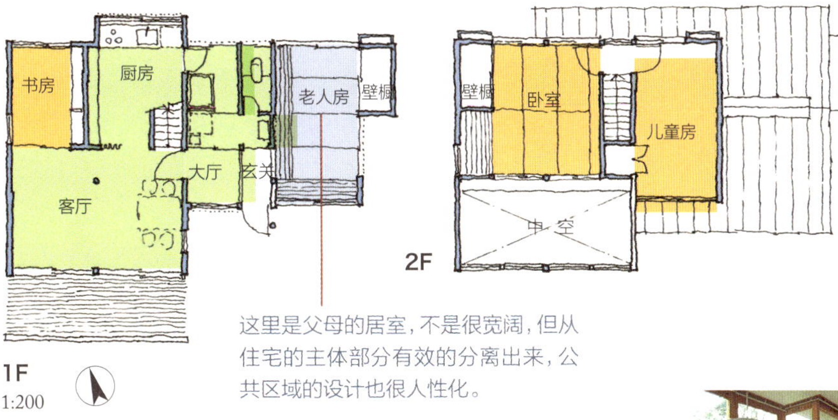

这里是父母的居室，不是很宽阔，但从住宅的主体部分有效的分离出来，公共区域的设计也很人性化。

两代同居型住宅，一层的和室作为父母的居室，玄关、浴室、餐厅等为两代人共同使用。两代同居型住宅，是出现已久的宅模式。

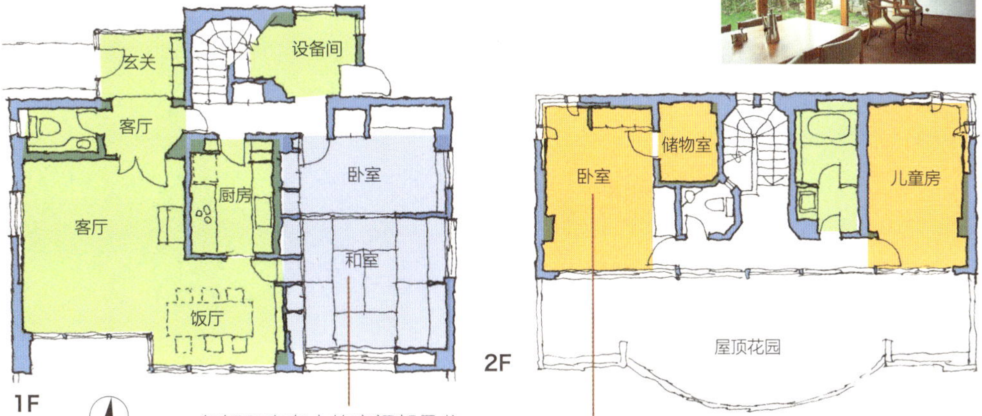

包括和室在内的空间都是父母的居室。到餐厅方便快捷。

子女的主卧室和小孩的房间都在二层，有效的将居住空间进行了划分。

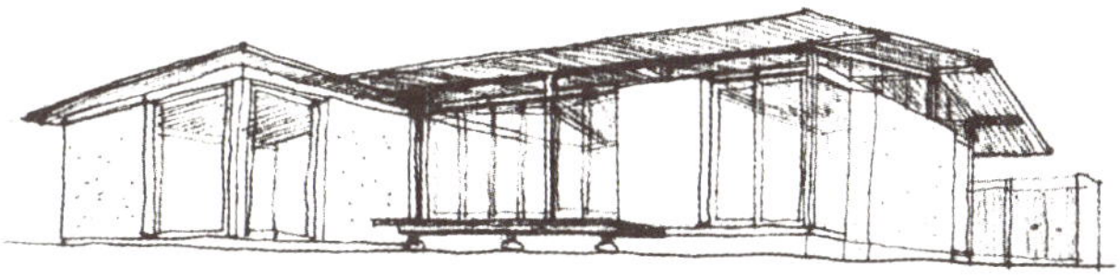

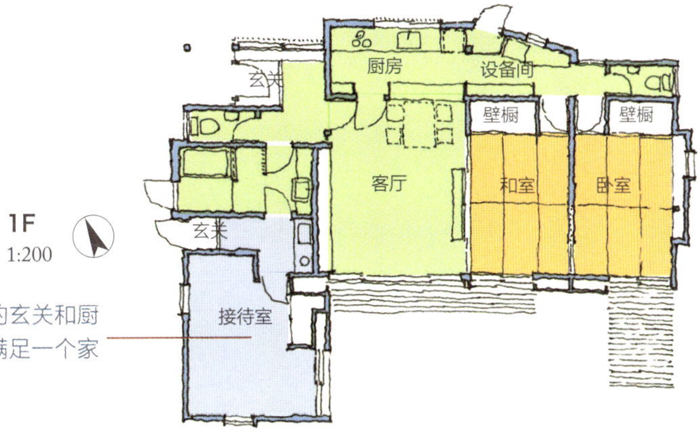

客厅拥有独立的玄关和厨房。完全能够满足一个家庭的起居生活。

两代同居型住宅，父母的居室设置有专用的玄关和厨房（简易形式），浴室和卫生间可与子女共同使用，采用了部分共有型住宅的样式。由于父母与子女的生活作息时间完全不同，这种设计减少了相互的干扰。

46 与父母同居——部分共有型

部分共有型也是一种两代同居类型。通过区分共用部分与专用部分得以实现，根据居住条件不同，区分共用及专用的方法也不同。

宫胁檀建筑研究室设计的作品中，有一种为独立使用厨房、餐厅、共同使用卫生间、浴室的形式。这是考虑到父母与子女的进餐时间点不同，菜品的嗜好也有所不同。尽管有各自的空间，由于可以自由来往于父母与子女的空间，并没有被分开独立进餐，家庭所有成员可以利用设置在子女空间里的大一些的餐桌团聚，尽情享受团员的快乐。

在部分共有型住宅中，有一些实例在空间上分开使用的比重高，仅玄关为共有，其它部分全部为独自使用。这时，如何在玄关处安设通往父母或子女处的通道需要深思熟虑的。因为等同安设可能会引起混乱，应优先考虑进出率高的一方。例如，进出频度高的子女一侧可以安设为直接通道，父母一侧则安设成回绕式通道。

还有一种部分共有型住宅为玄关各自独立，卫生间和浴室为共有。这种样式依据住居条件，可以有多种设计方案。

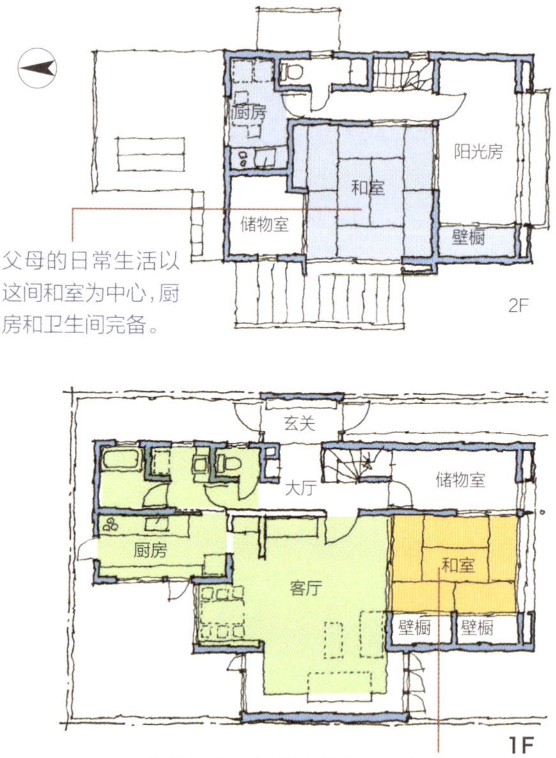

父母的日常生活以这间和室为中心，厨房和卫生间完备。

此处的和室是子女的居室。与客厅相连，同时考虑了将来的使用目的。

二层为子女的隐私空间。通过与父母不同的玄关直接进入房间。

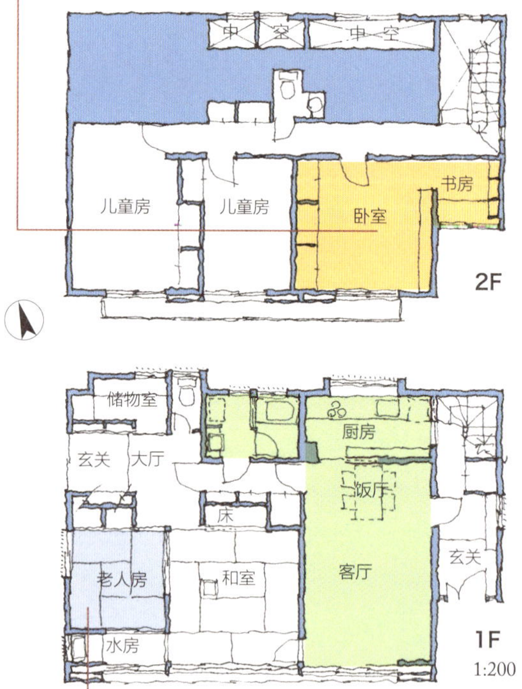

父母的居室在父母专用玄关旁的位置上。隔壁和室内的炉子被隔离使用。

一层为子女的空间，二层为父母的空间。玄关和浴室全家人共用，其它房间按照生活方式的不同各自使用。这种模式在日本法律上称为"重层住宅"（玄关共用）。

两代同居部分共有型住宅，父母同居，为迎接到访者玄关各自独立，餐厅和浴室共用使用。

由于父母与子女在进餐时间和喜好的饭菜不同，各自设置厨房，为部分共有型住宅。父母空间与子女空间由储物空间分隔，保障了各自的生活方式。

父母的居室。间隔着客厅和储物空间，能够保持在日常作息生活上与子女的不同。

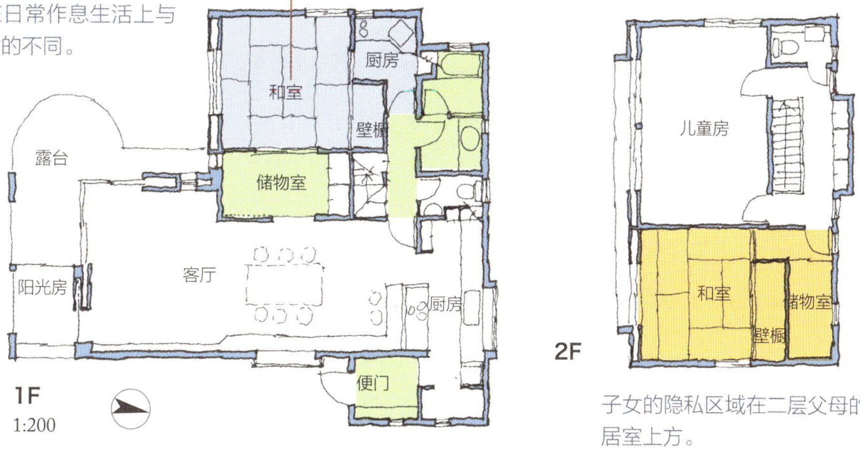

子女的隐私区域在二层父母的居室上方。

两代同居部分共有型住宅。父母居住在一层，子女家在二层，厨房各自独立，共同使用玄关。

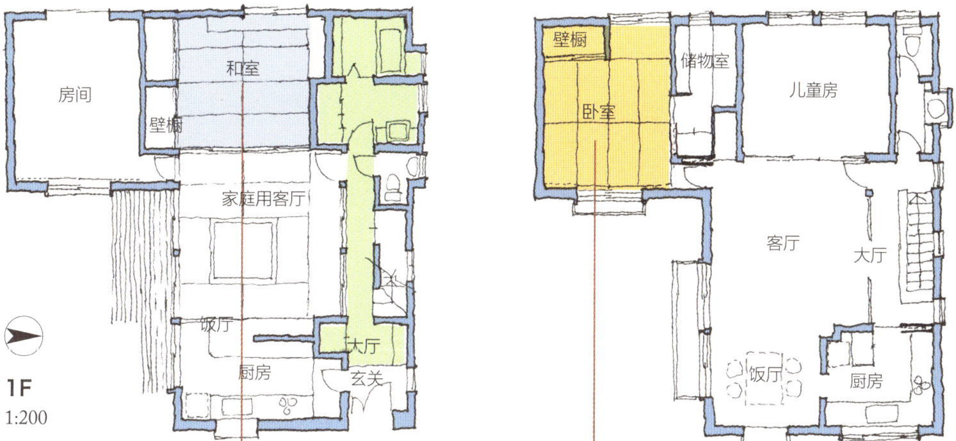

父母的居室，厨房在家庭用客厅对面，父母可以使用此处的厨房。

二层的和室为子女的主卧室。在二层配有子女自己的厨房。

厨房、卫生间、浴室等与给排水空间，实现父母与子女完全分离各自独立，只有玄关共用，为部分共有型住宅。

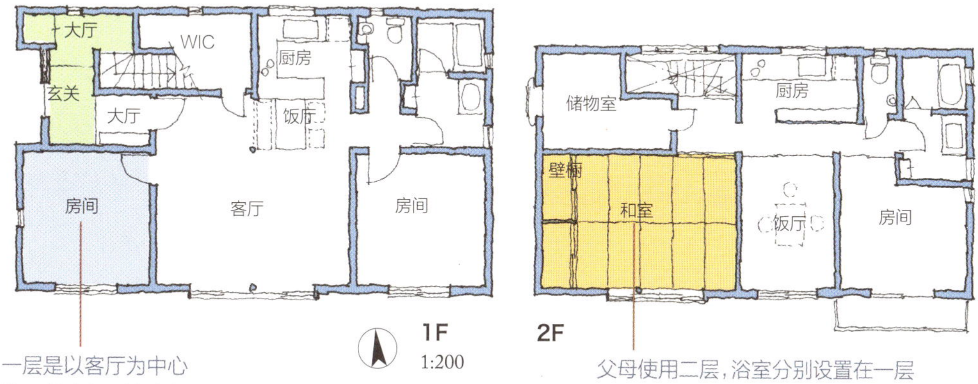

一层是以客厅为中心的开放空间，其中的大部分为子女使用。

父母使用二层，浴室分别设置在一层和二层的东南角。

47 三家合居的形态

一般来说两代合居住宅指父母家和子女家同在一栋住宅的居住形式，那么三家合居是什么样呢。

宫胁檀建筑研究室，曾经遇到父母家和两子女（兄弟）家庭合居的客人。

作为兄弟姐妹从小生活的习惯性，设计以大家共用的客厅、餐厅、厨房和卫生间、浴室等为中心，为各自的家庭配置所必要的房间面积和房间的数量。但子女家庭携有各自的家庭成员，各自的房间也与通常的单间房间不同。

也有很少见的实例，年轻夫妇与丈夫方的父母家，及妻子方的父母家构成的三家合居住宅。如果不掌握每个家庭的情况、合居原因等，在没有仔细倾听和充分理解的基础上是无法进行设计的。聚集不同生活环境中成长的人在同一屋檐下共同生活，如何在平面图中反映出来对于每家每户家庭的设计方案呢，答案只有一个，就是每户都要特殊对待。

为父母家和兄弟两家合居的三家合居住宅。每个家庭都有成人，各自的独立房间必不缺少，一层的和室为父母家，二层的独立房间为兄弟两家各自使用。

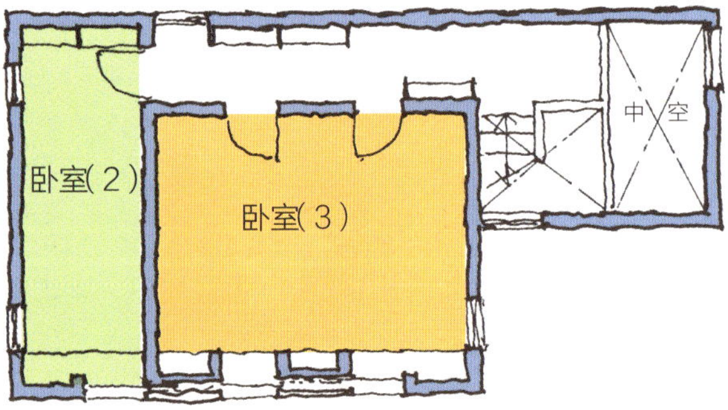

2F

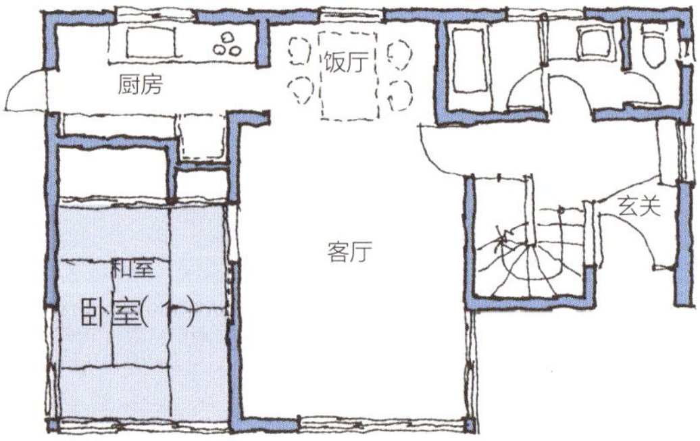

1F
1:150

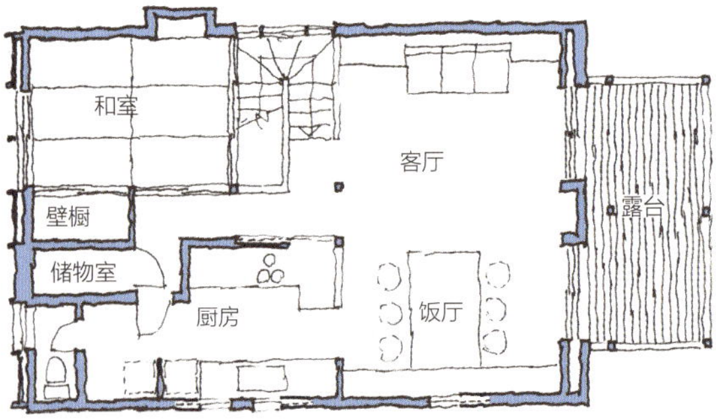

2F

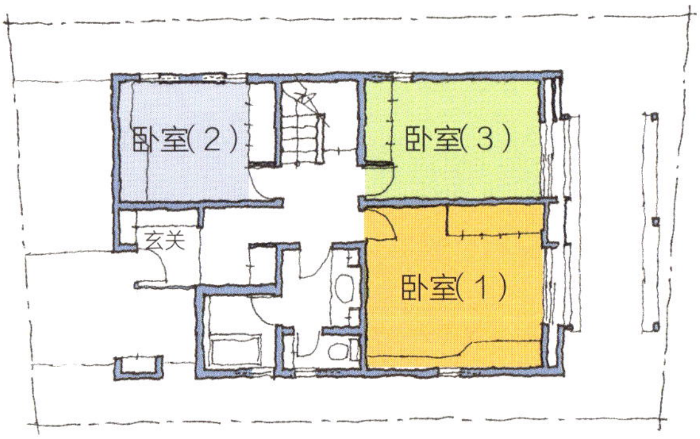

1F
1:200

父母家与兄妹两家合居的三家合居住宅。原本是一家的住宅，兄妹各自成了家，改造为面向成人家庭的独立的空间。

此栋住宅为父母和两个女儿的三家合居住宅。两处玄关其中一处直通女儿使用的房间。父母家在一层的里侧，二层为两姐妹各自家庭的房间。

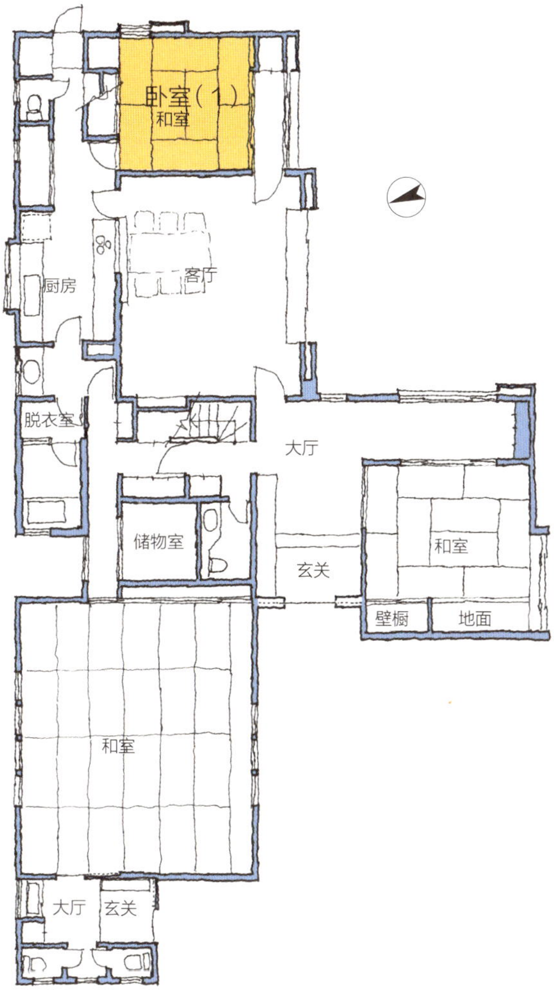

1F
1:200

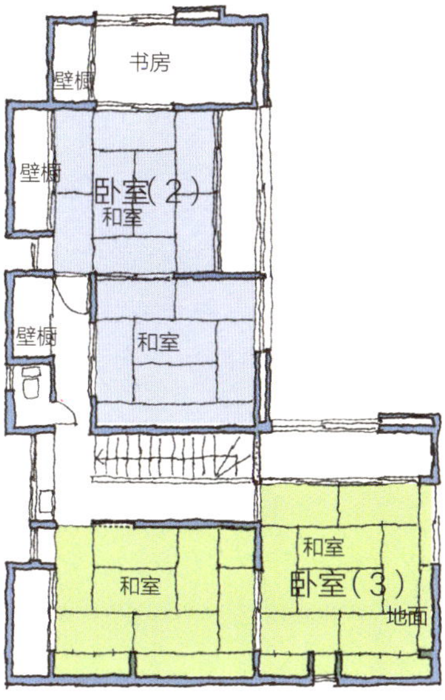

2F

父母与子女合居住宅，父母是夫妇双方的父母（丈夫方的母亲，妻子方的父母）三家构成的合居住宅。由于丈夫方的母亲需要被护理，因此设计此方案花费了很长的时间。

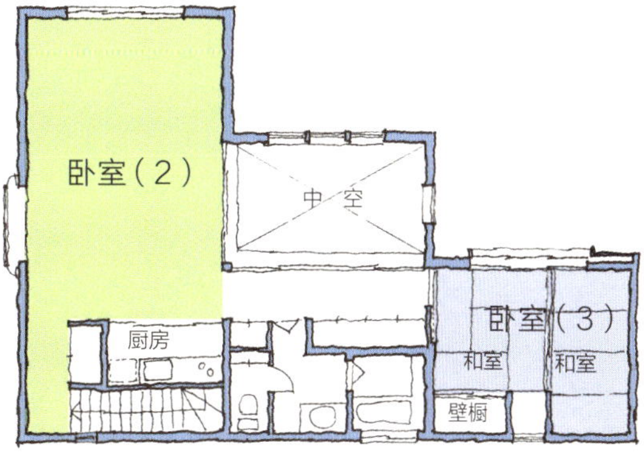

2F

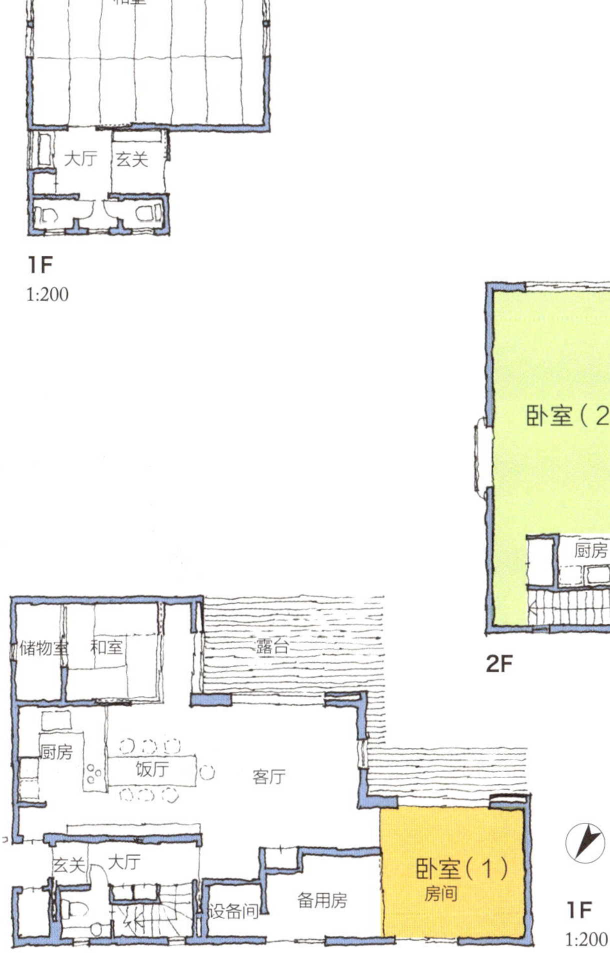

1F
1:200

48 与父母同居——分户分居型

父母与子女共同居住的形式有同居型，另外还有一种为分户分居型。

这种住居形式是指平时父母与子女各自独立生活，希望聚在一起时马上就能够实现。为了方便两个家庭各自使用，从玄关到与连接水管的房间完全独立。虽然在同一住宅里，但内部实际完全按照两个家庭进行设计。

这种住宅模式的实现是因为父母完全具备独立生活的条件，子女夫妇也健康独立，或者长辈虽为单身却能够一人生活。

在此介绍的实例是三层建筑的住宅，一层部分供父母使用，二层以上供子女使用。这是考虑到父母在楼下可以不使用楼梯，还可以快捷的从回廊直接走到庭院，或者考虑分配居住面积等决定的。

分户分居型的两家合居住宅，实现对给排水和电力等设施完全分离设置，能够对应20年或30年后家庭构造状况的变化。还可把空闲下来的房间用以出租等，让房间的使用方法具有充分的选择性。

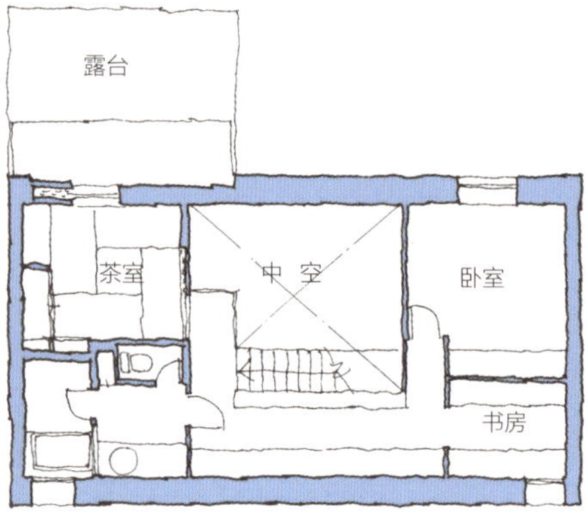

3F

子女家使用从二层以上包括三层的卧室等，给排水房间为分户专用。

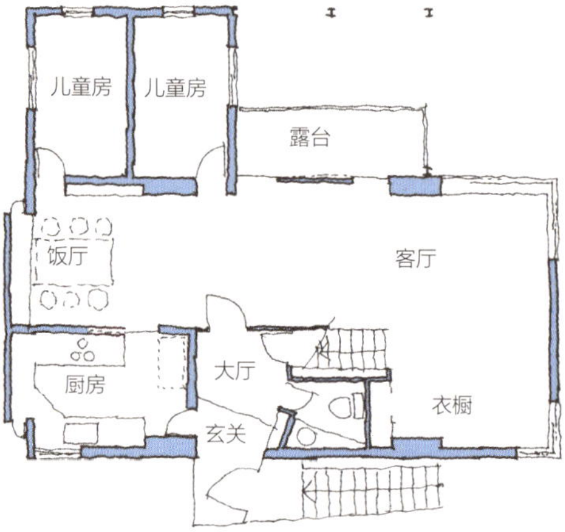

2F

设计图上，一层供父母使用，二层以上供子女使用的分户分居型两家合居住宅。玄关与给排水的空间，完全采用分别配置。这种形式是为了顺应10年、20年后的变化。

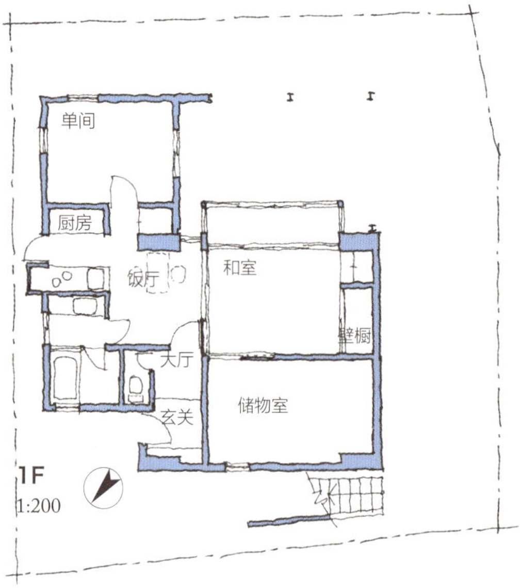

1F
1:200

父母的居室在一层。在一层配置了浴室、卫生间、厨房。

第2章

住宅局部设计

通过设计图不仅可以掌握建筑的各个部分构成，生活的情景也会随之浮现脑海。

设计图整合了大量详细的信息。墙壁和支柱等基本是由线条构成，并通过线条的或纤细或粗重表现。用这些线条包围起来的部分就是房间。

设计图中有玄关、客厅、饭厅、厨房、设备间、浴室、卫生间、储物室、卧室、儿童房、备用房等各种房间。为每间房间标示相符的名称，以便对房间的使用目的一目了然。房间的名称不仅是单纯的称呼，也是显示房间功能的标记。在建筑基准法上，房间名称是非常重要的，因为要根据房间名称来决定必要的基准。通过房间各自的名称，可以定义其使用目的，因此给房间命名，也是设计过程中非常重要的工作。

请注意观察第二章设计图的每个房间。第一章着重住宅整体设计，第二章则着眼于局部设计。根据对房间使用目的和假设的生活模式为房间进行分类，在重视房间之间关系的同时，也要设想一下在此的生活情景。

49 玄关门为内开型

对于住宅玄关的门，宫胁先生喜好向内开的方式。

首先因为内开型房门在安全性上具有优势，在结构上有防范功能。其次，内开型房门可以更人性化的迎接客人。客人来访时站在玄关门口，如果玄关门是外开型，开门的同时客人不得不后退一步，这样既不人性也不礼貌。

但是在日本外开型的玄关门却非常普遍，这是什么原因呢？观察一下设计图就会明白，小户型住宅面积难以确保玄关的空间，而日本又有进屋换鞋的习俗，如果鞋散乱摆放在玄关狭窄的地面上，就无法向内开门。

内开型门，包括换鞋的空间，必须保证足够客人（假设为2-3人）寒暄或者供客人穿、脱外套大衣的空间，所以实际上设计玄关也是非常耗费精力的。

玄关面积无法达到自己预期时，不必拘泥于内开型房门，可以考虑改换成日本传统形式的拉门。但为了避免玄关的拉门等同于纯日式风格，在玄关门的设计上要加以改良。

玄关在建筑物的中央，玄关门为内开型。为了避免玄关门向内过度开放，要保证纵深的深度，做到尽可能不妨碍鞋物的摆放。无法保证纵深深度时，可以考虑增大玄关的横幅宽度。

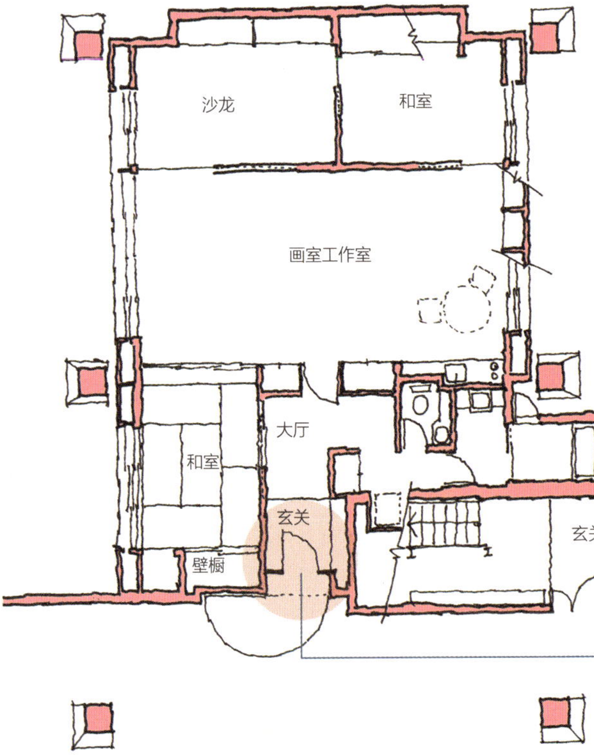

1F
1:150

玄关位于住宅中央部位，宽敞的玄关地面与室外陆地接壤。设想是外开型的话一定不方便。

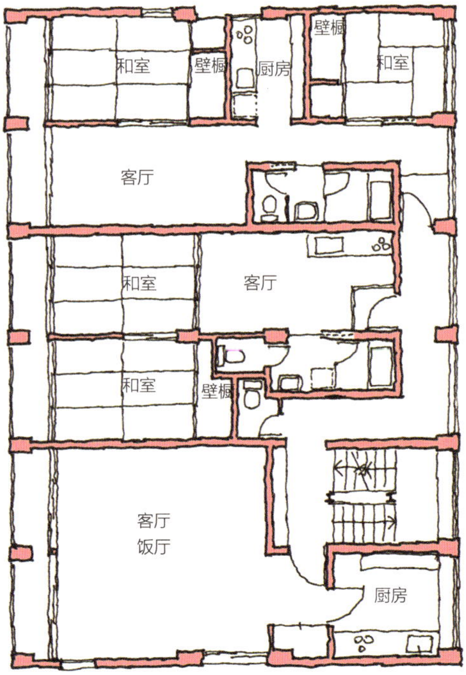

2F

01 玄关

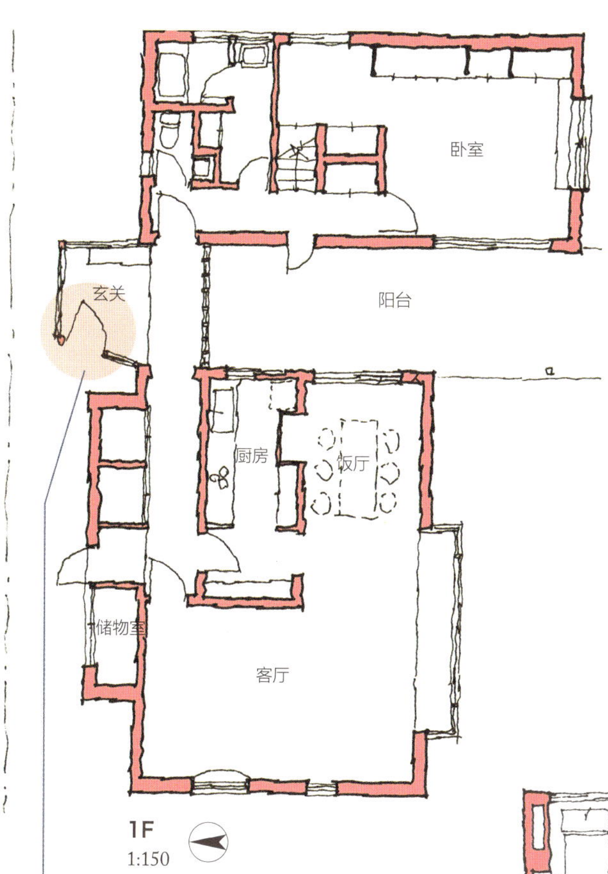

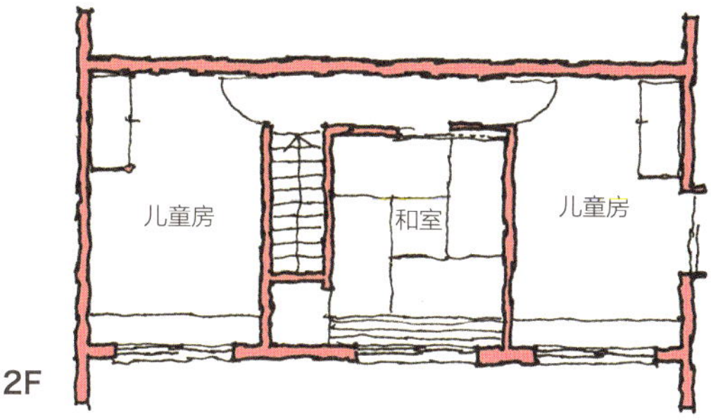

此建筑物的玄关设置在一层的中央部位。宫胁先生决定了内开型玄关门，通过设计图中可以看出门微微倾斜，其设计目的是确保玄关空间的宽裕。

玄关连接长通道，如果玄关的宽度与通道相同，则不方便使用，所以把玄关设计为斜向的门，以确保实现内开。

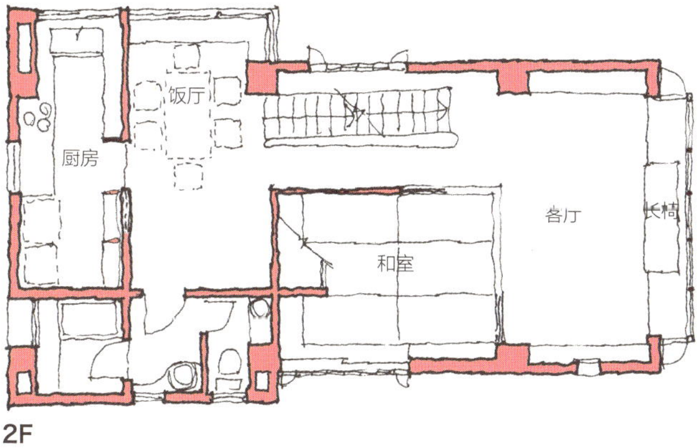

内开型的玄关门。玄关设置在狭长通路通道的尽头，确实显得玄关地面非常宽敞。

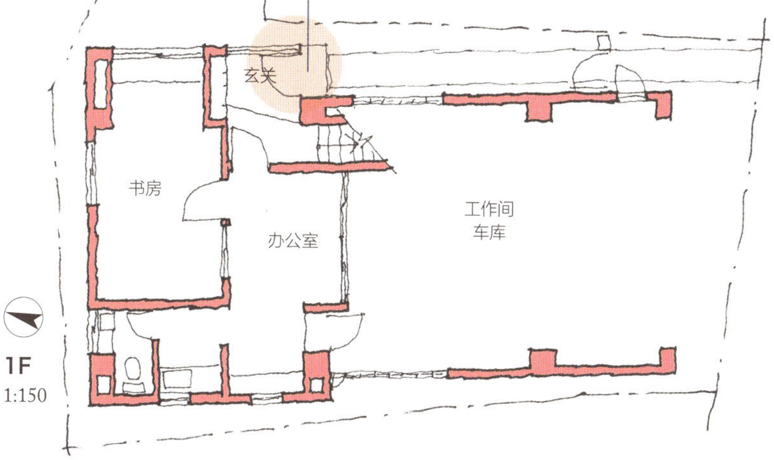

宫胁先生一直提倡内开型为最方便的玄关。这种设计理念在70年代以后才得到彻底改变。在此之前，根据住宅情况也采用外开型的玄关门。因此分析设计案例时会发现有各种玄关。

50 玄关是划分开放和隐私的地方

我们此前讲过根据住宅内使用目的进行分区的方法，即可以将住宅按照隐私区域和开放区域进行划分。考虑到日常生活的基本行为，通过玄关进出各种区域也是非常常见的。

由于玄关是住宅主要的进出口，无论是从隐私区域还是从开放区域，都能够快捷的到达玄关是非常重要的，因此通常会把玄关设计在各种区域的中间。

此实例是利用玄关分离隐私区域和开放区域。这种形式，无论从双方共有的区域还是属于各自的区域，到达玄关的动线都不会交差，提高各自独立性的同时，也保证了隐私区域的安静。

从玄关到开放区域时，基本不用担心会影响隐私区内的家人，便于客人来访，这种设计适合来客较多的家庭。

但是这种设计在两个区域间往来时必须通过玄关，因此有客人突然到访时，客人和家人难免碰面，有些场合可能会导致双方出现尴尬的局面。

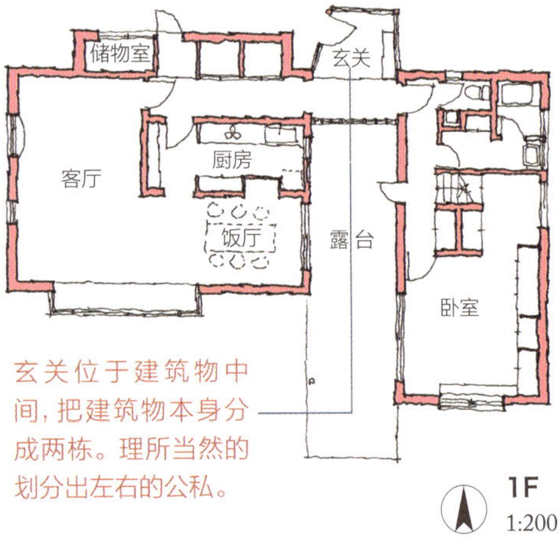

玄关位于建筑物中间，把建筑物本身分成两栋。理所当然的划分出左右的公私。

公私两个区域中间设计了玄关。宽敞的玄关大厅夹杂在两栋建筑物中间，左边是用来待客的客厅，右边是饭厅及家庭成员聚集的客厅，玄关大厅将公私两区域分开。

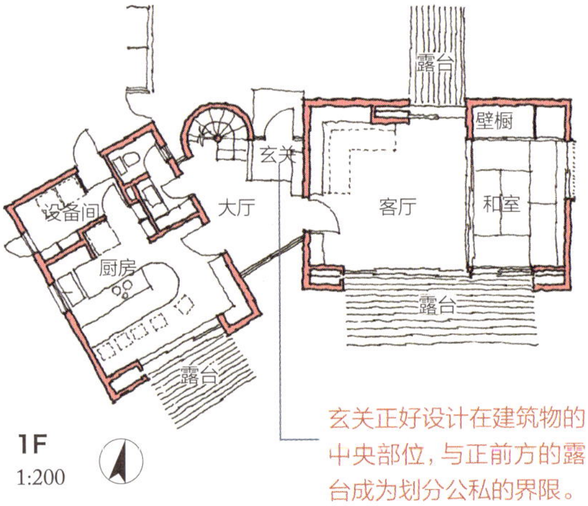

玄关正好设计在建筑物的中央部位，与正前方的露台成为划分公私的界限。

根据住宅用地地形，设计玄关的位置有相当的难度。因为还要同时考虑到各个房间的相关性、通往每个房间的流畅性以及外观设计等多种要素。把玄关设计在分隔公和私的房间群之间，增强了房间的使用效率。

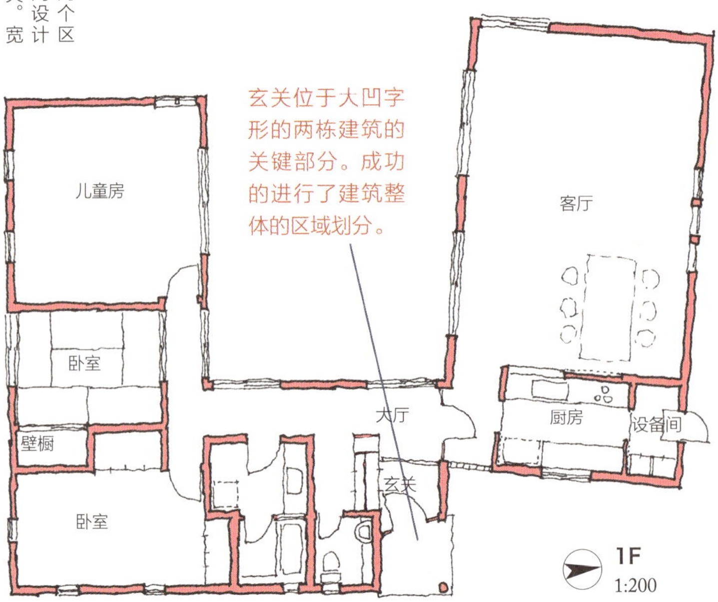

玄关位于大凹字形的两栋建筑的关键部分。成功的进行了建筑整体的区域划分。

凹字形结构的设计，左边是客厅饭厅和厨房，右边是私人房间，玄关处在中间。玄关把左右的开放和隐私区域分开，结构特征非常的鲜明。

能够待客的玄关大厅 51

根据来访客人及来访目的的不同，待客的方式也不同。

通过门铃进行通话的来访实质近似于吃闭门羹。大多数人会打开房门迎接客人，至少也会站在玄关处进行简短的会话。

来访事由简单则以，但各种话题让谈话兴趣高扬也会拉长谈话时间。即便如此，却又不至于脱鞋进屋畅谈。这时，需要具备能够在玄关内小憩一下的空间。

针对上述的问题，下面的实例把玄关大厅设计成3叠（1.67×3）左右，可以摆配小桌椅。不仅方便了迎接来客，也为接收快递时提供了方便。

玄关用于穿、脱外套，换鞋，放置雨伞等，进行这些行为需要一定程度的空间范围，因此要在考虑整体设计的基础上打造玄关。玄关不必尽显奢华，要以方便程度为目的，并保持其足够的宽敞程度。

此设计的主要特征为玄关和相连的大厅超出通常尺寸。二层有三间私人房间，一层和室的面积较大，建筑整体面积比较大，且玄关周围的开阔程度引人注目。此玄关大厅，完全能够满足任何时间段的来访。

墙壁包围的部分是玄关。宽大的内开型房门和宽敞的玄关大厅，应对各种来访绰绰有余。

52 在建筑南面正中央设置玄关

在日本对一般的住宅用地进行开发时，通常以东西走向的道路进行区域划分，因此建房用地南侧为道路。

像设计这样的住宅，首先确保南侧通向玄关的通路通道和停车空间，其次是在南面设计庭院，然后设计朝南面向庭院的房间，设计起来竟然意想不到的费工夫。

通常这样的建房用地，朝南向的横宽多为12至13米，在难以南面划分出三间房间面南。其实，这样的宽度最适合设计为朝南两间房间再加上玄关。现实中经常见到这样的设计。根据改变玄关所在位置，也能改变建筑物的视觉效果。

这此介绍的实例通过把玄关设置在南面的正中央，使得建筑外观协调一致，显现大气风格。但在剩余建房用地的使用上，由于要设计为一半是庭院，一半是玄关通路通道和停车场，并且要尽可能的增加庭院面积，这样对设计的要求就会很高。

如果玄关在东端或西端，可以减少庭院的设计难度，但玄关过于靠近两端，会造成外观上平衡失调，突显玄关寒酸，这时，需要注意对玄关本身的精心设计。

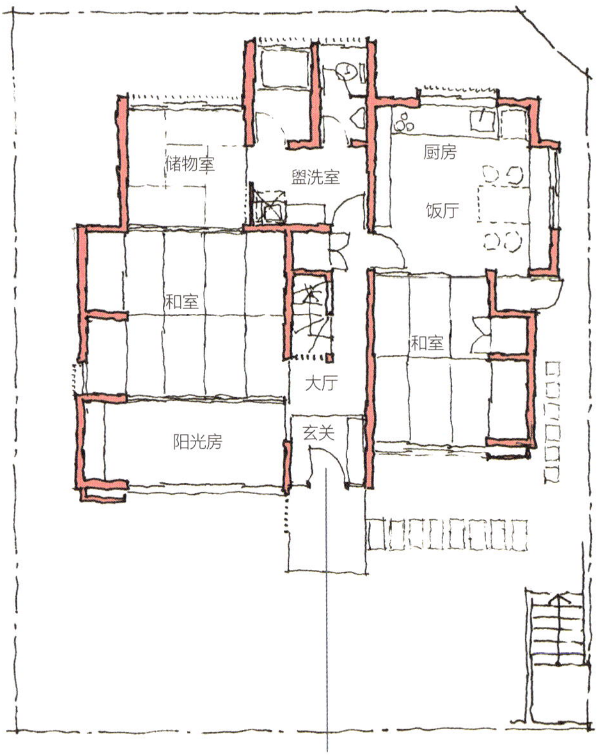

1F
1:150

为了保证停车场的位置恰到好处，并且保持玄关通路通道一定的长度，将玄关设置在庭院北侧。

此住宅的东面和北面靠近道路，玄关在建筑南侧的正中央，这是对包括建筑物的方向、停车场、玄关通路通道、庭院等建房用地整体进行规划后，并精心研究整体的使用方法决定的。

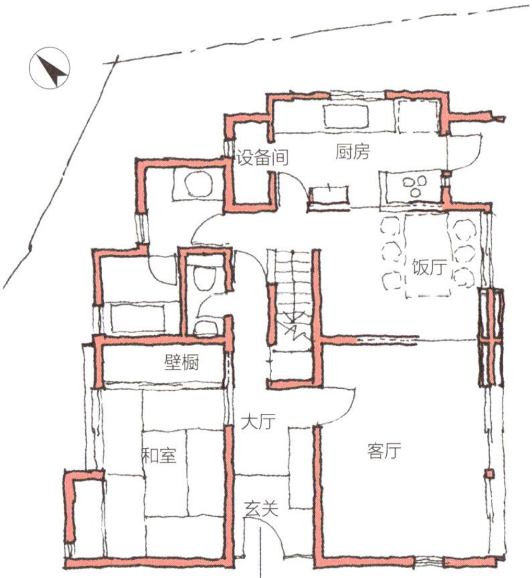

1F
1:150

在建筑物南侧的正中央设置玄关。从南侧看这栋建筑物时，玄关赫然位于建筑物的正中央，看上去很有气势。

虽然在设计时已经决定了玄关位置，但玄关对建筑物外观影响很大，需要反复综合考虑。通过玄关通路通道来看建筑为一个整体，像这样将玄关设计在建筑物的中心，显得非常的协调。

以前一些规模稍大的住宅往往带有两个玄关，即玄关和内玄关。玄关正式而且宽大，但平时利用率低，作为代表住宅风格的象征。内玄关虽然比玄关狭小，却是居民日常使用的出入口，平时的来客也使用这个内玄关。

在此介绍的实例，虽然规模小于之前的住宅也同样设置了两个玄关。此住宅的特征是两家合居，玄关也是为两家各自独立使用而设。

带有两个玄关的两家合居住宅，各家的卫生间、厨房等与水相关的空间各自独立，这种住居样式也可称为分离式。在此介绍的实例，没有完全到达分离式的程度。而是采用合户合居，这也是以前很普遍的两家合居住宅的形式。

其设计本着父母与子女家共同进餐的基本生活样式为主，在必要时保留各自的隐私空间。例如，父母家来访的熟人朋友可以直接进出父母的居室，不会打扰子女。

带有两处玄关的两家合居住宅。其设计是部分共有型，浴室和厨房共同使用，一层的淋浴间可根据状况分开使用。

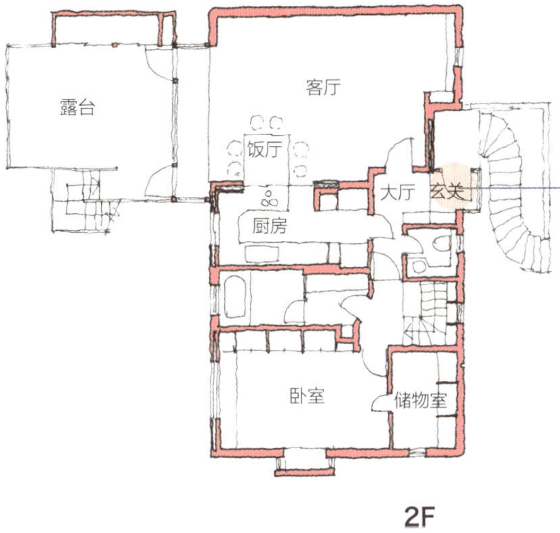

子女家在二层，设置了专用玄关通往二层开阔的空间。

除去西北角设置的主玄关，还有一个直接连接客厅的玄关方便两家使用。

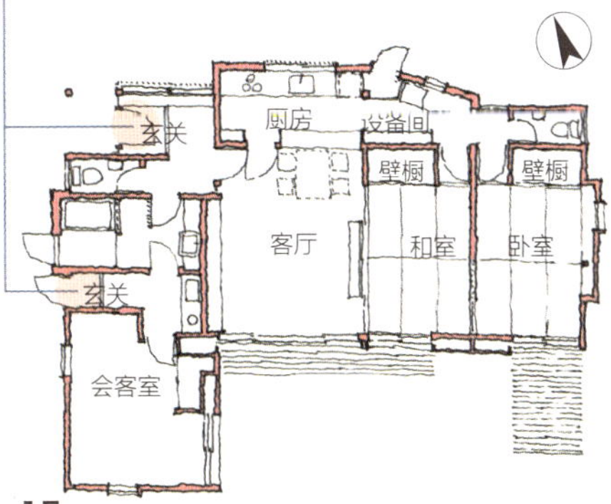

1F
1:200

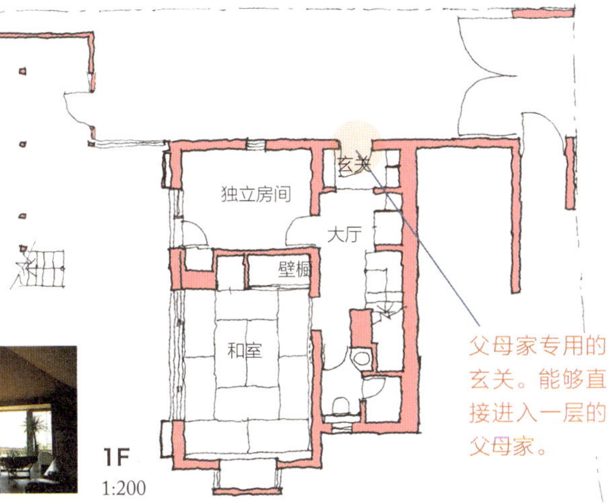

1F
1:200

父母家专用的玄关。能够直接进入一层的父母家。

进行设计之前咨询住民的意见，了解到经常会有客人来访。因此父母与子女分别有独立的玄关，更方便各自的生活。当有客人到访时不会干扰对方，这种设计也适用于在家中办公的住宅。

54 没有玄关的住宅

“不要玄关”是在设计这间住宅时的附带条件。但住宅的玄关究竟有何作用呢。

例如，“玄关”是住宅的主要出入口，代表住宅的颜面，基于这种考虑，希望在形式上能够反映出相应的品位，在某种意义上讲优良的玄关设计也象征了成功人士的身份。

相反，以前的农家院，只要是开口部就作为出入口使用，即使不设置“玄关”也不妨碍进出。到目前为止，宫胁檀建筑研究室曾设计过许多没有玄关的别墅。可以直接从甲板和露台进出，在便门上锁即可。因为脑海里有这种设计模式，所以此户住宅通过露台作为日常出入口利用，最后在便门上锁。

这种设计即便家人认同，可对于来访的客人来说，如果感觉不到玄关存在就会找不到方向困惑不已。因此可以在客厅边缘靠近室外通路通道的位置铺设地砖，并设计为阳光房，即可取代玄关，又可作为脱换鞋的场所使用。

如果是以前的农家院不会为玄关的存否而困惑，但是体谅到现代客人的感受，还是有必要为玄关做清晰明确的引导。

按照房主的希望，没有设计称为“玄关”的房间。取而代之的形式是，家人使用便门，客人使用阳光房。这与别墅中常见到的形式相同。

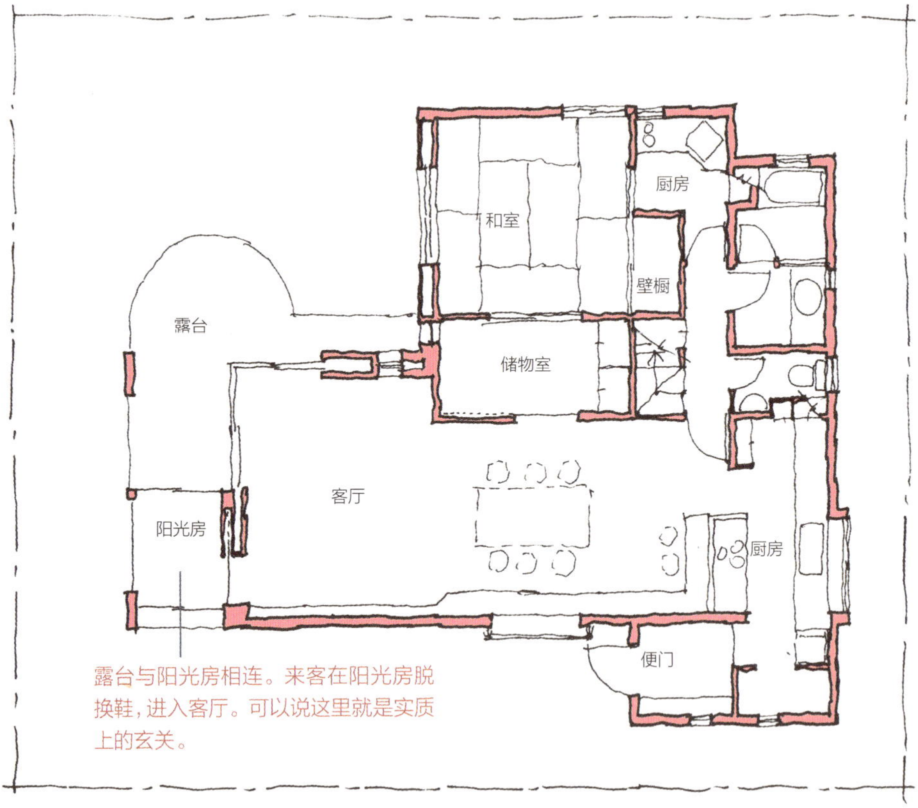

1F
1:150

“二层客厅”玄关的位置 55

客厅南侧的开口部面对露台前方开阔的庭院，可以在此享受园艺，这也是客厅的普遍形式。LDK表示客厅（Livingroom）、饭厅（Dining room）和厨房（Kitchen），把这些使用频率高的房间集中在一起，更便于使用。基于这种考虑，把客厅设置在一层，不免是让人心情舒畅的设计，但由于受某些条件制约也有无法将客厅设置在一层的情况。

例如，由于建房用地面积狭小，无法获得完整的庭院空间，或者周围建筑密集，一层几乎得不到日照等，这时可以把客厅放在条件充裕的二层，根据设计同样能够愉悦心情，让生活舒适。

但玄关位置的选择直接影响到使用的便利程度，要仔细进行揣摩。这时可以在室内一层玄关的正前方设置通向二层的楼梯。另外也可以利用室外楼梯直接通往二层。感觉就像是为集合居民住宅的两户修建了通道。如果直接通往二层的楼梯过长感觉上下吃力的话，也可以把楼梯的长度减半，把玄关设置在一层和二层中间的室内位置。

无论采用哪种形式的玄关都需要参照其条件进行综合考虑。

此户住宅由于把客厅设置在二层，在一层玄关的正前方设置了楼梯，且安置了天窗。这样，人进入玄关后自然会向楼上走。玄关的位置设置在靠近道路的一层，便于进出。

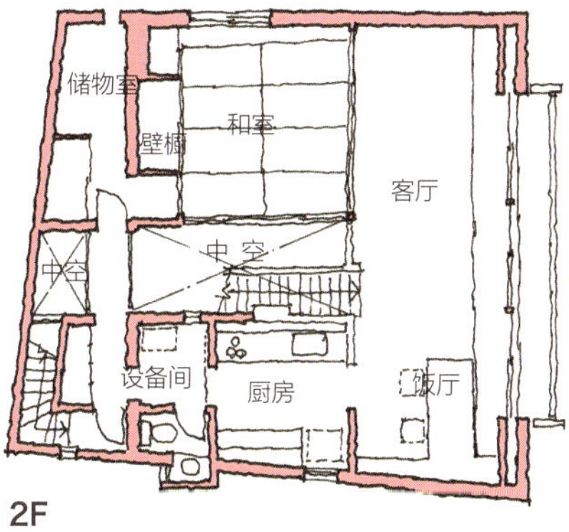

2F

本例将玄关设置在室外楼梯的这个位置。二层的客厅与厨房相连，也可利用室内楼梯下到一层。

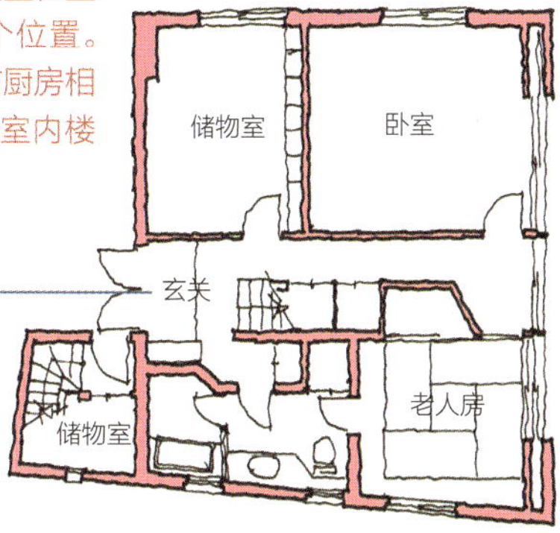

1F
1:200

客厅在二层，玄关在一层的这个位置。利用正前方的楼梯可直达客厅，右侧为便门的楼梯。

对于玄关与客厅的关系，一定是距离越近越便于使用，但如果客厅在二层时，就需要为玄关的设计多加考虑。在此适合二层客厅的玄关通过室外楼梯也设置在二层。

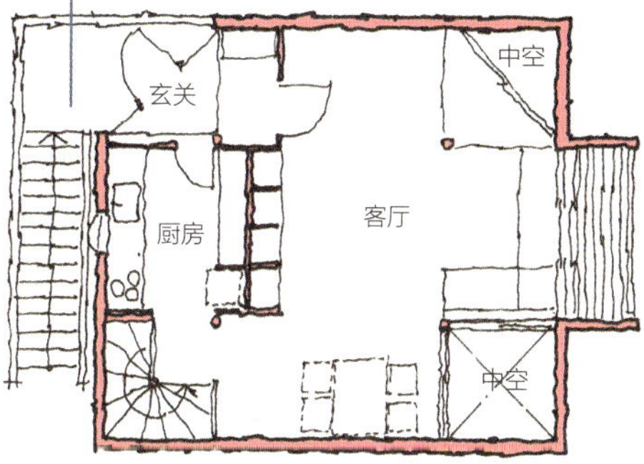

2F

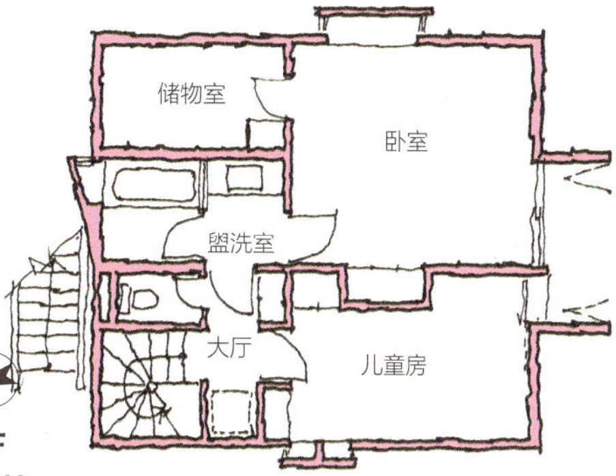

1F
1:200

56 在玄关处隐藏楼梯的入口

许多主妇都为电影《Gone With the Wind》中的一幕倾倒，就是史嘉丽·欧哈拉从大宅邸的楼梯上跑下来的一幕，梦想着“自己家里也能有那样的楼梯”。这让宫胁先生很困惑。

玄关大门打开后，亮丽宽敞的楼梯展现在眼前，仿佛在邀请来客“上二楼”，可这种样式只适合带有宽阔大厅的大宅邸，如果日本小规模住宅效仿这种样式，那么仿佛在玄关正前方出现了绝壁屹立，不鼓足力量不喊着“加油”就难以攀登到二层一样。

试着考虑一下动线，如果在玄关附加设置通向二层通道的话更便于使用，但是关于玄关的位置及楼梯口的朝向，有必要深思熟虑后再做决定。

在此介绍的实例，是宫胁檀建筑研究室经常采用的形式，楼梯虽然设置在相邻玄关的位置，却被玄关处的墙壁遮挡，完全意识不到楼梯的存在。楼梯口的方向与玄关方向完全相反，来客根本注意不到楼梯的存在。

如果条件有限无法确保这样的位置安排，要尽量在玄关处墙壁的里侧设置楼梯，总而言之，尽可能的避免从玄关处看到上楼口。

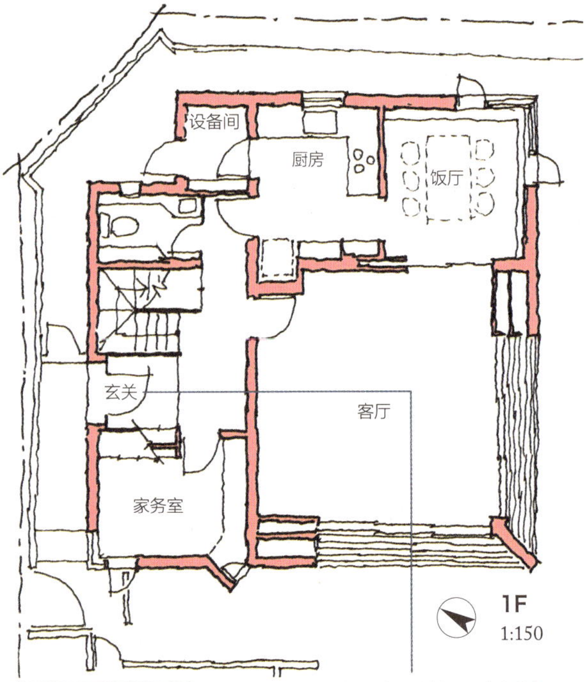

进到此住宅的玄关，虽然左侧就是楼梯却直视不到。动线上楼梯与玄关的位置相邻方便使用，但玄关也没有失去安静的氛围。

打开内开式玄关门后左侧就是楼梯，由于与玄关的方向呈180°，站在玄关处完全看不到楼梯口。

楼梯与玄关基本零距离，但从玄关是看不到楼梯口的。这是考虑到来客的注意力不会集中到二层的隐私区域。

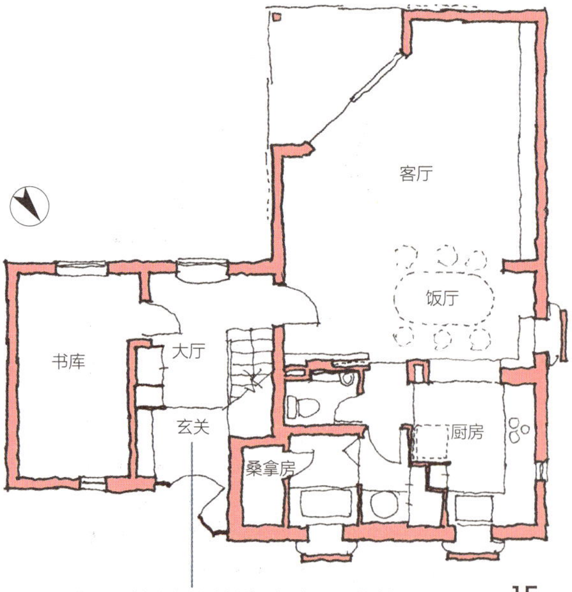

进入玄关右侧为楼梯，由于需要旋转180度才能上楼梯到达二层，进入玄关的人是意识不到楼梯存在的。

前面讲过楼梯尽量设置在站在玄关处看不到的位置，因为站在玄关处看到的楼梯给人如同绝壁屹立的感觉，让人心生厌倦。并且如果楼梯的存在感过强，恐怕客人会领悟为“请到这边来”，而不知不觉走向二层隐私区。看不到楼梯就能够防止这样的误导。

相反，积极的利用楼梯所具有的强诱导力，从玄关处直接看到楼梯，这样的设计也变得合乎道理。

在此介绍的实例，是客厅和厨房都在二层，家人频繁的通过通往二层的楼梯进出玄关。客人来访时，当然就直接被邀请到二层的客厅。

在此，邀请客人从一层的玄关直接到二层开放区的客厅，利用从玄关直通二层的楼梯的动线，设计就变得理所当然。

通过楼梯传导上层的氛围，增进了邀请力，直通楼梯的形式再适合不过了。利用直通楼梯时需要注意的是，确保舒缓的楼梯坡度。原则上，按照住宅性能参考基数的要求，适合中老年人使用的性能等级为4.5（坡度6/7以下）。

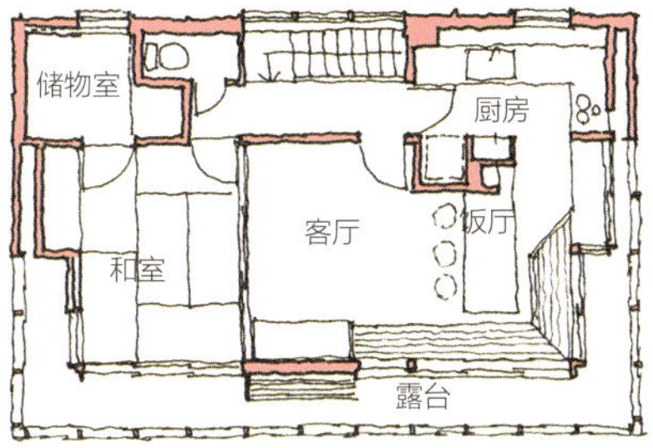

2F

此设计图上通过通路通道进入玄关后右前方为楼梯，客人能够被直接引导到二层客厅。

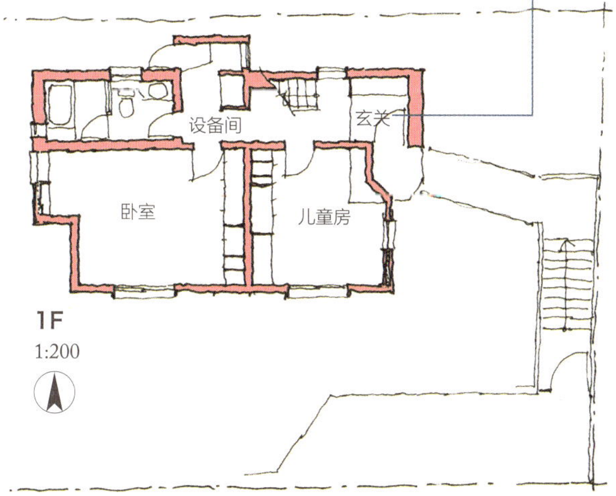

1F
1:200

此例中直接从玄关引导客人到二层。虽然尽可能的不让站在玄关的客人感受到楼梯的存在，但如图所示，由于二层为客厅，为了积极的将客人引导向二层，刻意突出了楼梯入口的存在。

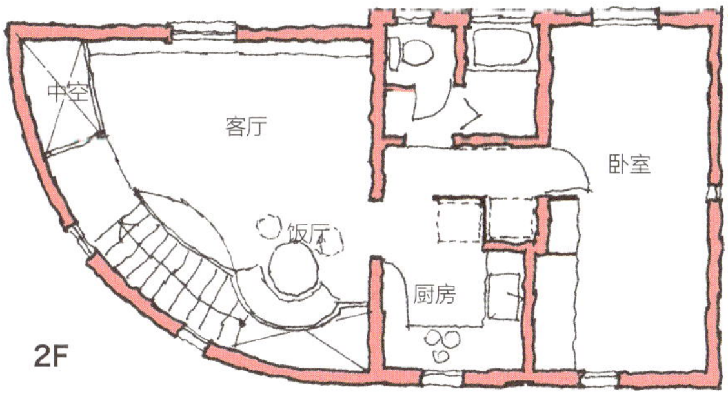

2F

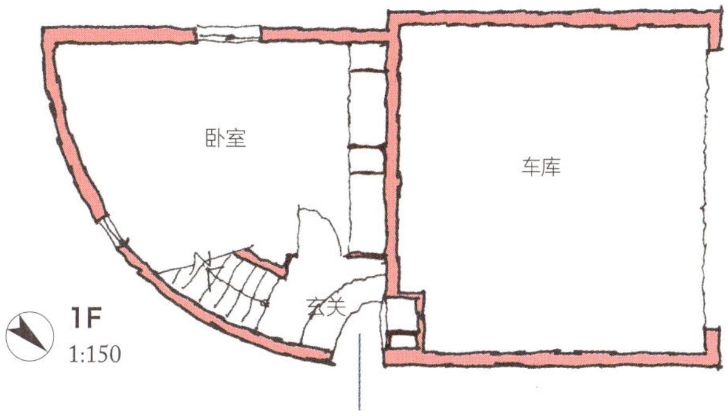

1F
1:150

客厅在二层时，如何从一层玄关更加顺利地到达二层，成为设计难点。通常站在玄关处利用眼前的楼梯引导向二层，需要注意的是避免楼梯坡度太陡，因为坡度太陡的楼梯貌似绝壁耸立。

虽然进入玄关后正面为卧室入口，但眼前就是直接导向二层客厅的楼梯。

58 玄关设置双重房门

在都市区建造住宅的特征之一是必须考虑到各种各样住居的防犯性能，关注近年的犯罪报道，无论是地方还是城市，对住民的危害程度基本没有差别。

虽说这个理由不完全充分，不过在住宅性能参考基数中已经添加了“防盗性能”项目。其中要求在门窗处使用防盗性能强的建筑部件，而且还制定了建筑部件以外的要求，如对周边环境整备等防犯对策。

但是，空穴等建筑物的侵入路径多数竟然是通过玄关。对于外部侵入，通常采用设置双重门锁来应对。

有数据显示，入室所需时间超过5分钟时，窃贼放弃侵入的概率较高，被认定具有防盗性能的建筑部件也依据此调查对开启房门时间进行了检测提高防盗效率。

在此介绍的实例，是为了提高玄关的防盗性能，不仅仅依赖建筑部件，还在住宅整体的设计中实施了防盗对策。在玄关处设置双重房门，即在通常的玄关门的内侧，再加设一扇门。这扇内侧的门平时嵌入墙壁中，或者可以推拉到墙壁之间，不会引人注意，外出时使用。

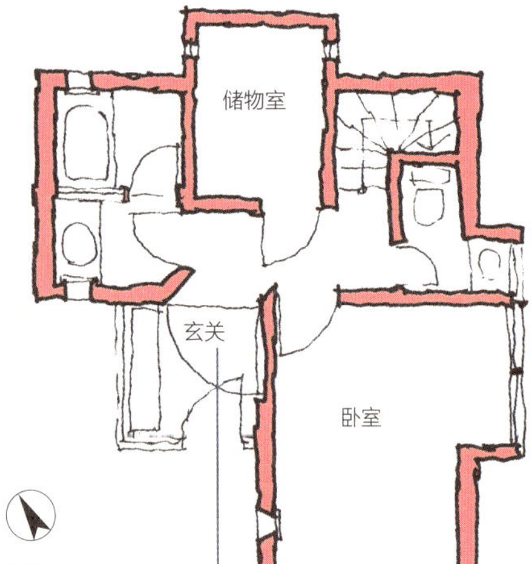

1F
1:150

作为出差或者旅游等长时间无人住宅的防盗对策，一层使用钢筋水泥结构，减少门窗的数量和面积。在令人担心的玄关处，采用了双重房门应对。

打开玄关门之前，还有一扇门。在一层尽可能的减少门窗数量和面积，加强玄关的安全。

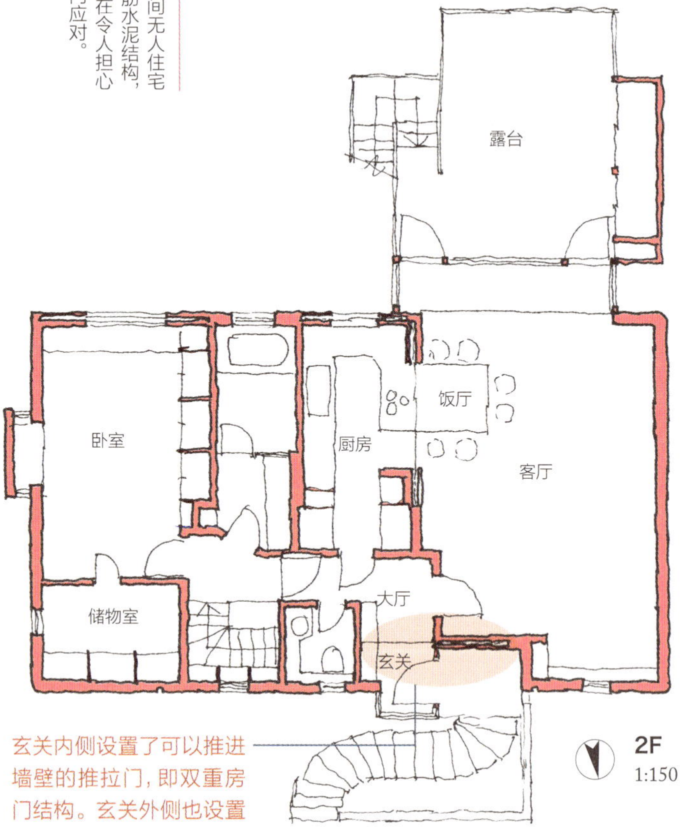

此住宅在二层玄关采用了双重房门。除了通常的玄关门外，在玄关内侧和大厅之间的墙壁框架中还有1扇滑动式推拉门，长期不在家时可以使用。

玄关内侧设置了可以推进墙壁的推拉门，即双重房门结构。玄关外侧也设置了隔离板。

饭厅的样式多种多样。此处介绍的饭厅与厨房和客厅完全分离是单独的。

由于饭厅独立所以进餐时不受外界影响。为了保持饭厅的独立，如果规模不足是难以实现的。因与客厅分离，这里可以以饭厅厨房（DK）那样的形式作为家庭室使用。这种D型（Dining＝饭厅）和DK型（Dining＝饭厅，Kitchen＝厨房）的区别在于厨房是否独立，如何衔接相互独立的厨房和饭厅也需要深思熟虑。

喜好烹饪的主妇总是希望拥有独立的厨房，进行设计时，要站在传菜和跑堂者的角度考虑动线。此外不要让做饭的人在进餐中继续负责跑堂，要养成大家积极参与家务事的好习惯。

住宅整体面积不足时难以实现让饭厅独立，但是如果经常与来客共同进餐的家庭，还是有必要让饭厅独立的。这时应该让饭厅与厨房邻近。

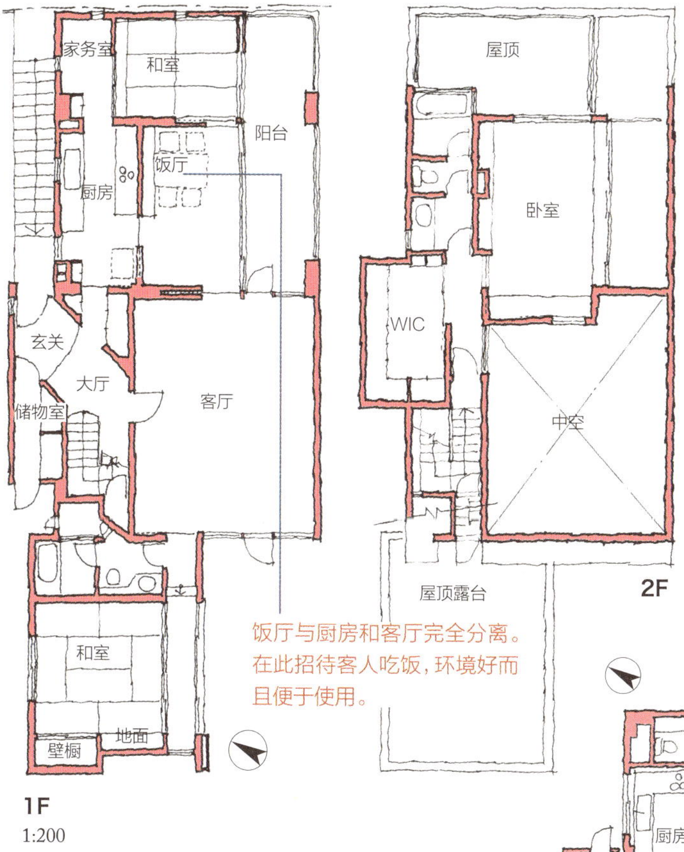

饭厅与厨房和客厅完全分离。在此招待客人吃饭，环境好而且便于使用。

如果能够保证饭厅独立，可以不必在意进餐时间，此后还可以不必马上收拾，可以在其他房间悠闲的放松。要想达到这种效果，需要有各种功能的其它房间，这也对建筑规模有一定程度的要求。

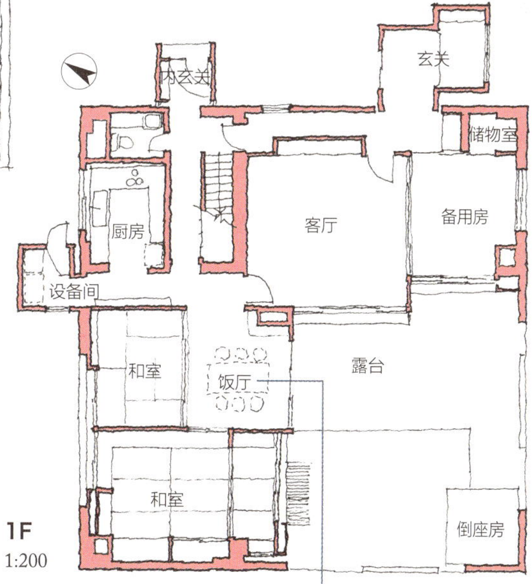

这间饭厅与厨房和客厅分离为独立的空间。这是为举办比较正式的晚会而设计的。

60 饭厅样式——DK型

住居最基本的形式是“食与眠”。人类住宅的最原始的形式就是以满足这两种行为为基本的。

那么，满足“食”行为的空间即饭厅，根据设计风格与生活模式的不同，其种类也不同。

饭厅厨房（DK）型的特征是饭厅与厨房相邻，或将两个空间结合为一体，客厅保持独立。

烹饪及就餐将“食”行为相关的部分结合在一起，让人可以集中注意力更愉悦的享受进餐的快乐。饭后即使不马上清理也不会暴露饭厅的凌乱。进餐后可以直接在餐桌旁读书看报，或者与家人沟通了解次日的时间安排等，总会找到一些事情与家人共度时光。

如此看来，可以说DK型（Dining＝饭厅，Kitchen＝厨房）的进餐空间，与家庭室具有相近的性能，都可提供给家人在此悠闲休息的时光。

同时，客厅增强了独立性，即可作为起居室也可用于待客。由此看来，带有DK型（Dining＝饭厅，Kitchen＝厨房）餐厅空间的住宅也更适合于来客较多的家庭。

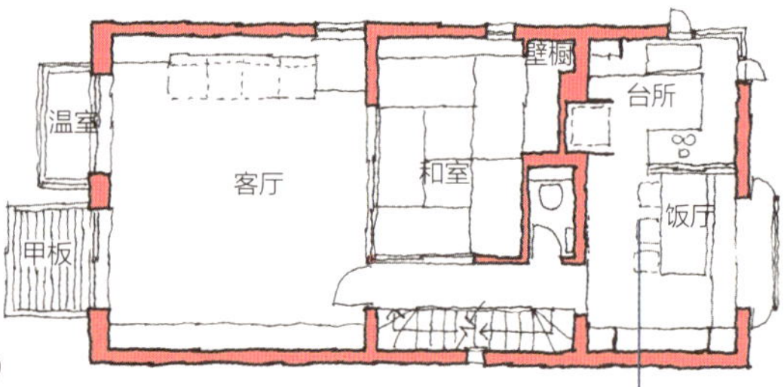

2F
1:200

与客厅分离的饭厅厨房（DK型 Dining＝饭厅，Kitchen－厨房）形式。即便餐后这个空间也可以成为让人身心放松的房间。

此住宅中的饭厅厨房（DK型（Dining＝饭厅，Kitchen＝厨房）”，与客厅完全分离，在空间上保持独立性，除去就餐以家人也可以在此聚集。

被称为DK型（Dining＝饭厅，Kitchen＝厨房）的饭厅其设计原型始于1950年代的集体住宅。这种设计成DK型的空间比较充裕，一家人能够聚集在一起，同时发挥了家庭间的功能。

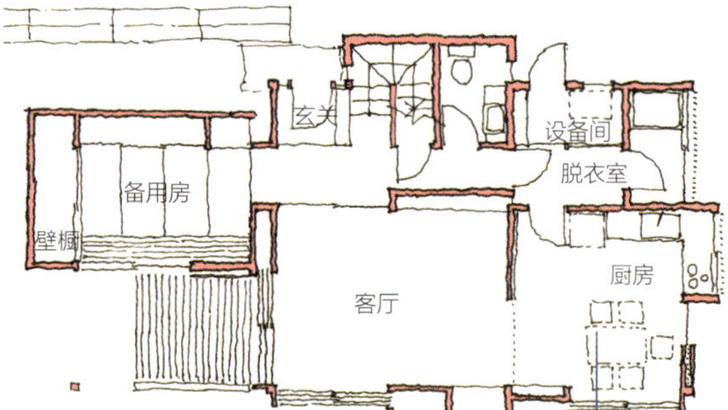

1F
1:200

此设计把墙面作为厨房背面，并在此放置的餐桌。也是在饭厅厨房（DK）型中经常见到的设计样式。

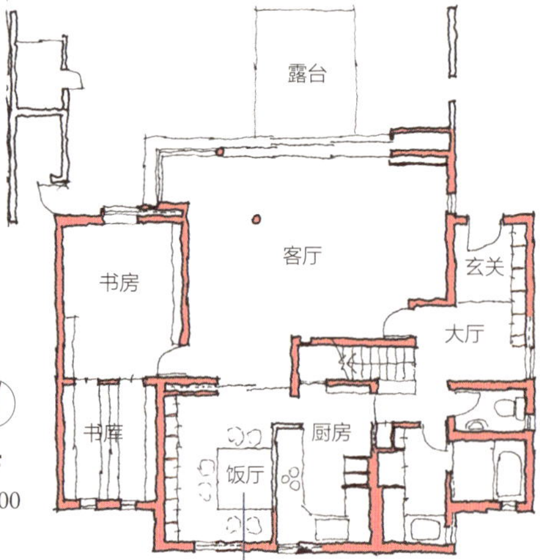

1F
1:200

面对厨房的位置放置餐桌，属于对面式饭厅厨房。虽然与客厅相连，但与客厅之间采用拉门能够完全分离两个空间。

此住宅的饭厅与半开放式的厨房可以连成一体使用，属于DK型（Dining＝饭厅，Kitchen＝厨房）。DK各自的空间虽然不太宽阔，但完全打开用于分隔的拉门后，这里就变身为宽敞的家庭室。

饭厅样式——LD型 61

在很多住宅中采用客厅饭厅（LD）型的饭厅。

根据住宅情况，把客厅的一部分设计成壁龛式（利用墙壁设计的凹室）的空间结构，摆设饭厅的桌椅。就感觉而言，饭厅从属于客厅。

一般家庭，大多数人是以懒散悠闲的方式度过晚餐后的时光。晚餐结束后也继续停留在餐桌周围，各自做自己喜爱的事情。餐桌除去用于进餐，事实上可以有很多种使用方法。例如放学后孩子在餐桌写作业，购物归来可以在此清理物品，还可以作为熨烫衣服的桌子使用。

结合上述的使用方法，餐桌的规格不能仅仅局限于满足进餐，而是要有足够大的尺寸，即便摆满了东西的餐桌也能够腾出一部分就餐的面积才是最合适的。

宫胁檀建筑研究室对餐桌的设计理念是在空间允许的情况下，尽可能设置大一些的餐桌。如果没有成品，可以特别定制。制作大型餐桌时除去设计制造外，要首先考虑如何搬入室内。

客厅餐厅（LD）型的饭厅首先设置好成套的餐桌，要有沙发。餐桌位于厨房作业台（带灶台）的延长线上呈吧台状，就餐完毕后必要的餐厨具等可以收藏在作业台下的储物柜或抽屉里。

厨房与客厅之间，放置了定制的固定的餐桌，LD型（Living = 客厅，Dining = 饭厅）饭厅。厨房既能与LD型饭厅融为一体，又可以与其分离。

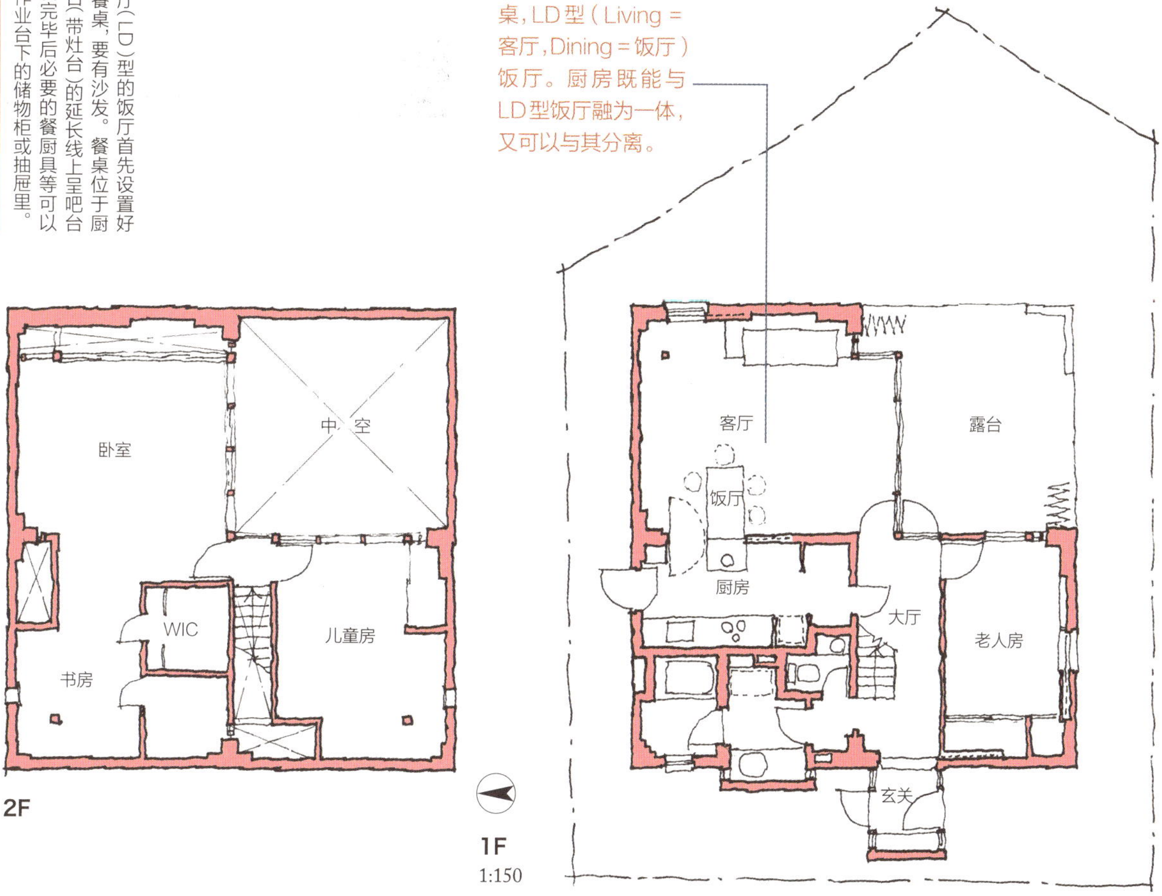

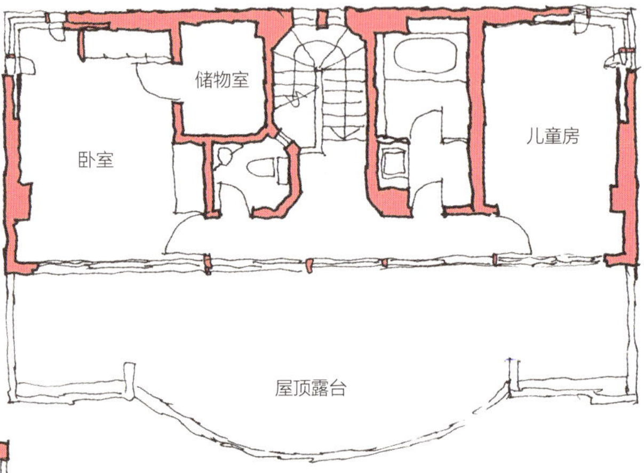

2F

此设计的厨房为独立式，客厅与饭厅一体。这种形式更适用于招待客人等正式就餐时使用。

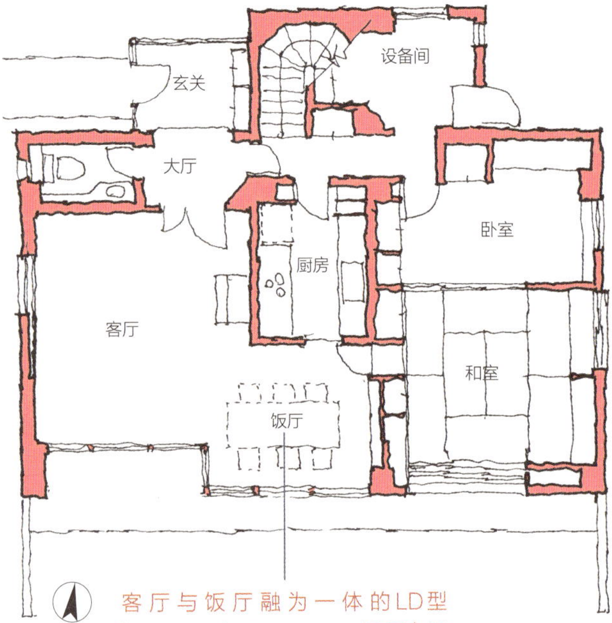

1F
1:150

客厅与饭厅融为一体的LD型（Living = 客厅，Dining = 饭厅）设计，根据需要关上中间的拉门，可以分隔出各自独立的空间。

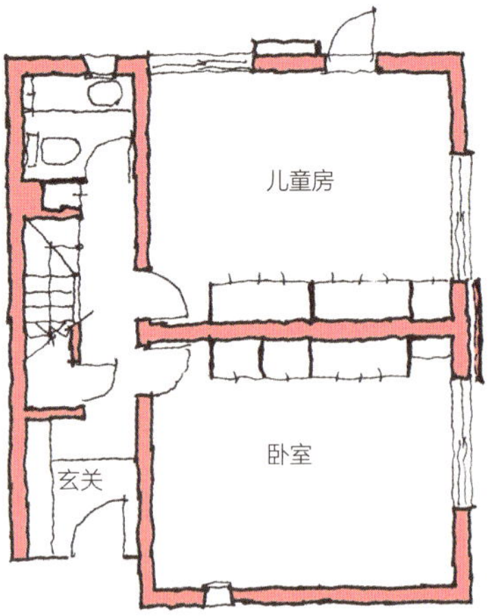

1F

客厅与饭厅融为一体的LD型（Living＝客厅，Dining＝饭厅）设计，根据需要关上中间的拉门，可以分隔出各自独立的空间。

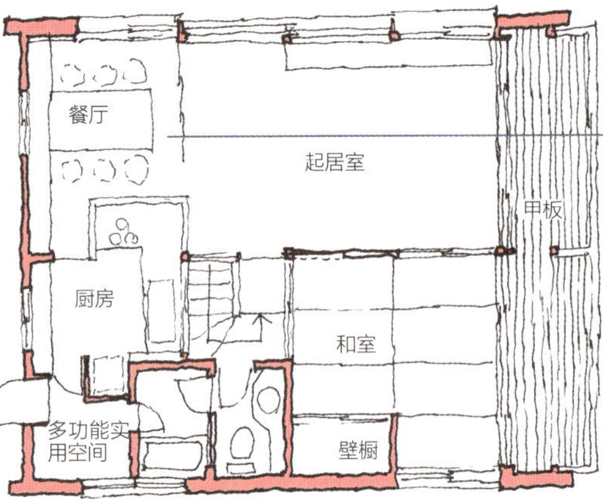

2F
1:150

客厅饭厅（LD型（Living = 客厅，Dining = 饭厅））中设置定制的餐桌。关上中间的拉门分隔出各自独立的房间。打开拉门再现LDK型（Living = 客厅，Dining = 饭厅，Kitchen = 厨房）的格局。

在此介绍的LDK型（Living＝客厅，Dining＝饭厅，Kitchen＝厨房）格局是住宅中主要的房间，将客厅、饭厅、厨房三个相互关联性较强的空间融合在一起，打造出多用途的一体化空间。

在设计上，综合各种使用功能于一体化房间内，关于设计方法可以考虑重复空间的设计、或者增强空间融通性的设计。这些方法都比较适用于住宅整体规模不是很充裕时。

复数空间的一体化设计，通常是根据设计要求，通过着重强调餐厅，或者客厅，用来满足一体化房间的主题变化。

如果是着重强调饭厅，实质就是以餐桌为中心进行设计，使用目的不仅是就餐，要考虑就餐以外的大部分时间，家人围绕餐厅的活动。所以这个空间又类似于家庭室，适用于家庭成员为四到五人。另外如果着重客厅进行设计，那么要设计出客室的氛围。以客厅为主的设计更偏向于只是夫妇两人以及人口少的家庭。

采用LDK型（Living＝客厅，Dining＝饭厅，Kitchen＝厨房）设计，由于厨房不是独立的房间，而是开放式或者半开放式，没有被墙壁完全隔离。就更需要注意烹饪时的换气对策。

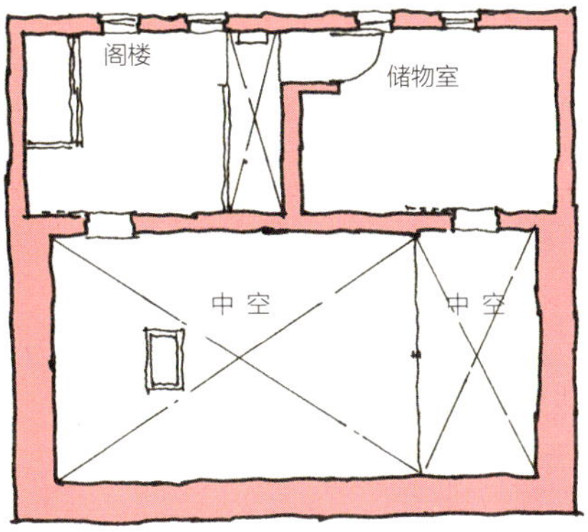

阁楼

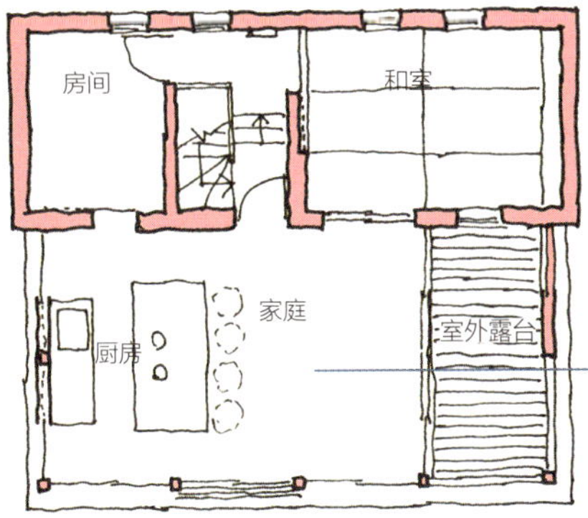

2F

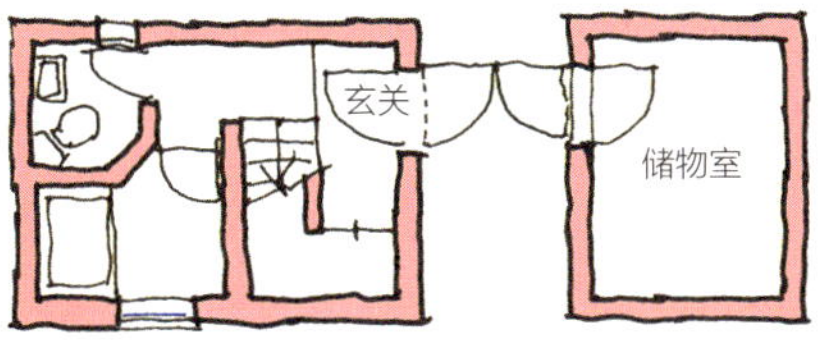

1F
1:150

从防盗等安全角度出发，此别墅的一层基本设计为备用房，把LDK全部设置在二层。这是小型住宅中常见的设计形式，本例采用此设计的目的是为了更有效地利用空间提高使用效率。

家庭室索性采用LDK的形式。由于是小型别墅，LDK形式更有效的提高使用效率。

LDK型（Living＝客厅，Dining＝饭厅，Kitchen＝厨房）是集客厅、饭厅、厨房于一体的形式，这种形式出现于集体住宅的居民楼，适合规模较小的住宅。此设计图中，饭后的活动空间也同样在此，此住宅的住居形式则是以客厅（D）为主。

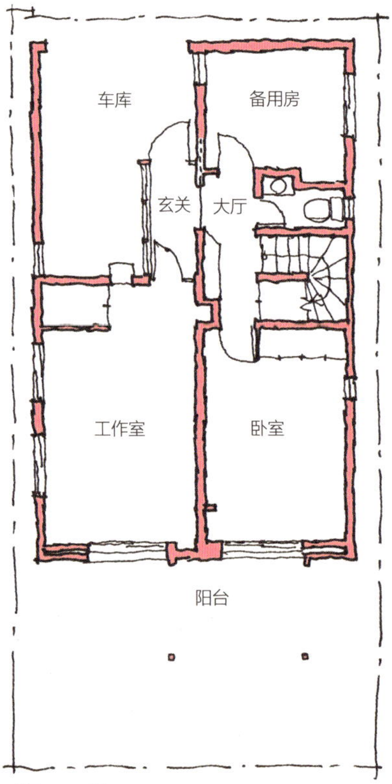

1F
1:150

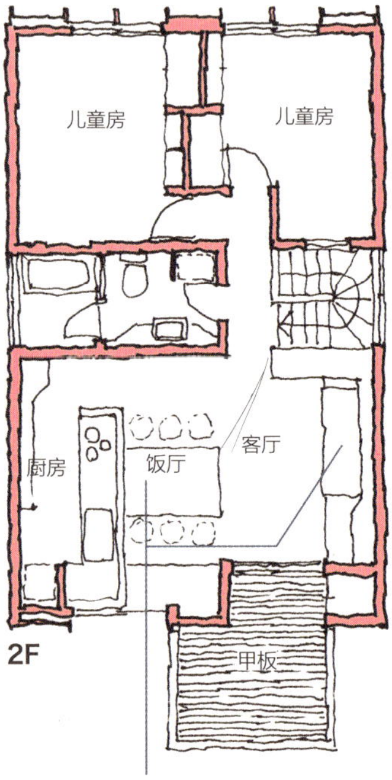

2F

图上饭厅在厨房对面，客厅里有定制的沙发，这种一体化的设计样式更适合小规模住宅。

此设计虽说是LDK型（Living＝客厅，Dining＝饭厅，Kitchen＝厨房），但是厨房只有部分为开放式，并不完全属于LDK型（Living＝客厅，Dining＝饭厅，Kitchen＝厨房）的设计。由于为了在视觉上尽可能回避厨房的杂乱，所以采用了这样的设计。

图上小规模住宅的二层为LDK（Living = 客厅，Dining = 饭厅，Kitchen = 厨房）。客厅的亮点是突出的吧台。

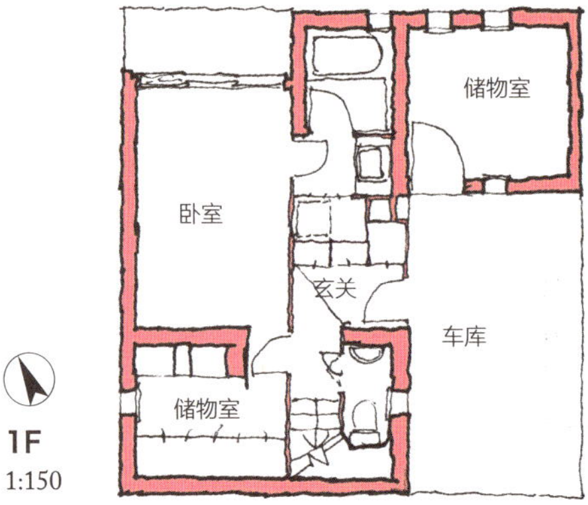

1F
1:150

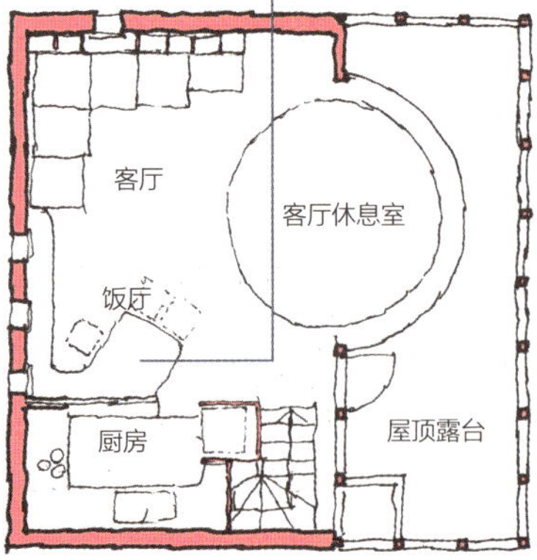

2F

带有日式茶室要素的＝D型 63

在传统日式风格住宅中经常见到茶室，所谓的茶室，并不是试茶、品茶的茶室，而是家人聚集的生活中心。如果按照现代住宅的设计思维，应该是具有客厅功能的房间吧。然而，与客厅不同的是茶室同时也是进餐的房间。

记得我小时候，茶室中还有壁龛和佛龛，还设置了壁炉，家人在此一起收听广播，观看电视节目。母亲在此做针线活，小孩在此做作业，从茶柜中取出茶具泡粗茶和烘焙茶。在重大节日时，家人才会聚在茶室进餐。还会使用平时不舍得用的餐具。而平时的用餐，则是围坐在厨房旁边小房间里的餐桌进行。

由此看来，茶室明显比现在的客厅具有更多样的使用方法，而且有客人来访时，可以在此接待客，可以说茶室是住宅中非常重要的空间。

在此介绍的D型（Dining＝饭厅）饭厅，在设计上基于再现茶室的设计理念，优先考虑进餐的心情。并且，准备了应对各种用途所需的餐厨具，在靠墙一侧还尽可能的保障了足够的储物空间。

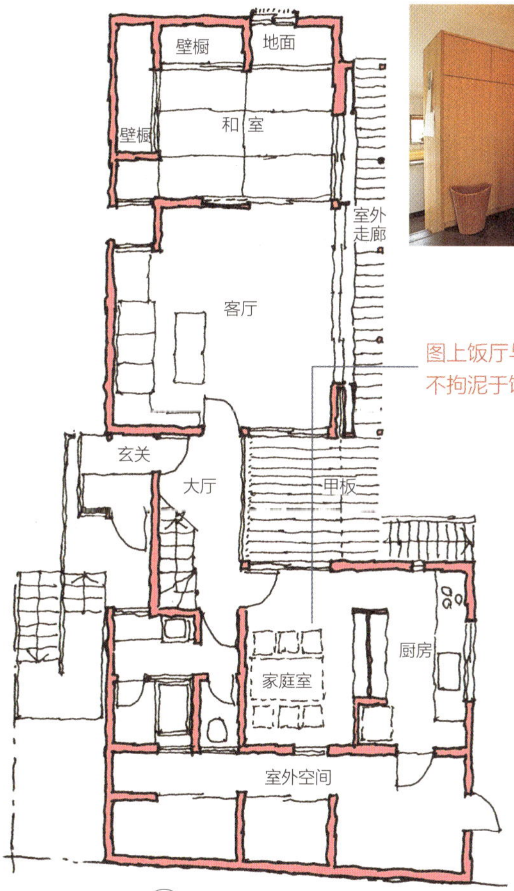

1F 1:150

此设计图中，饭厅邻接甲板。厨房下沉了一个台阶的深度，且为半开放式，饭厅和厨房一体化，位置位于与小路连接好像袋子的底部位置，拥有茶室的静怡。

图上饭厅与厨房相邻接，使用方法不拘泥于饭厅而与家庭室相近。

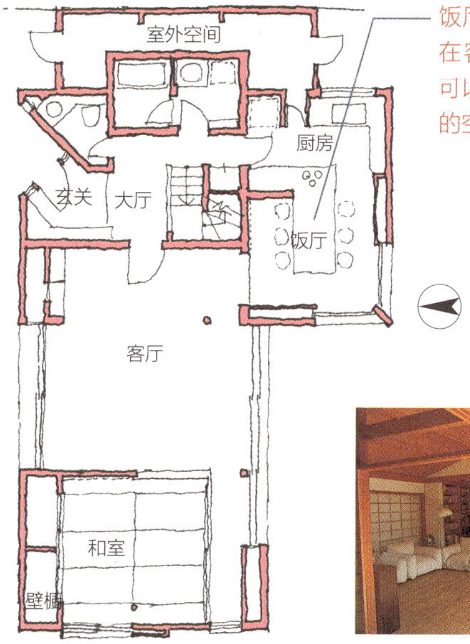

饭厅中的大餐桌。当在客厅接待客人时，可以在这个完全独立的空间放松下来。

1F 1:200

饭厅面南看，以大型餐桌为中心，不仅满足了进餐，任何时候都可以聚集在此。与客厅完全分离，即使有来客也不用太在意。

茶室可以用来同家人进餐、看报读书、看电视等。与家人在此共度时光的同时，可以做自己喜欢的事。这也是茶室与客厅完全分离的理由之一。

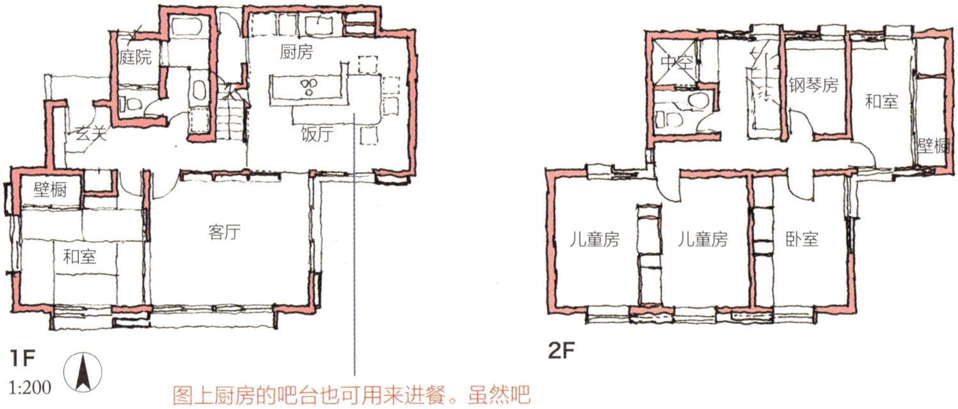

图上厨房的吧台也可用来进餐。虽然吧台的位置与客厅相连接，但空间上各自独立，也可让心情换种方式得以放松。

家庭室可用来进餐，餐桌的一侧是单人椅，另一侧是长椅，打造出轻松的氛围。这也是具有缓解疲劳效果的茶室形式。

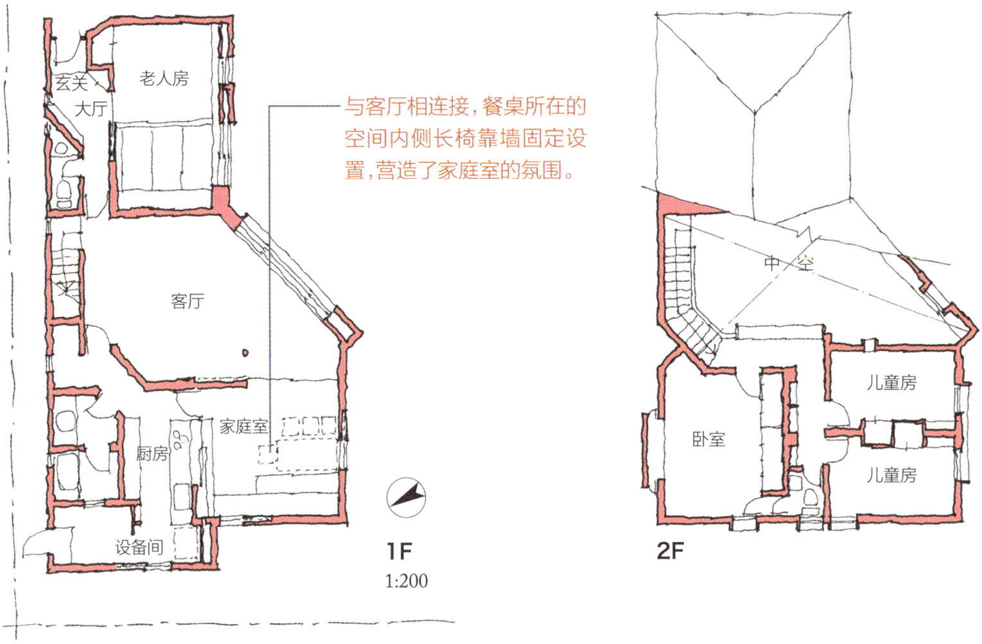

与客厅相连接，餐桌所在的空间内侧长椅靠墙固定设置，营造了家庭室的氛围。

餐桌样式——吧台式 64

采用吧台风格的餐桌在街头巷尾的小饭馆等经常可以见到。其特征为进餐的人沿着吧台并排而坐，便于相邻而坐的人相互交流，却不便于并排而坐时与相隔的人进行交流。然而，站在吧台内厨房里的人，却可以和吧台任意位置上的人面对面直接交流。

把这种吧台风格的餐桌用在住宅中大致可分为两类。

一类是用于开放式厨房中，做饭的人和吃饭的人可以同时交流进餐。这种类型主要适用于别墅，当然普通住宅也可以采用。做饭的人和吃饭的人可以适当更换较色，共同度过快乐的时光。

另外的一种类型，类似于小型的饮食店，当可摆放餐桌的数量在空间上受限时，为了确保必要的席位数所采用的方法。在考虑饭厅与厨房整体空间的同时，如果没有足够的空间，难以确保最低限度的餐桌数时，采用吧台式设计可以解决这个问题。

在一层北侧，设计拐角吧台式餐桌。不同于日常生活的别墅，就餐时采用吧台设计，区别开平时与一家人围拢在餐桌团圆的感觉，普通的住宅很少采用。

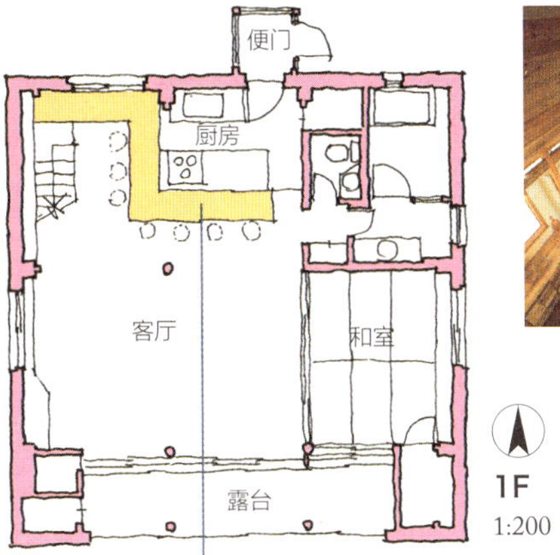

吧台的形状很有趣，放在客厅不会感到有什么异样。并且客厅的空间也因此变得开阔。

面对厨房的吧台，想要放置能够坐下五到六人的餐桌，是需要空间有一定宽度的。而这里的空间没有足够的宽度，所以采用吧台式设计，效果颇佳。

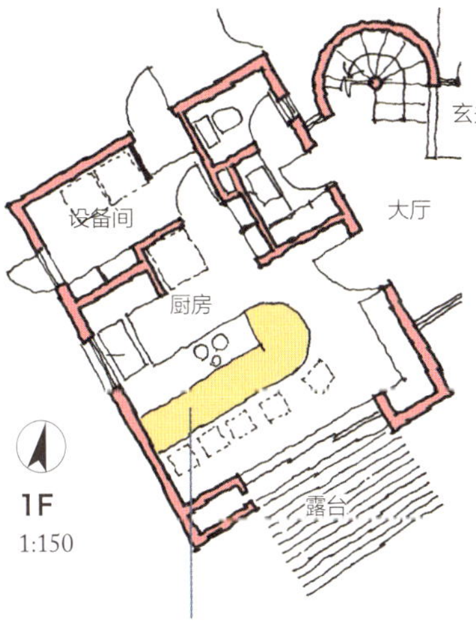

面对厨房的吧台，一端貌似包围着厨房，非常有个性的设计。

设计图中，吧台一端幅度变宽，整体的形状呈b字形。围坐在这个拐角部位仿佛围坐餐桌进餐。而原本吧台上直线的部分变成端上或者撤下餐具的空间。

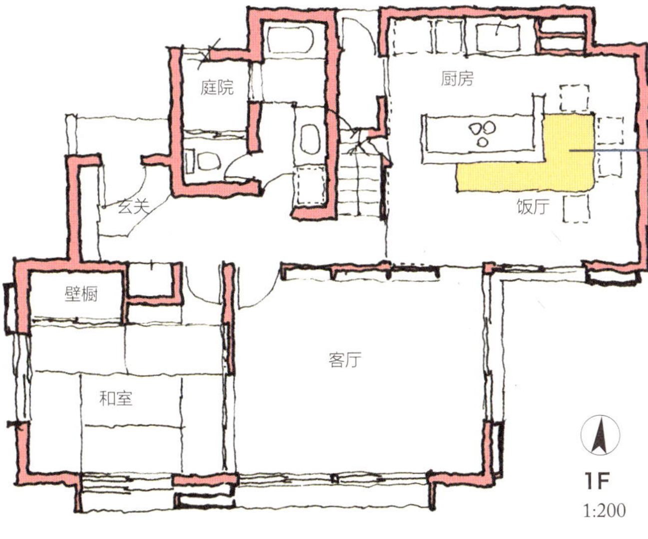

吧台环绕了厨房。且加宽一端的幅度做为餐桌使用，拥有了吧台没有的功能。

65 餐桌样式——半岛式

饭厅餐桌的形状呈半岛状向外突出。

突出的部分形状多种。例如，有从厨房吧台延长而出的，有加宽加长窗边吧台的一部分突出等。无论哪种类型，半岛式的餐桌都是单侧靠墙固定无法移动。

与普通吧台式餐桌风格不同，座位环绕突出部分，一家人可以像围坐在普通餐桌那样进餐。

半岛式餐桌更适用于开放式厨房，与吧台组合，突出吧台的一端，并增加宽度，即成为半岛式餐桌。在使用用途上，与吧台式相同，适合于众人一边交流一边用餐，在别墅的设计中经常可以见到。

采用这种半岛式餐桌时，需要根据房间空间的要求，对放置位置和餐桌大小（尤其的突出部分的情况）进行充分的考虑。而且突出部分的形状，具有艺术品的特性，对调节空间氛围有很大影响。

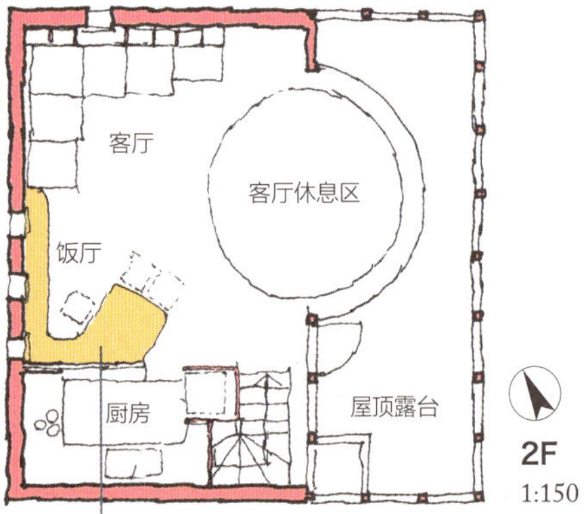

厨房与客厅之间为半岛式的饭厅。在（Living = 客厅, Dining = 饭厅, Kitchen = 厨房）的房间中具有强烈的存在感。

沿着客厅墙壁设置的吧台，在厨房处回转，并把吧台的前端增宽加大，作为餐桌。基本上为两人使用，角度为1米左右。

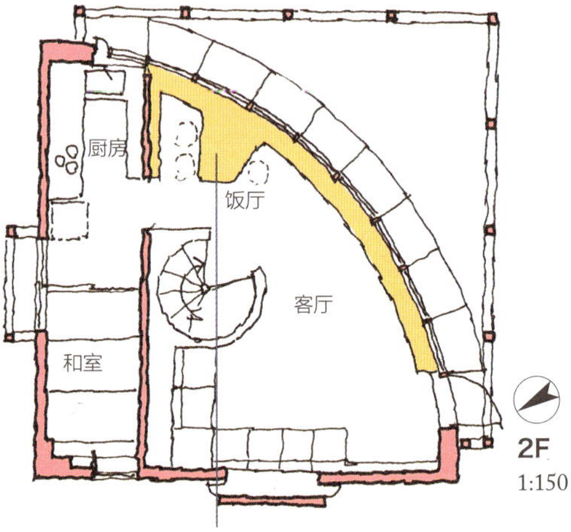

在确保前往厨房通道的同时，呈凸出形状的吧台部分作为饭厅。设计图显现的正是半岛形状。

本书中此住宅多次登场，规模虽小却包含各种各样的要素。二层客厅的窗户部分设置了相当长的窗台，长窗台延续到厨房，并设计为半岛式的饭厅。即使在非进餐的时候，这里也是房间的重点所在。

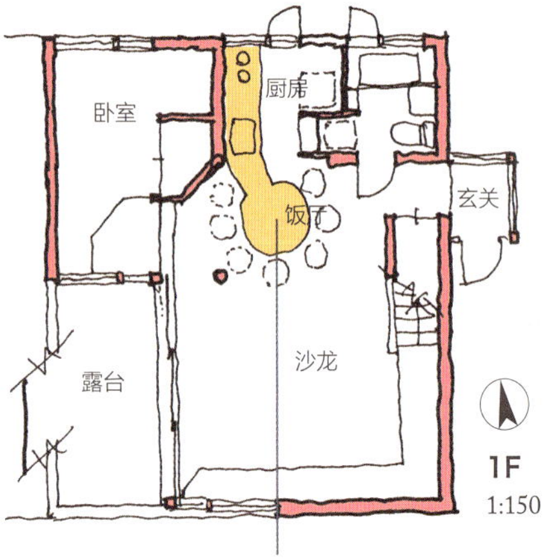

这里的半岛式餐桌连接厨房的水槽部分并突出呈圆型，这部分可以作为一张圆桌使用。

在此把一层也设计为半岛式。试想一下与知心朋友围坐在此的场景。喝着、吃着、聊着，偶尔站起来去厨房准备点小菜。这种餐桌太适合这样的餐就餐形式了。

餐桌样式——长椅式 66

从直接坐在地面的榻榻米上到坐在桌子旁边的椅子上，生活方式发生了转变。我们在考虑住宅设计时，比如椅子、桌子和床等家具的添置已经在人们的意识之中形成了。

也就是说，在考虑房间大小的时候，根据添置家具所占据的空间太小，以及足够的移动空间来加以判断。对于铺设榻榻米房间的大小则一目了然，是10m也好还是14m也罢，像这种空间感早已在大脑里有了概念的。有时当房间里添置了新家具后，也会感觉到活动的空间局促。

在餐桌周围摆设的椅子也是一样，无论是摆四把还是六把，都需要占据一部分空间。虽然椅子可以尽量选择型小号的，可是当饭厅空间有限时，决定餐桌的位置实在让人挠头。

这时可采用长椅来解决问题。使用长椅两人座没有问题，三人座，坐在中间的人进出就有所不便。长椅在使用人数上具有灵活性，如果是单人椅只能坐三人的情况下，利用长椅可以挤一挤坐下五六个人。

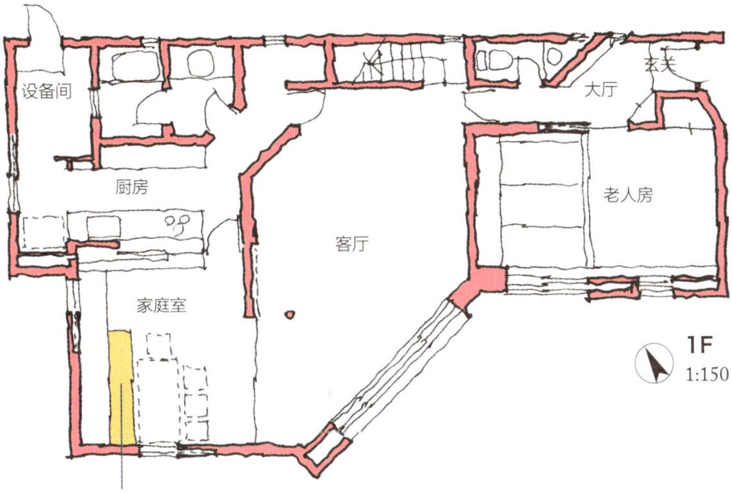

如果餐桌旁使用单人椅，那么利用餐桌的人数是固定的。如果使用长椅，餐桌容纳人数则具有灵活性。一般能坐三人的地方，稍微挤一点的话，也可以坐四个人，人数少时还可以被一个人独占。

设想坐在餐桌旁定制的长椅上。这种式样让餐桌不仅专用于进餐，也成为一家人聚集的场所。

背对厨房的饭厅里设置了两个长椅，可以夹着中间餐桌而坐，却没有摆放椅子的空间。

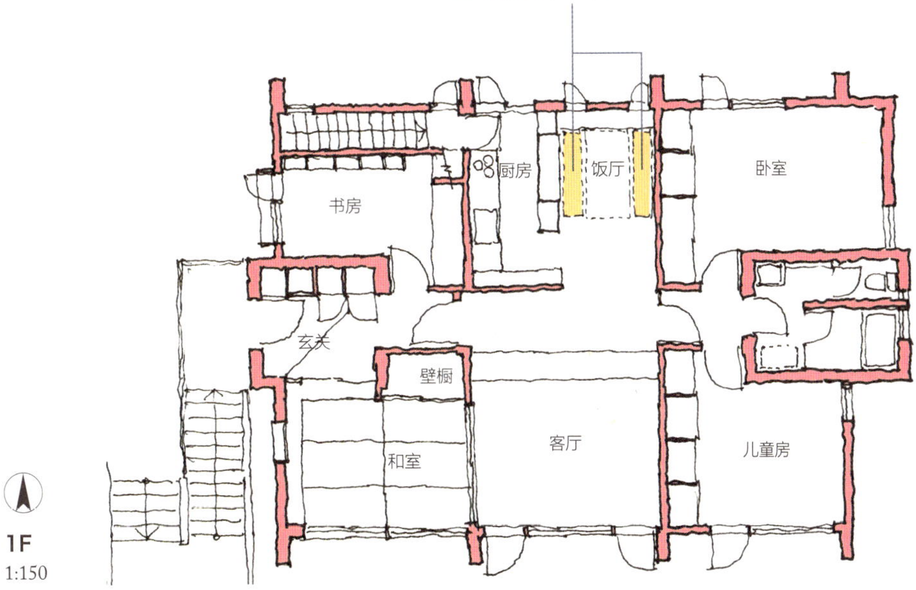

由于空间有限，难以在饭厅中配置单人椅和餐桌。长椅取代了单人椅。如图所示，如此窄的空间无法在餐桌两侧摆放单人椅。

67 在餐桌旁共同迎接朝阳

一家人围坐交谈是居住理所应当具有的形式，可是当今社会，伴随家庭成员生活节奏的改变，即便一家人在相同时间，相同地点相聚的机会也越来越少。

居家生活中，只有吃饭时间才能与家人面对面。但一家人回到家里的时间各不相同，很遗憾由于这样的原因家人之间不能在一起享用餐桌上丰富的菜肴。而且如果是平时，午餐时间家里可能根本没有人。

这样的话，一家人可以坐在一起的时间只有早餐了。当然，还会面对各自起床时间不同，出门时间不同等问题，为了大家能够共同进餐还是需要共同为之努力。

因此，在进行设计时，需要考虑餐桌的摆放位置。希望早餐带给家人新的一天最美好的心情，这也是宫胁先生的初衷。晴天的早晨之所以心情良好，是因为沐浴朝阳，所以餐桌的位置最好设置在东面的窗边。这时，需要注意由于朝阳照入角度接近水平，坐在餐桌旁要避免让直射阳光集中照在脸上。

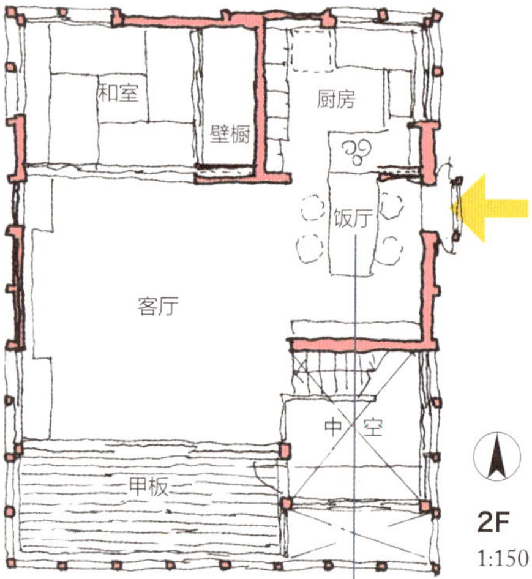

与客厅相接的饭厅面向东侧，早餐时朝阳可以直接照射进来。

早晨是一天之中一家人围坐餐桌旁可能性最高的时候。希望早餐的进餐场所能够让心情保持良好（每天的清晨都从好心情开始）。为了确保这种心情把餐桌摆放在朝阳照入的地方。

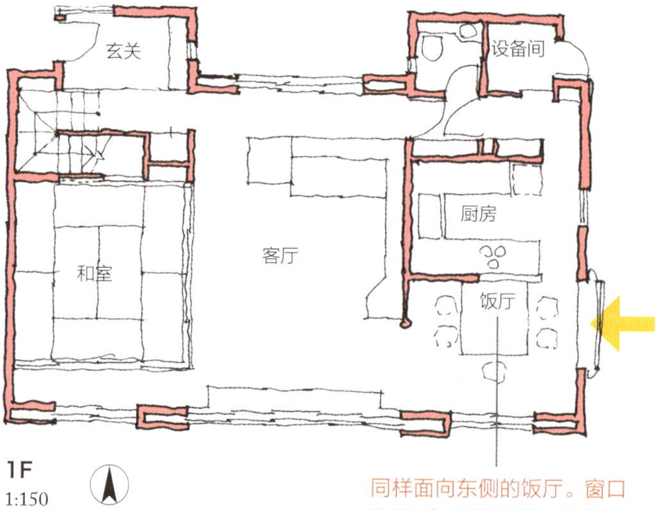

天气晴朗的清晨，一边沐浴阳光一边享用早餐，可以保持心情愉悦，摆脱困倦，从而更加发愤图强。向东的窗边摆设的餐桌也显现了这种心情。

同样面向东侧的饭厅。窗口开阔，每天清晨照入的阳光比什么都美味。

以佳肴待客是最高级别的款待方式。与来客共同进餐也是加深友谊的良机。

所谓的正式饭厅，是指款待客人时使用的房间，更需要精心设计。

待客用饭厅一般采用独立房间的形式，日照良好，能够观望到庭院景色等，要尽可能的整合优良条件。

如果可能的话，房间内最好放置可围坐八人左右的大餐桌，这样会更加方便使用。

在此介绍的实例，是饭厅与厨房的位置关系，根据待客的方式，以及是否会使用保姆等因素的影响会有所不同。如果想避开烹饪时的杂声或者气味等传到餐桌上，那么厨房与饭厅的位置应该隔开一道走廊比较合适。如果在主人经常亲自主厨的情况下，厨房与饭厅相邻会更加方便。

如果平时进餐也在这间饭厅的时候，除非有保姆提供服务，不然的话饭厅与厨房相邻更便于使用。

饭厅处在客厅的里侧，能够在此度过平静的进餐时光。虽然饭厅直接连接厨房，在进餐时还是需要有专人提供服务的。

饭厅与非常宽阔带有游戏角的客厅和厨房分离。当款待重要的客人时还是希望拥有这样独立的空间。

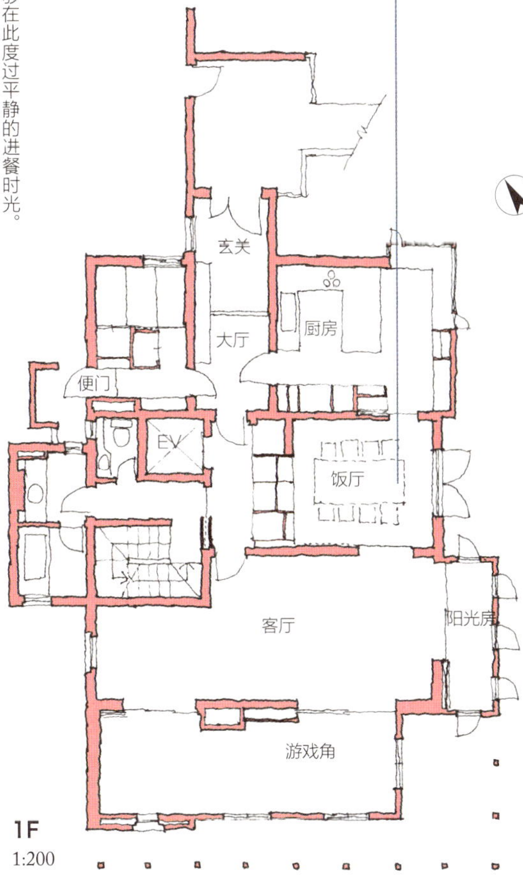

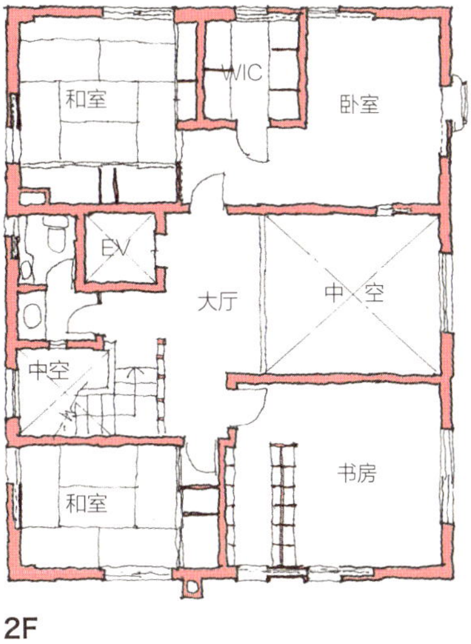

69 地面为下沉式的饭厅

客厅与饭厅融为一体，即LD型（Living＝客厅，Dining＝饭厅）格局时如何设置饭厅位置呢。正因为有数不清的设计模式所以很难决定最终选择哪一种。

例如，如果希望给人身心愉悦的效果，可以考虑把饭厅设置在带有中空结构的高高的天花板下方，那里日照良好明亮透彻。同样如果希望饭厅让人身心愉悦却具有静谧温馨的氛围，可以考虑在饭厅的背侧设置墙壁或者利用墙壁把饭厅包围。

在此介绍的实例，是希望获得安静温馨的效果，于是在客厅饭厅一体化的空间一角，设置为凹室（墙壁面的凹陷）的形式，把这里作为饭厅。由于饭厅为凹室的形状，三个方向被墙壁包围，营造出安静舒适的氛围，凹室的屋顶设计为低矮的形式，头顶距离天花板很近，产生被包围的效果。而且，这里的地面比其它地面下沉一个台阶，所以视线也相应降低，进一步增加了安全感。由于低矮的天花板和三个方向包围的墙壁组合在一起，感觉就好像潜伏在洞穴中，成为让心情放松又很有安全感的饭厅。

饭厅设置在厨房的旁侧。与客厅相比地面下沉了一个台阶，被包围的感觉却成为让人心情舒适不可思议的空间。

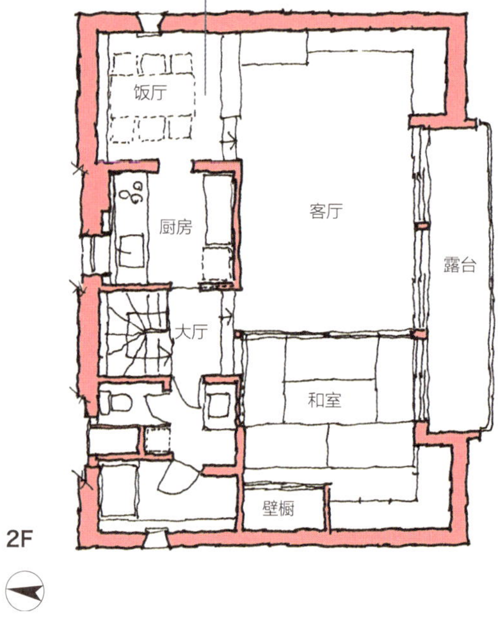

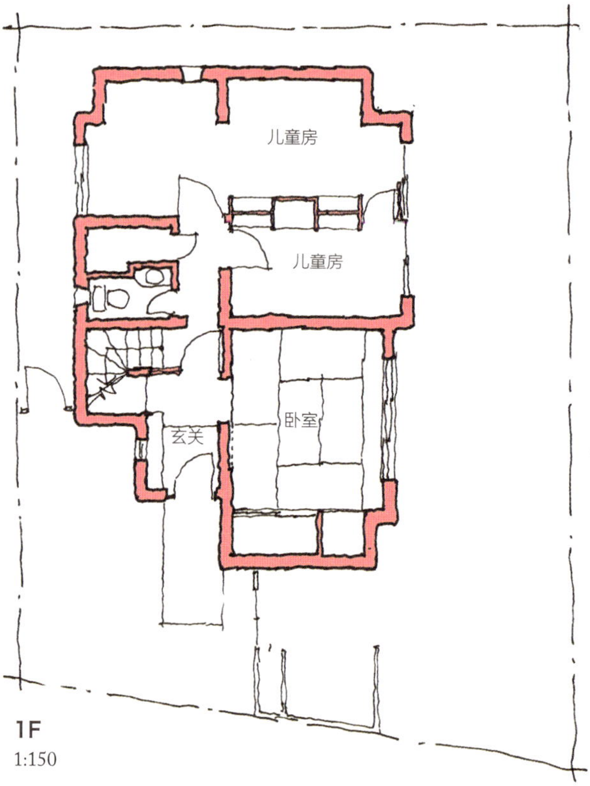

比周围的地面下沉了一个台阶，为了得到安全放松的效果。这里的圆形天花板很低，所以这种被包围的安全感让人心情放松，在餐桌旁根本不会感到时间的漫长。

普通住宅与别墅在设计方法上稍有不同。在别墅里度过时光的方式因人而异。要么从早到晚在房间里埋头读书，要么在房间里做平时无法实现的事情。而且如果走进绿色的大自然中，到户外散步一定也很有乐趣。但是如果能够减少脱换鞋的次数，进出别墅就更方便了。

在此介绍的实例，在普通的住宅里很难见到，是带有可以穿行的泥土地面的住宅。这里也是不必换鞋可以直接进出的空间。厨房部分为泥土地面，从房间里，或者从泥土地面两处都可以使用餐桌。

采用这种形式，可以穿鞋烹饪和用餐，为下一项行动提供了方便。由于泥土地面可以直接把带着泥土的蔬菜，散步途中采摘的野菜等带入室内，并可长时间放置，下雨天时，直接把带着水珠的雨衣雨伞拿到室内，也根本不会在意。这里虽然属于室内，却又是屋顶之下的“外部”空间，起到了连接外部与内部的作用。

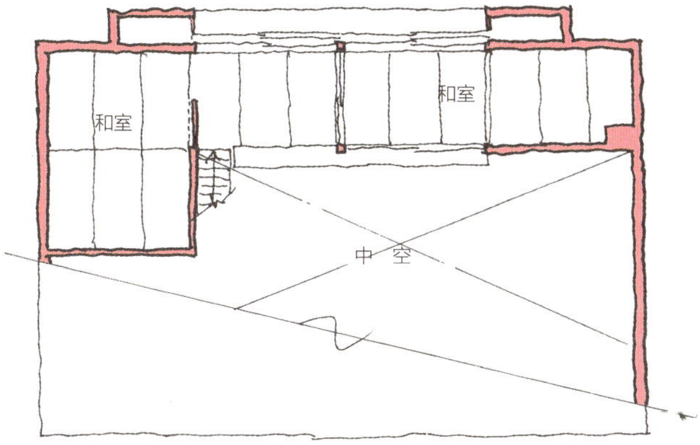

2F
1:150

一层中央的饭厅为泥土地面，是很少见的设计。泥土地面一直延伸到厨房接壤处，使用上的方便程度是意想不到的。

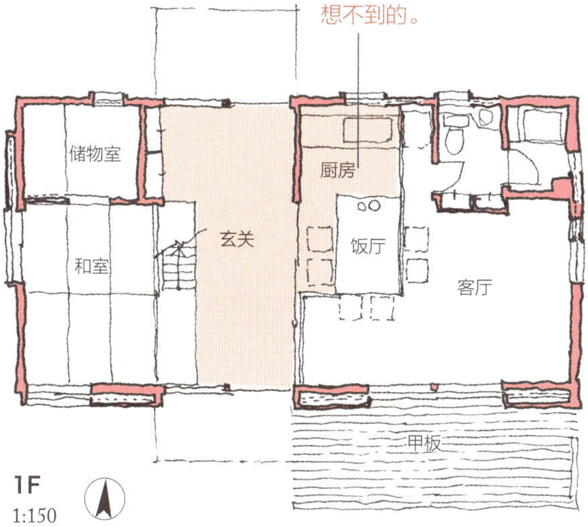

1F
1:150

享受别墅中的生活乐趣，就是融入大自然之中，散步或进行一些户外活动。进餐或者休息时返回别墅，其他时间再次走进大自然。在此过程中，脱换鞋变得格外的麻烦，如果能够穿着室外用鞋，在厨房和饭厅之间移动的话，确实非常方便。

71 灶台的位置

厨房是烹饪场所，也就是说是准备菜肴的工作间。所以，为了更有效更安全的进行操作，需要在考虑作业顺序之后再配置水槽和灶台等设备。厨房的设计在于如何良好的配置厨具设备。

准备菜肴的顺序，大致为“准备材料”⇒“剁切加工”⇒“烹饪（加热）”⇒“装盘”⇒“摆台”的流程。烹饪（加热）程序需要使用灶台，在整体过程的后半部进行。根据情况，“加热”程序之后就是“摆台”，而“装盘”则在餐桌上进行。

宫胁先生讲过厨房设计就是对作业流程的总结。厨房中灶台设置在距离餐桌较近的位置上。如果是半开放式厨房，灶台设置在饭厅对面，没有墙壁阻挡的开口处。灶台设置在从饭厅一侧能够看到的位置，对于等待在餐桌旁的人来说，能够看到烹饪的全过程，也是享受美食的过程，所以宫胁先生认为这样的位置恰到好处。而且，在用餐过后需要沏茶烧热水等事宜，灶台适合在距离餐桌较近的位置。但是，需要注意的是一旦这个位置的排气处理没做好，烟会流向饭厅。

非常紧凑的设计，二层为LDK型（Living＝客厅，Dining＝饭厅，Kitchen＝厨房）结构，厨房在靠墙一侧，定制的餐桌在厨房与客厅之间的位置。厨房的水槽在背对餐桌墙壁的位置，但灶台却在与水槽相反的位置，在面对餐桌的正中央处。

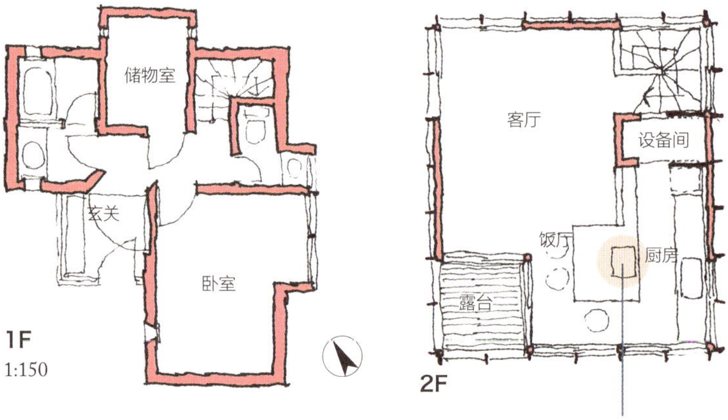

灶台与定制的餐桌近在咫尺，几乎设置在面向餐桌的中央部。在此进行烹饪更具表现效果。

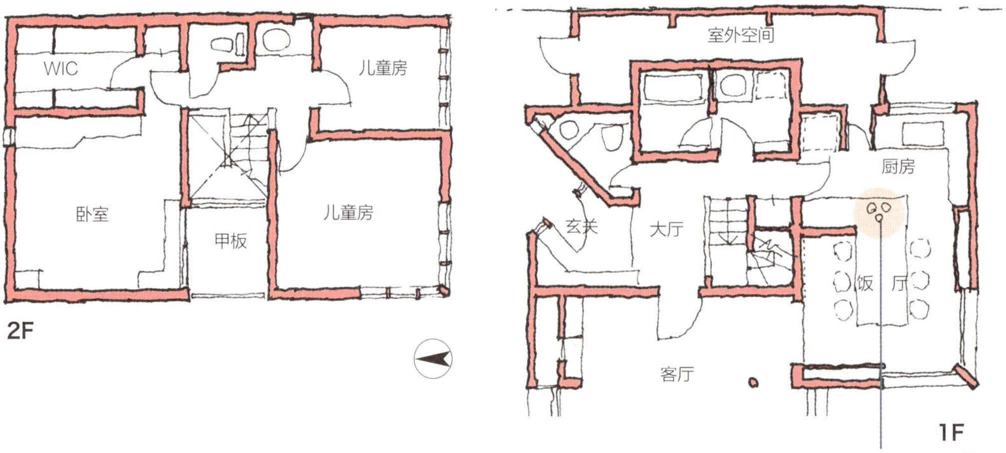

L字形吧台式餐桌，在拐角处设置了灶台。与餐桌近在咫尺。

厨房中灶台的作用是或煮、或烧、或保温、或烧开水等，是烹饪最后的处理阶段。因为剩下的是装盘摆台，所以灶台安置在距离餐桌较近的位置会更加方便。本例中在餐桌的一端设置了灶台。

水槽的位置

在厨房的工作程序中，水槽的作用主要是在最初的准备阶段以及餐后的清理阶段使用（当然，烹饪途中也要经常使用水）。

考虑到这样的作业流程，水槽的位置距离饭厅应该远一些。但在半开放式厨房中，经常可以见到水槽的位置在面向饭厅的开口处。这是因为在水槽的上方，不必特意考虑安置排气扇等装置，而需要安置这样排风扇的灶台，安排在背向墙壁的位置排气效果会更好。

但是，其实背向墙壁处安置水槽及周边设备更便于使用。不要以安置排气设备的难易程度来决定灶台和水槽的位置。宫胁先生讲到，“与灶台作业相比，水槽作业没有亮点，最好不要放在面向饭厅的位置”。

事实上，厨房的工作效率并不是由某个设备的位置来决定的，而是由水槽、灶台、冰箱三者的位置关系来决定的。连接这三处的距离总和控制在三到四米之间，使用起来才会更加方便。这三处的位置关系被称为“工作三角区”，在进行设计时不要忽略。

在不大宽敞的厨房里，可以通过设置一些『装置』改变视觉效果，达到转换心情的作用。设计图中，在水槽前方位置，类似于飘窗的窗口是唯一的开口，通过飘窗不仅站在水槽前，在其它地方也可以让视觉得到休息。

水槽设置在与灶台并列的位置。这个位置是厨房作业中站立时间最长的地方，更需要精心设计。

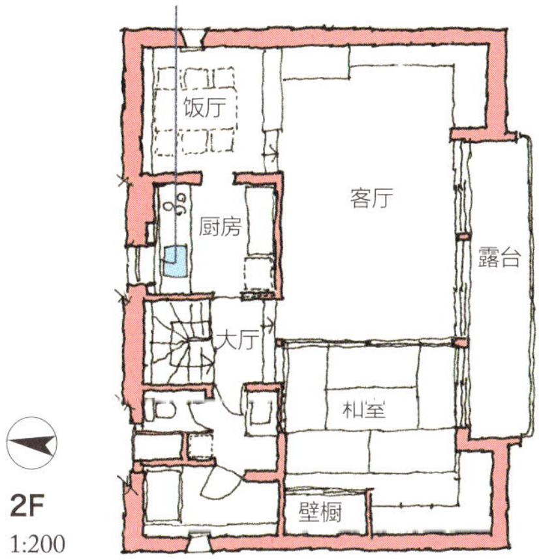

2F
1:200

水槽设置在呈＂U＂字形的最里侧。烹饪设备集中与此，是强调高效率性的配置方式。

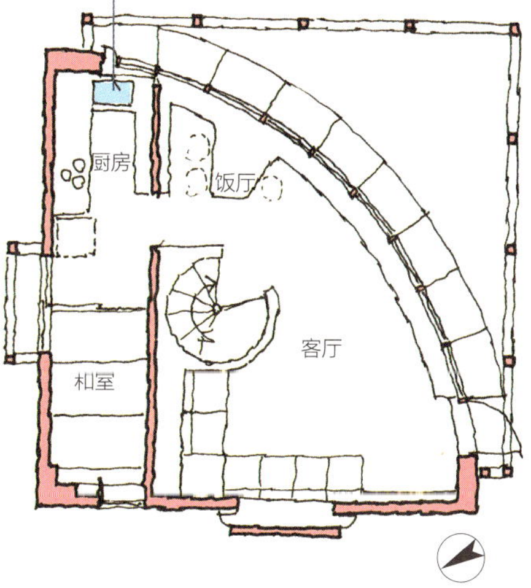

2F
1:150

水槽设置在『U』字形厨房的里侧。在厨房中，此位置是站立时间最长的地方。厨房位于小型规模住宅的二层客厅的一角。通过厨房的窗户可以看到外面的景色起到调节心情的效果。

水槽设置在＂U＂字形的厨房的最里处。水槽上方不是墙壁而是窗户。

设计图中，厨房的水槽设置在二层面向东侧的地方。住宅东面是平地，通过窗户能够眺望到远处，起到让眼睛得到休息的作用，因此把水槽设置在这此。

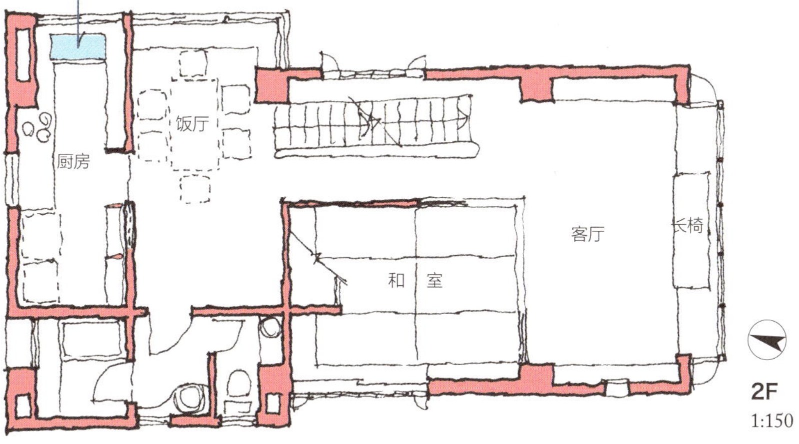

2F
1:150

73 开关自由的厨房

厨房包括封闭式、开放式、半开放式3种类型。各自具有各自的特征，选择什么样的类型，需要根据主人的生活方式为基准来考虑。

通常多数采用半开放式厨房。与封闭式厨房的特征相近（厨房产生的气味和烟雾几乎可以在厨房内部处理，内部装饰只需要应对厨房内部即可等），开放式厨房的特征不同，开放式厨房里烹饪的人和饭厅里的人可以相互交流。

仔细地考虑开放式厨房时，会发现一些问题。比如，厨房内部杂乱的状态会从外面看到。为了避免从饭厅看到烹饪作业台（工作台），在不进行烹饪的时候，如果把开放式改为封闭式厨房，就不会在意厨房里的状态了。

在此介绍的实例，通过关闭位于半开放式厨房与饭厅之间的开口处解决了上述问题。在不使用厨房时，能够全部关闭，厨房开口部设置伸缩式开合装置因此能够全部关闭。在厨房与吧台式餐桌的连接处，不设置轨道沟槽，而采用悬挂式的拉门进行开关操作。

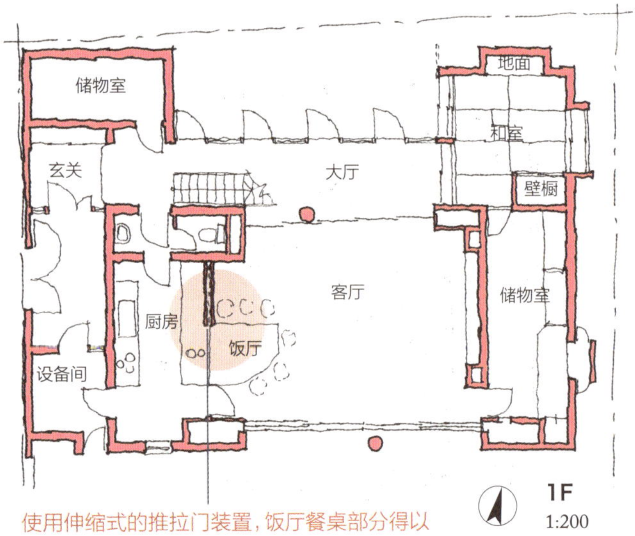

使用伸缩式的推拉门装置，饭厅餐桌部分得以保留，而厨房侧则全部被隔离隐藏起来。

设计图中的厨房采用半开放式。不使用厨房的时候，关闭餐桌和作业台之间的伸缩式推拉门回避来自客厅的视线。

开关自如，根据需要隔离厨房客厅，让客厅能够作为独立的空间使用。

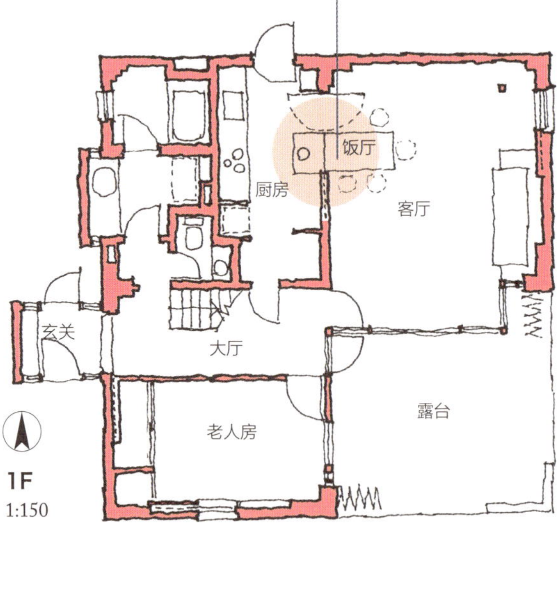

半开放式的厨房能够保持烹饪场所与餐桌的亲密性，妥善处理了热气和异味，基本属于独立型厨房。在没有准备用餐的时候，通过关闭开口处能够实现遮挡视线的功能。

不必换鞋进出自如的厨房 74

作为住宅的出入口玄关所在的位置非常重要。对于来访者来说，玄关即是寻求导向的标志，也是接受“欢迎光临”的场所。在为普通住宅进行设计时，要精心设置玄关的位置。但为别墅设计时，即使不设置玄关，在使用上也不会有任何的问题。正如很多别墅，直接从露台出入房间更加方便。不过离开时锁门的地方，即到达开锁的地方还是必要的。在不做玄关设计时，必须考虑上锁的位置。

在此介绍的实例，是上锁的位置设置在厨房的后门。也就是说从厨房进入，从厨房离开。这里的厨房取代了玄关。厨房的地面为泥土地，可以从户外穿鞋直接进入。餐桌也摆放在此，烹饪和用餐都在泥土地面上完成，所以即使食物掉在地上也不必在意。

厨房与客厅分界处也是脱换鞋进入地板房间的位置，保障此处的面积可以对应人数增减。

此别墅的出入口以后门形式设在饭厅厨房（DK）处。这里的地面铺设了地砖，一直到客厅为止都可以穿鞋进入。从外面回来马上在此就餐，午饭过后立刻可以出行等，急用的时候不必脱换鞋即可完成所需。

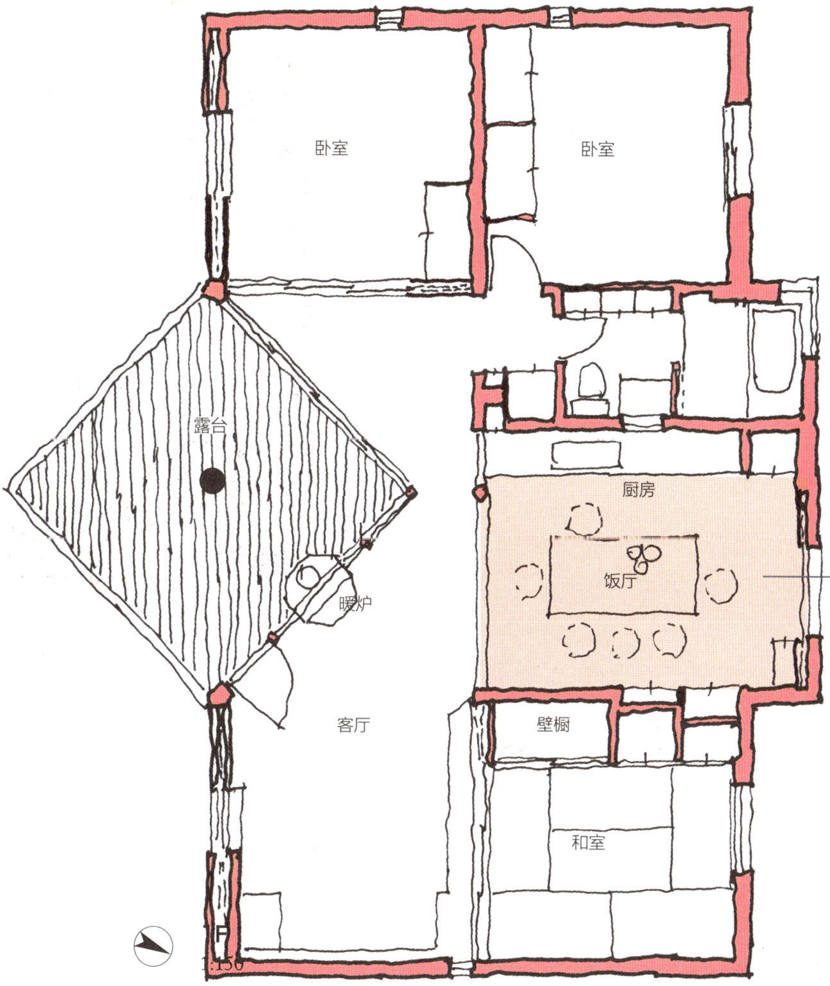

饭厅厨房（DK）的地面部分可以穿鞋使用。从后门穿鞋进入后，不必脱换鞋即可准备用餐和进餐。

75 有效利用厨房天窗

在为一户型建筑的住宅进行设计时，为了完全体现一户型的优越性，所以希望实现一些集合住宅楼无法或难以实现的设计。比如，在任何房间内设置能够直接与室外更换空气的门窗。

对于客厅和个人房间来说这是理所当然的。但特别是对于厨房、卫生间、浴室等与水相关的空间（或者是称为卫生间的部分），为了能够通换外部空气而竭尽全力。

如果关注与水相关的空间进行设计，大致上能够如愿以偿的设计通风口。但当考虑整体平衡，或者在整理各种各样条件的过程中，发现有些墙壁面无法设置开口。这时可以考虑设置天窗（高侧窗也可以）。天窗在集合住宅楼中无法实现。另外还有厨房，由于设置储物柜等原因，基本需要保持墙壁整体结构，所以在天花板上设置采光的开口是非常有效的。

在此介绍的实例，为了能够采光并可以换气，天窗设计为开关式，筒型的空间结构上方一直通到天窗，采用了排气管道形状的设计，也因此实现了效率优良的换气作用。这种样式，对于需要换气的卫生间和浴室等都非常有效。

当住宅周边为建筑物密集的都市时，天窗是有效的方式。设计图中，把与水相关的空间集中到二层东侧，仅在一处采用大型天窗，就确保了盥洗室、浴室、厨房、客厅饭厅的采光。

带有天窗的厨房。由于建筑周围为住宅密集地域，不得不减少住宅整体开口部的设置，但上方的采光可以得到确保。

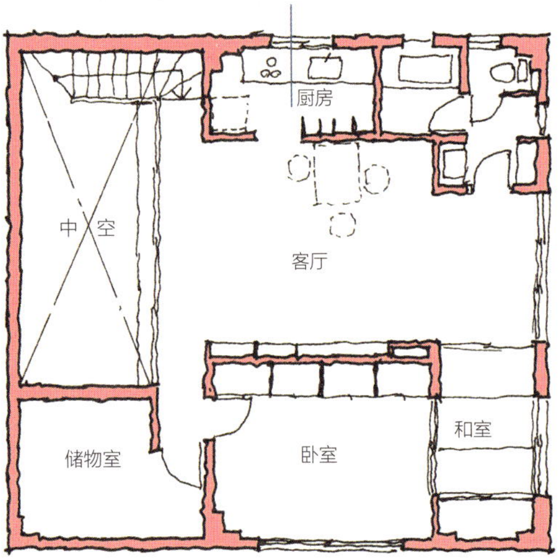

2F

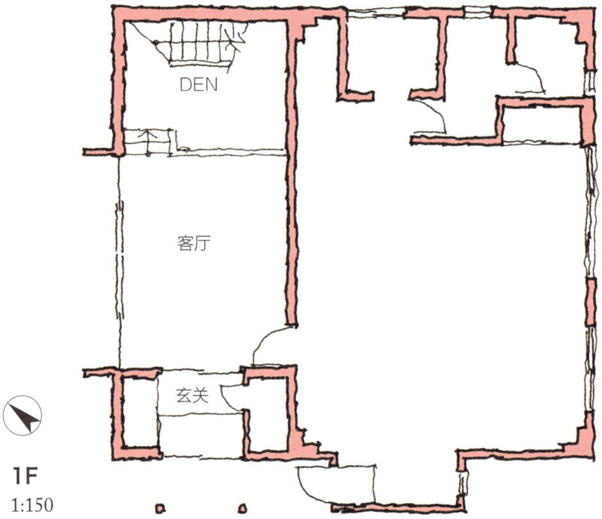

1F
1:150

来往相邻的房间，通过住宅中的通道可以回转式前往的设计方法是带有回转路线的设计，使用非常方便，这一点与我们前述一致。

在这样的设计中，一般不以围绕回转路线为目的，而在于出入目标房间时可以不必穿插其它房间。然而，也存在像下面要介绍的实例那样，已经完全成为通道的房间。

仔细观察设计图会发现，厨房的位置原本是中央走廊的空间。因此，无论是去南侧的房间还是北侧的房间，从动线上看理所当然从这里经过。把通常相当于中央走廊的空间的幅度加宽改为一个房间，所以这里已经不是走廊而是通道房间。

由于把走廊的位置作为厨房使用，家人即使频繁的通过也不会感到异样。但来客有可能通过这里去卫生间，所以需要在平日做好这里的清理工作。

由于是相当于中央走廊的空间，不能对采光有太多期待，但是如果不采取措施这里始终昏暗无光，即成为所谓的无采光房间。因此，这里有必要采用天窗来采光。

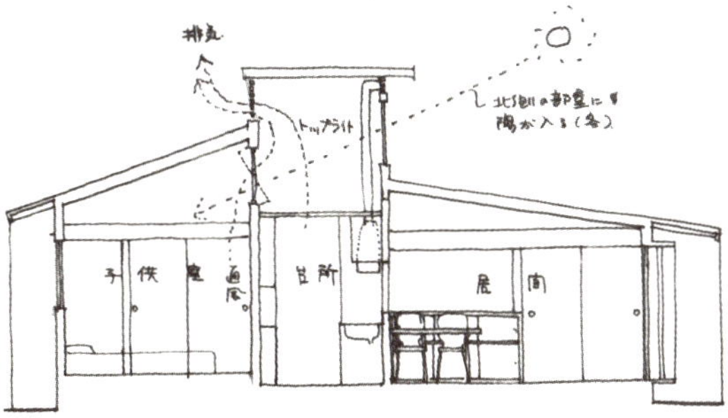

厨房贯通建筑物的中央，如图所示，从玄关前往两间和室时这里成为通道。

本例稍有特殊。设计图只是为了满足受制约条件而勉强作出的答案，并非令人满意的形式。幅度加宽的走廊为通道和厨房并用，使用上不会感到不便，但在安静舒适方面有点勉强。

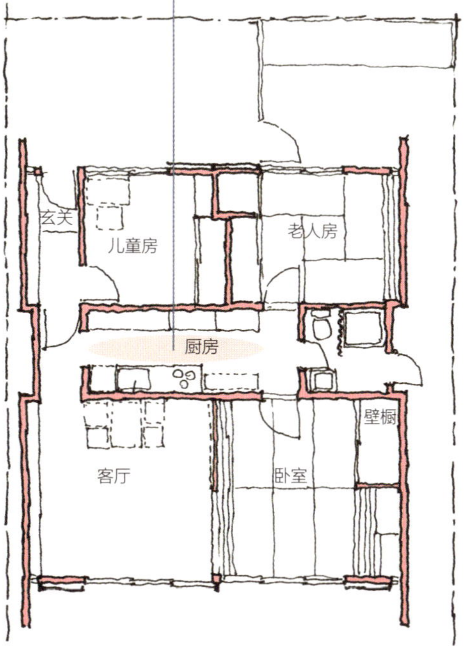

77 从厨房可以随意看到客厅

住宅中的厨房常见的有三种形式。一种为封闭式，即厨房为独立的房间。其次为开放式，指厨房与相邻房间（饭厅）相连不分离，在被称为DK或者LDK的房间构成中能够见到。还有一种在封闭式与开放式之间为半开放式，这种形式在DK或者LDK的房间构成中也能够见到，一般是厨房与相邻的客厅用垂墙或者腰墙隔开，这部分的墙成为半开放式。

在此介绍的实例为封闭式厨房。厨房位于从玄关通往客厅入口处，靠近玄关处的旁侧。采用这种形式的目的在于能够避免来访者看到厨房，而且对传到玄关处烹饪的声音和气味有抑制效果。

封闭式厨房为独立房间，与其目的性完全一致。但是在厨房作业的母亲无法观察小孩一个人在客厅玩耍时的情景。所以厨房与客厅地面连接壤的墙壁部分，等同视线高度的位置，设置幅度较宽的间隙即小窗，通过小窗能够随时看到客厅的情景。且这个小窗并不明显，在视觉上没有造作的感觉。

上图这是其它住宅的实例，透过厨房里的小窗能够看到客厅。

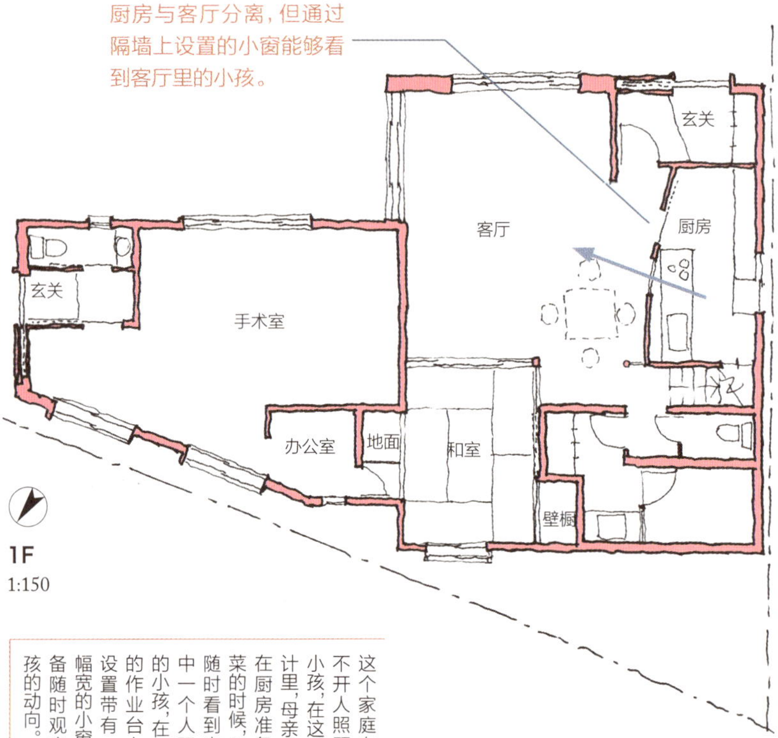

这个家庭有离不开人照顾的小孩，在这个设计里，母亲希望在厨房准备饭菜的时候，能够随时看到客厅中一个人玩耍的小孩，在厨房的作业台上方设置带有一定幅宽的小窗，以备随时观察小孩的动向。

从厨房直接进出外部的开口称为便门。通过便门，购买的肉类和蔬菜可以直接拿到厨房，立刻放进冰箱。收集的空瓶和报纸等资源垃圾，可以随时放在室外非常方便。而且来客突然到访时，也可通过便门迅速地去采买。

在集合住宅楼的设计中多数无法设计便门，其实带有便门的住宅生活更加方便。

在便门的外侧搭设简易棚区，不但可以堆放物品，洗好的衣物也可以通过便门晾晒收取。如果在便门附近放置洗衣机或设置设备间（家务区）就会更加方便了。

为单户建筑的住宅设计便门虽然并不是难事，但是，由于受各种条件限制，有可能难以如愿以偿。由于建房用地的形状和建筑物的配置，或者建筑物和道路位置的关系等，无论如何都无法设置便门时，可以把厨房开口面对玄关地面，但不通过玄关大厅。能够直接到达玄关地面，并从玄关出入，把玄关作为便门使用。

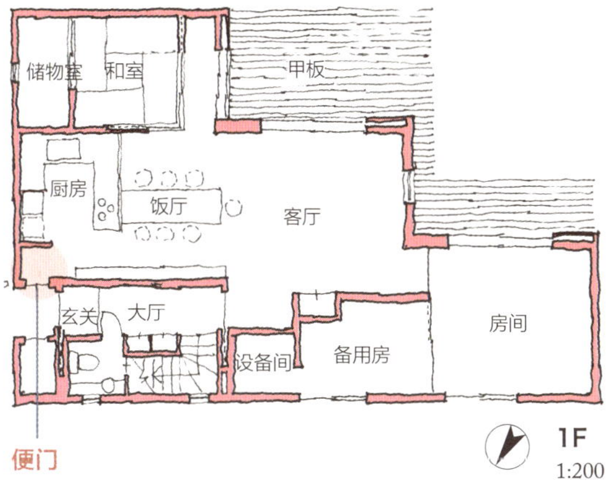

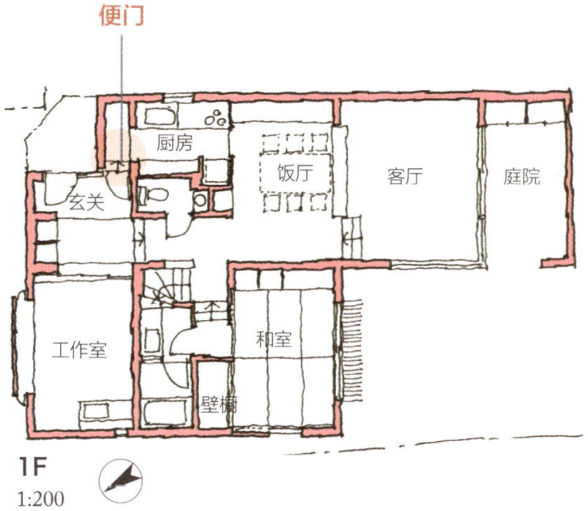

便门位于玄关大门的旁侧，与玄关共用大门。但与共用玄关地面的形式不同，从便门直接到达外部，这种类型在使用上更加方便。

难以设置独立的便门时，玄关地面和便门的地面是共用的。本例中，打开玄关门后转身180°为便门的门口，基本可以忽略地面是共用的。

便门直接连结厨房。走出便门既是停车场，搬运车里装载的物品非常方便。如果自行车的停车场也设在附近的话就更加完美了。

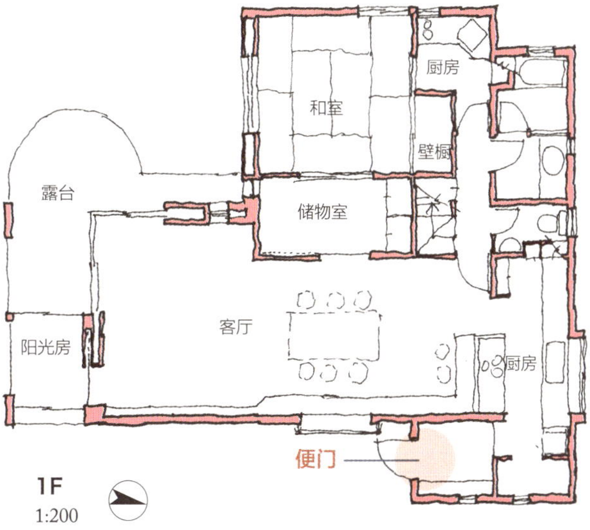

设计图中客厅和厨房都在二层。这种情况下一般不设置便门，但这里却专门为便门设置了楼梯，可以从玄关旁边出入。

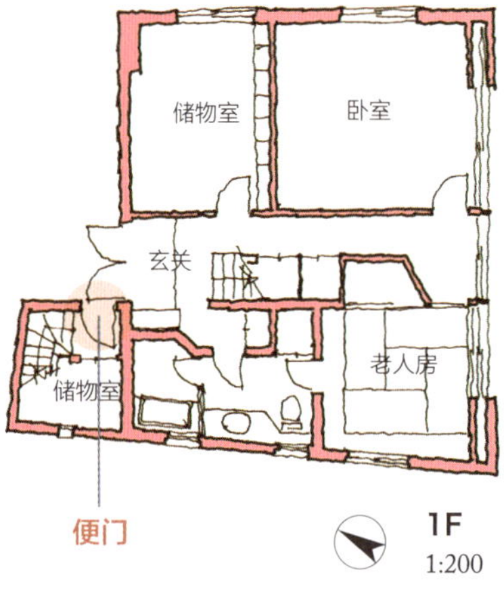

设计图为常见的便门与玄关分离，可以从厨房通往室外。然而由于条件受限难以实现时，可以尝试设计从玄关直接进出厨房的通道。

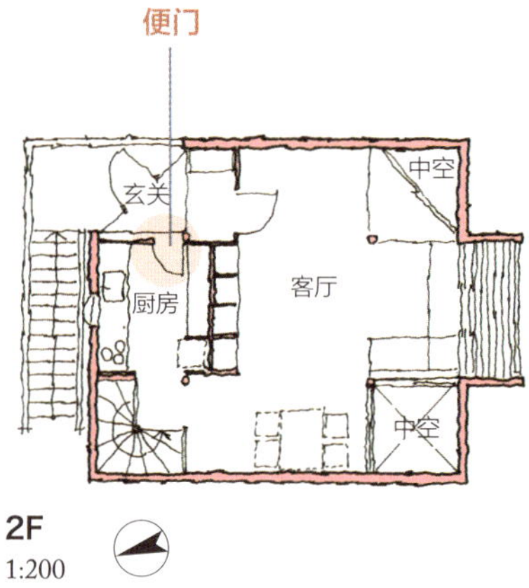

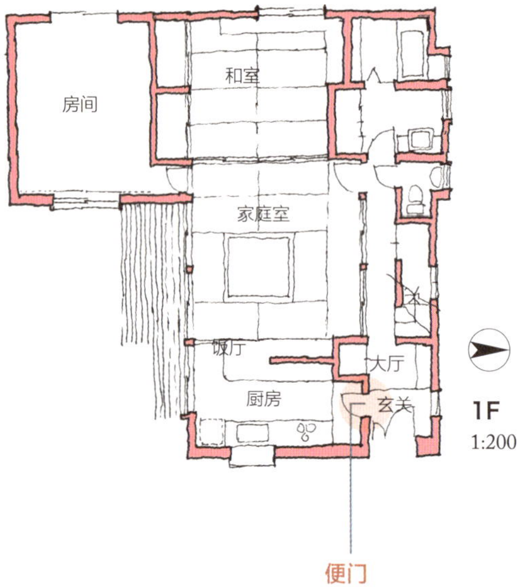

父母家的厨房设置在玄关旁边，玄关地面成为厨房便门与玄关的共有空间。在厨房与便门的内侧有一点可以站立的空间，作为放置垃圾容器的场所使用，玄关是无法看到里面的。

设计图中的便门与玄关朝向相同，从玄关沿通道横向移动向内凹进处是便门，因此便门的存在很难被人注意到。从便门经由设备间与厨房相连，非常方便。

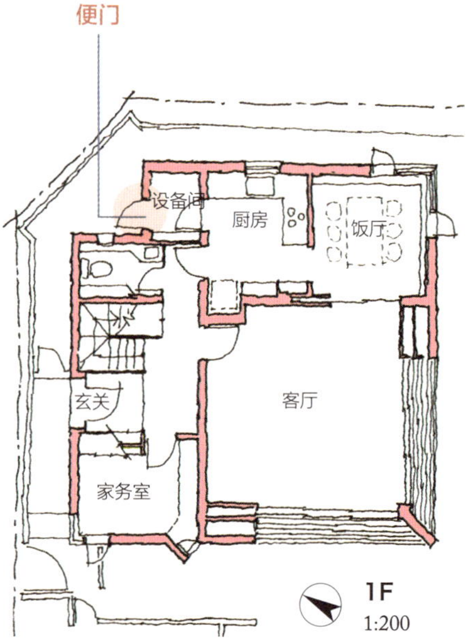

设计隔窗观景的要点 79

根据食材的种类与烹饪方法的不同，厨房中的工作多种多样。烹饪，从面对带着泥土的蔬菜和没有做过处理的鱼开始，与使用半成品或成品在工作效率和强度上是完全不同的。但是无论哪种情况，在厨房作业过程中站立时间最长的地方是水槽前。从最初的准备到最后收尾，在烹饪过程中，也会有使用水的时候。

前面讲过水槽的背面是墙壁，是因为可以安置储物柜来收纳餐具、烹饪器具、调味品等，为了收纳这些琐碎物品所以希望以墙壁作为水槽的背面。

但是由于在水槽前站立时间很长，因此希望有能够让眼睛得到休息以及转换心情的设计。

在此介绍的实例，在考虑确保收纳所必要的墙壁空间的同时，在水槽前设置开口处，用于欣赏外面的景色。事先做建房用地调查时，首先确认适合眺望远景的方向，然后以此为线索考虑设计。如果难以实现眺望远景时，可以在窗前种植些能开花结果的树木。仅仅看到这些树木日益的变化，也足够让人赏心悦目的了。

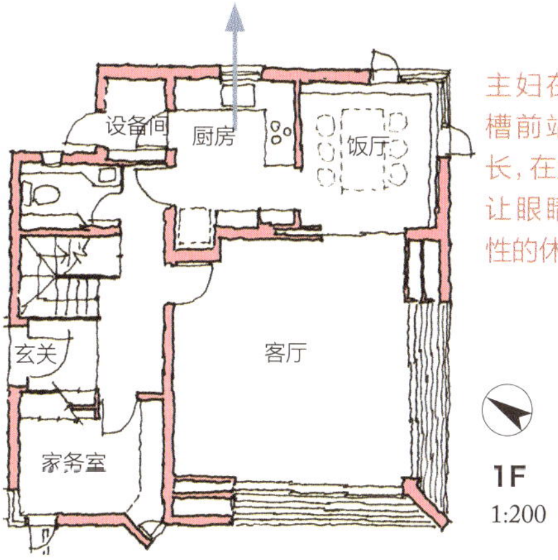

主妇在厨房的水槽前站立时间最长，在此设置窗口让眼睛得到暂时性的休息。

把水槽设置在面向道路的墙壁开口侧。通过眼前的窗口眺望远方。虽然也希望在水槽前增加些收纳空间，在此优先考虑了远眺，让眼睛得到休息心情也会变得愉快。

水槽贴近的墙壁设置了窗口，站在水槽前能够看到外面的景色。

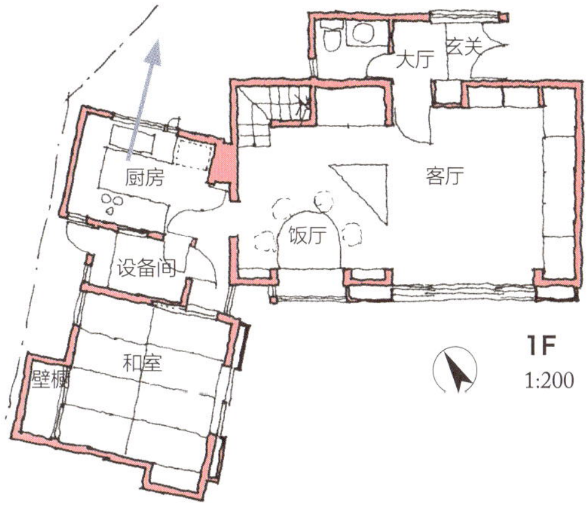

光线可以通过厨房水槽前的窗户直接照进来。在此工作时，随时可以停下手来放松一下眼睛。还采用了能够看到庭院中种植的花草树木的设计。

打开"U"字形的厨房最里侧的窗户，能够看到外面景色。即使长时间在此站立也不会感到疲劳。

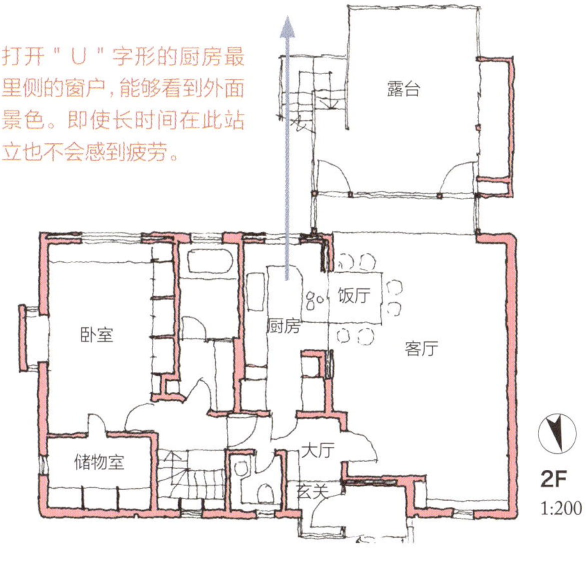

利用建房用地的视野良好这个条件，在厨房水槽前设置窗户以便能够眺望到远处的景色。厨房作业不是单纯的劳动，而是让人感到快乐的行为，基于这种想法在此设置了窗户。

80 L・D・K各自独立

在此介绍的实例，客厅、饭厅、厨房为各自独立的房间，并且从走廊可以直接出入。这三个房间被推拉门隔开，打开门平时可以作为一体化房间来使用，根据所需又能够独立分开使用非常便利。这三个房间关系密切，在实际使用中各自独立的设计也存在不同的优缺点。

客厅独立，能够用来待客，在使用方法上具有灵活性。而且，饭厅也是独立的话，当有客人时，可以把饭厅作为活动场所。房间的灵活性成为主要的优点。

相反，如果房间一间一间完全分隔，多少都会减弱住房整体规模感，失去空间的舒展性。对空间产生狭窄感就成为最大的缺点。为了避免这个问题，此例连结客厅和饭厅出入口的上方设计为中空结构，天窗各占客厅和饭厅上方的一部分，这样就让两个空间融为了一体。

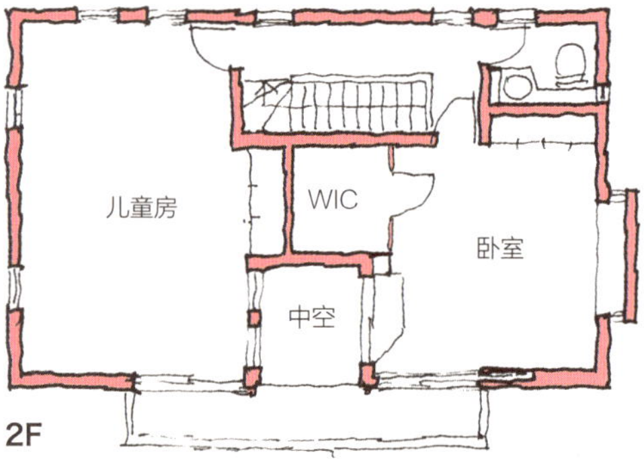

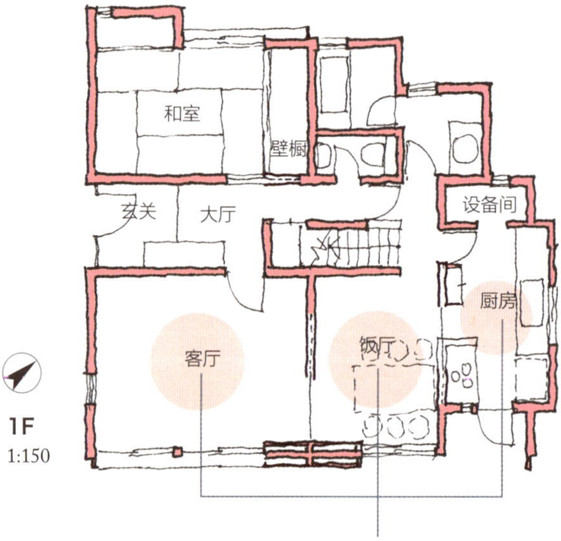

客厅、饭厅、厨房各自为独立空间。这种形式是按照各个房间所需的空间大小为条件而设计的。

客厅、饭厅、厨房不是单纯的各自独立，每个房间都设置了出入口，可以分别保持独立。

强调公用性的客厅

如果设问在日本的现代住宅应该如何规划客厅至今也没有明确的答案。

宫胁先生经常谈起对现在住宅模式化。虽然大致想法已经成形，还难以达到清晰准确的标准。

日本住宅中的客厅，以前被称为“榻榻米房间”和“客厅”。以前，这样的房间主要是为了招待客人，需要具备采光好和能够远眺的优势，平时往往是闲置的。

在此介绍的实例中，依然残留客厅的上述特征。也就是说，客厅作为招待客人使用的特征强烈。这样的房间是把待客放在第一位考虑的。设计上，客人与家人的动线不发生交叉，客厅所在位置尽可能与玄关保持最短距离。这样的客厅，一般在住宅中依靠小路连接，不能通过其它房间到达。在此介绍的客厅再现了以前的“榻榻米房间”和“客厅”，在住宅整体中也是日照等条件最好的房间。

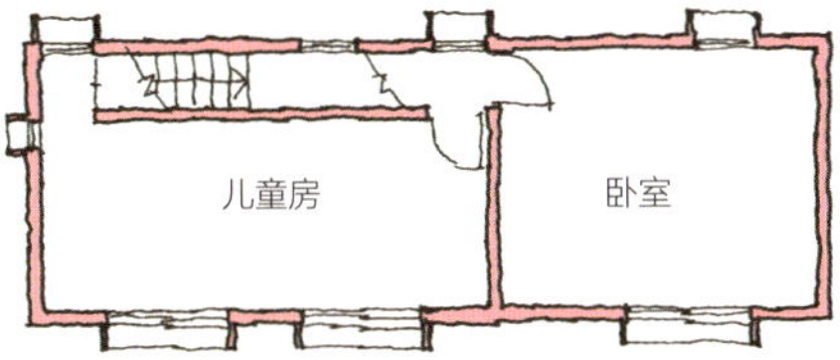

2F

客厅作为迎接客人的『客厅』使用，按照以前的『榻榻米房间』式设计。为了再现原来的氛围，沙发采用面对面式，感觉比较正式。

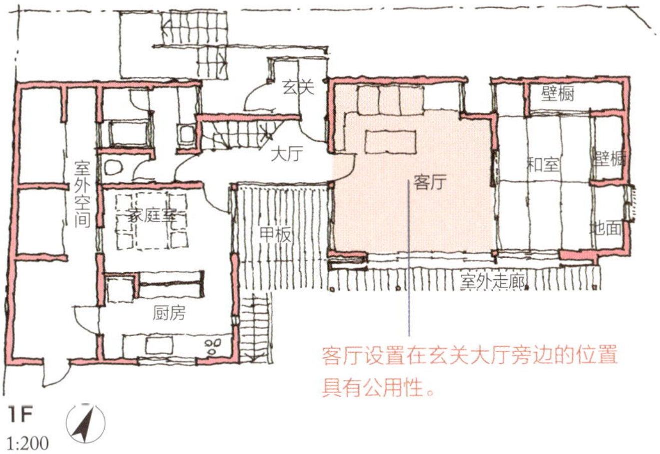

客厅设置在玄关大厅旁边的位置具有公用性。

1F
1:200

客厅面积不满17m²，空间上足够待客使用。客厅面北，作为客厅具备充分的条件。

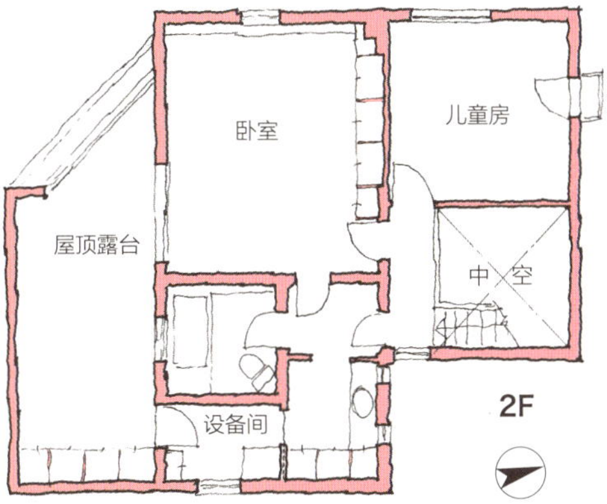

2F

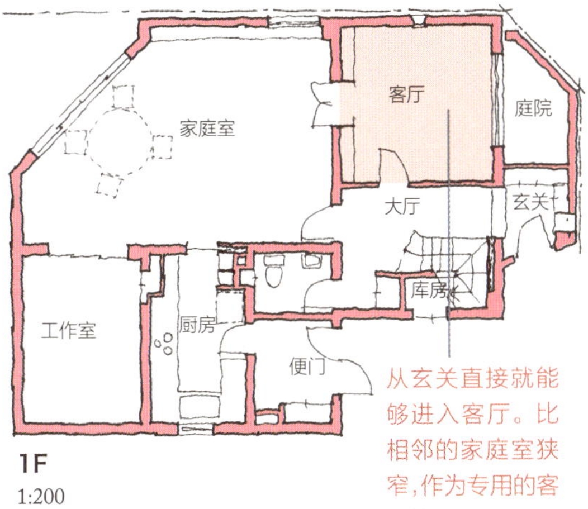

从玄关直接就能够进入客厅。比相邻的家庭室狭窄，作为专用的客厅使用。

1F
1:200

82 具有附加功能的客厅

印象中一家人用餐后移至客厅，谈笑风生，其乐融融，实际上如何呢。

关于客厅的使用方法，每个家庭各具风格，大多数是一边看电视，一边进行各种各样的交流，在良好的氛围中共同度过。

宫胁先生经常说设计客厅时，首先要决定电视的放置位置，其次考虑观看的，这也是在对客厅设计的一个提示。

客厅的用途，不仅为了看电视，而是结合居住者提出的希望和要求进行设计。例如墙壁设计成凹面，带附属房间（附属于客厅）的形式，等等，根据各种各样的要求增添相应的要素。

在此介绍的实例，更加适合附属房间。例如，把钢琴设置在附属房间，不是装饰而是为了不受干扰安心练习，或者也可把家庭成员的狗窝设置在附属房间。

与家庭室相连的房间，既可以作为家庭室的一部分使用，也可以作为单独房间使用。

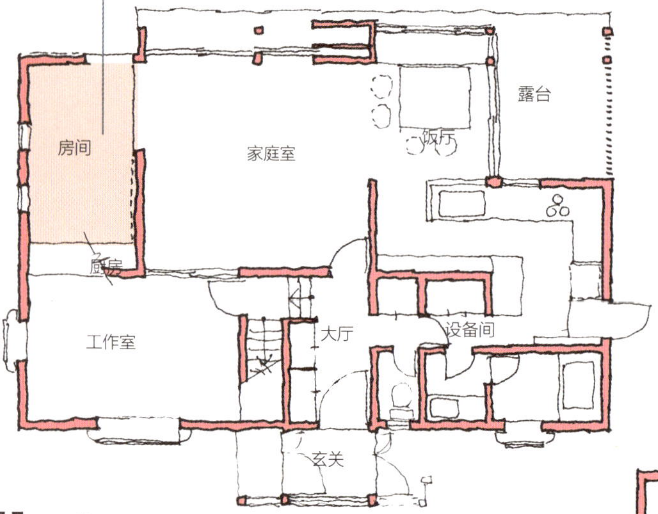

1F
1:150

家庭室有饭厅，附属于家庭室的房间里放置钢琴，成为能够专心练习的钢琴室。不同于钢琴作为装饰放在客厅一角。

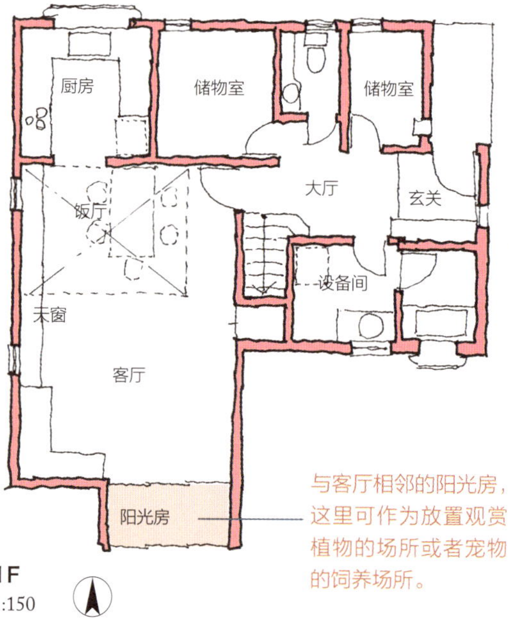

1F
1:150

设计图中，把一层客厅南侧日照良好的部分作为阳光房来使用，划分为客厅的附加空间。这种形式取决于客厅的大型天窗和充分采光。

与客厅相邻的阳光房，这里可作为放置观赏植物的场所或者宠物的饲养场所。

此处的客厅以沙发为中心，在此休闲放松。还有用于摆设花草花架的区域，打牌娱乐的区域，观看电视的区域等，以不同目的增添具有附加功能的空间，能够根据喜好度过时间。

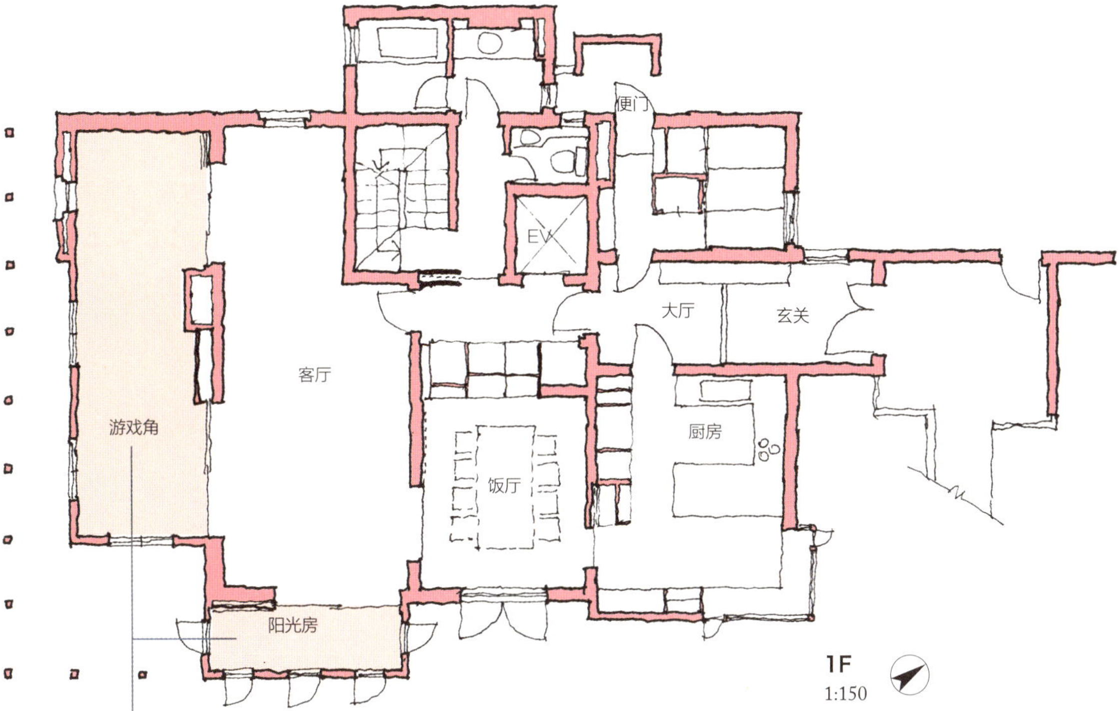

设置了用来休闲娱乐的空间将宽阔的客厅包围。饭厅既适合正式用餐，又是一个不会让客人拘束的招待厅。

83 具有日本茶室风格的客厅

可以说客厅的使用方法没有固定概念。主要以一家人相聚在一起共同度过时间为主要目的，此外还会有进餐、待客、做家务等，根据各自的生活模式来决定。

一家人相聚在一处度过时间的房间，在传统日式住宅的设计中应该是日本茶室，与欧美住宅中称为“Den”或者“Family Room”的房间在使用方法上相同。日式茶室与客厅的差别在于，日式茶室原则上只招待非常熟悉亲密的客人，或在此进餐、做家务，这种形式与LD型（Living＝客厅，Dining＝饭厅）的客厅几乎一致。宫胁先生经常讲到，今后的日本住宅可能会以这种LD型（Living＝客厅，Dining＝饭厅）客厅的布局为基本型，在此介绍的实例便是其中之一。

在此主要以如何心情愉快地进餐，以及餐后一家人聚集在餐桌周围放松悠闲为目的。也就是说以饭厅功能为主来添加客厅的要素，所以这种空间可能称为DL（饭厅客厅）会更合适吧。

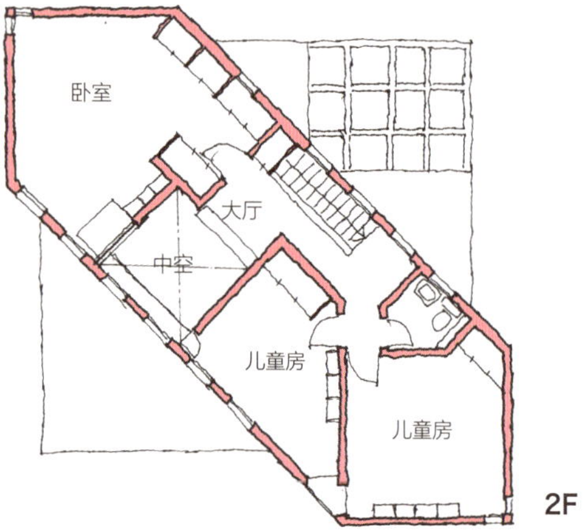

被凉棚包围的阳光房，好像房间的一部分一样，融于设计图中的客厅饭厅，可以在此放置观赏植物，或者雨天在此晾晒洗涤的衣物等。偶尔也可以在此办公，或者坐在椅子上纳凉等，享受各种使用方法。

带有阳光房的客厅。在形式上阳光房融入客厅，所以客厅整体空间变得开阔起来。

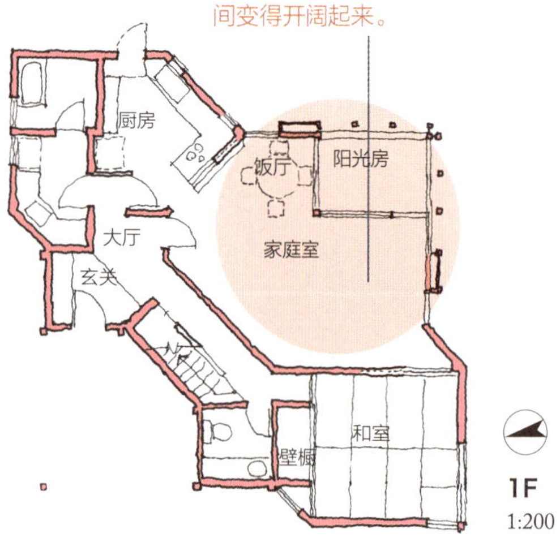

与独立的客厅相邻，成为可以随意放松的宽敞场所，确实可以称为日式茶室。

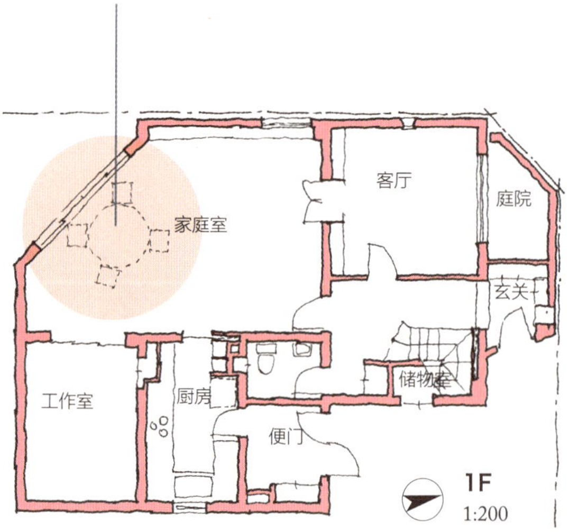

设计图中，以家人为对象的客厅称为家庭室，面南并且开阔。在家庭室可以进餐、看电视，悠闲放松地度过时间，在使用方法上和从前的日式茶室一样。

作为“接客室”使用的客厅

来客多的家庭为了招待客人，会设置专门的称为“接待室”或者“接客室”的房间。传统的日式住宅中“榻榻米的房间”也属于这类房间。

在这样的房间种招待客人，多数会让客人欣赏到庭院，因此这种房间基本设计在日照良好能够远眺的地方。房间必须一直保持整洁的状态，通常不让家人使用（特别是小孩，据说不允许进入室内）。但这样奢侈的使用方法，在空间面积受限的一般现代住宅中是不太现实的。

在此介绍的实例中，设计有作为招待客人的客厅，平时作为家人聚集的场所。

为了确保上述两种使用途径，首先需要平时能够与相邻的房间结合在一起使用。其次在必要时，利用嵌在墙壁中的推拉门能够轻易地把房间隔开。并且还要保证进入客厅不经过其他房间，而是从玄关直接进入。同样，此时家人的所在场所（饭厅、日式茶室、家庭室等）也会被设置好，当然，不必通过客厅就可以自由出入。

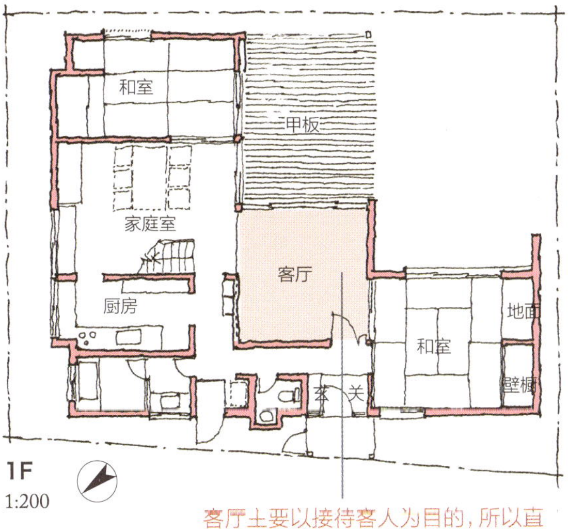

客厅主要以接待客人为目的，所以直接从正面的玄关就可进入。

此住宅本身的面积不大，但有独立使用的客厅。因为房主工作关系经常需要会客。客人来时家人可以在家庭室活动。

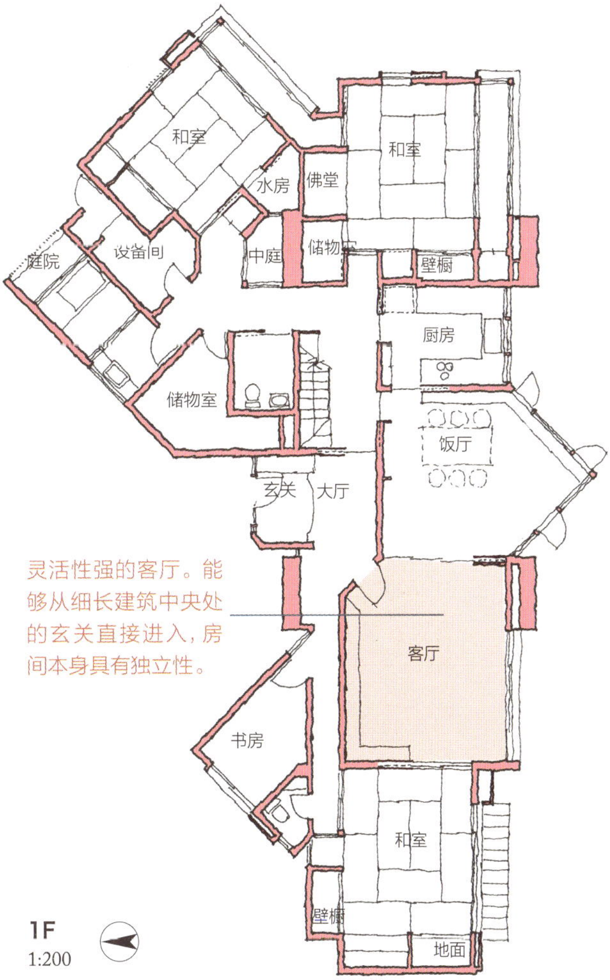

灵活性强的客厅。能够从细长建筑中央处的玄关直接进入，房间本身具有独立性。

由于是来客较多的家庭，从玄关大厅直接就可以进入客厅，这是考虑到作为接客室来使用。此时可以关闭与家庭室之间的推拉门，以确保各房间的独立性。

85 设置下沉休息区

无法掌握使用客厅的人和使用人数，很难保证客厅的正确设计。

建房用地本身规模不足，设计规模受到法律制约时，又要尽可能确保各种使用方法的同时，创造出丰富的使用空间，能否实现设计是至关重要的。

作为把有限的空间设计为开阔空间的手法，日式传统住宅使用“室内装置”的设计方法。意思是在必要时才在室内准备必要的物品。但把这种方法使用到西式住宅，就需要从日常生活中设法减少家具，否则当选用这种设计方法时，无法满足设计条件。

减少摆置家具的手法之一是将建筑本身家具化。这里介绍的就是这样的一例，将地面一部分高度下降创造出休息洼地作为休息的场所，这样即使没有沙发等摆置的家具，也能够让人得到充分的放松。

设置休息洼地是需要改变地面高度的。如果设计无障碍住房，就要谨慎考虑了。还要在认识上能够将休息洼地视为家具进行设计。为了确保使用上舒适，在洼地内可设置采暖等。

此住宅的看点就在这个休息洼地上。设计图中虽然只是画了个圆圈，这个圆圈在高度上是下沉的，里面铺上毛茸茸的地毯。请想像一下人们围坐在里面的情形。

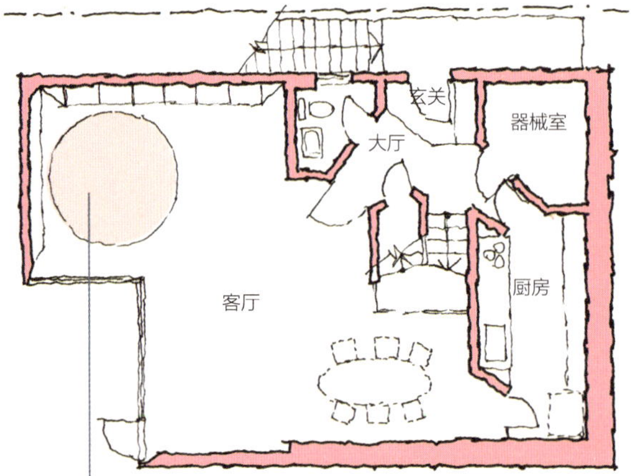

地上层
1:200

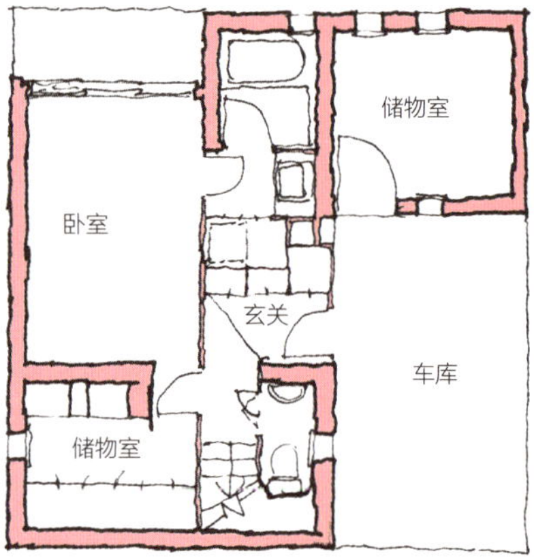

1F
1:200

圆圈代表休息洼地。充分利用了建筑的一角，在客厅中创造出惬意的空间。

下沉休息区几乎占据了整个房间。看到设计图中的这个部分，就会情不自禁地联想到这是个让人感到无比快乐的房间。

客厅中心设置了直径为3平方米的圆形休息洼地。高度比周围下沉一段，让人感到安心舒适，里面铺上地毯，放置靠垫，这本身就可作为家具使用。

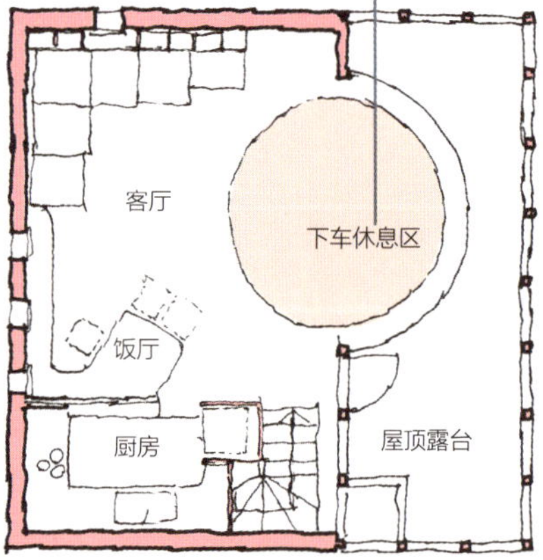

2F

避免客厅成为通道的设计

与洄游设计的方法完全不同，无法穿行位于袋状小路尽头的房间，也有其意义所在。

客厅在住宅中占据的空间最大，如果是带洄游性的设计，那么回转路线一般应该经由客厅。

回转路线根据设定方法有所不同，通道上的房间，其安静程度有时会遭到严重的干扰。因此，在设计经由客厅的回转路线时，对此须予以充分考虑，尽可能在房间之间以最短距离洄游。

但是，与上述方法相比，如果把客厅从回转路线上分离，就不必担心上述问题，反而效果更好。设计时，只要是条件允许的情况下，把客厅从回转路线上分离出来，设置在袋状位置上。虽然避开客厅的难度很大，但一旦实现，客厅会非常安静。

在此介绍的实例设计得很成功。其一，从玄关进入后最里侧的位置上设置客厅，袋状房间得以确保。其二，在玄关处把开放区和隐私区分开，分别设置在左右两侧，这样可确保不会经由客厅。

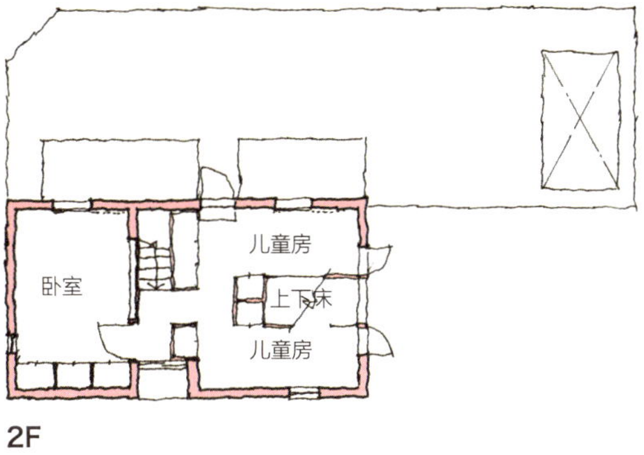

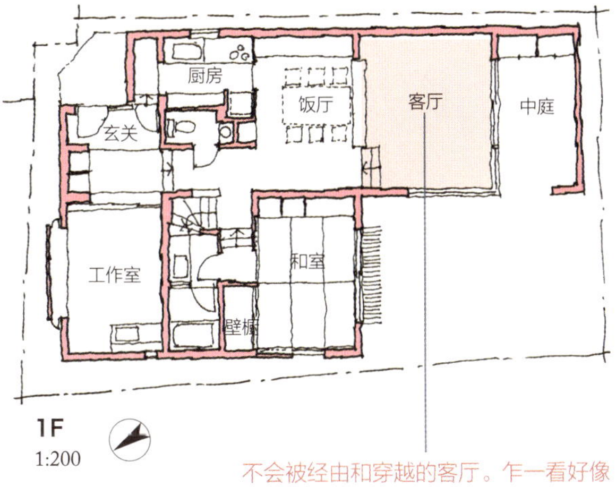

客厅靠近玄关位于住宅的中心位置时，很难经由此房间，这种情况在现实中会经常看到，客厅难以保持安静。此设计的客厅位于袋状位置，轻松地创造出安心静谧的氛围。

不会被经由和穿越的客厅。乍一看好像使用上不大方便，但由于独立性高这里非常安静。利用台阶分离了饭厅。

完全独立形式的客厅。从玄关可直接进入，以获得最佳静谧效果。

客厅在袋状小路的尽头。因此不会经由或穿越的客厅保持了安静。

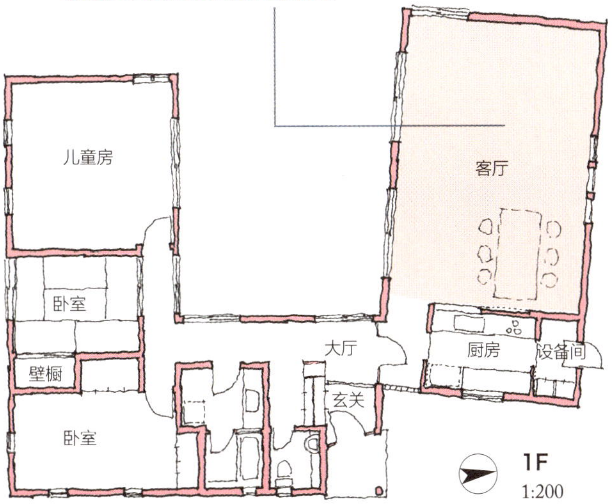

87 让进餐饮酒变得更有兴致的设计

曾经有一个客户，希望在自己家能够喝到更美味的啤酒。在设计初期阶段，就经常以此为主题展开探讨。

但在什么时候在哪里喝啤酒才能够感到美味呢？刚泡完浴缸或者晚餐之前的一杯酒，各种各样的情形浮现在眼前，但最后得出的答案是休息日的白天，在室外饮酒，其爽快程度是无以伦比的。

在都市住宅密集地区，怎样才能确保这样的空间呢？思考的结果是在客厅旁边利用＂U＂字形建筑结构包围的中庭。可以确保隐私的场所，地面高度上与客厅一致，为木制甲板结构。为了能够利用树荫，在中庭的正中央种植落叶树。

在图纸上不大容易理解，住宅中特意设计了一个适合美味饮酒的亮点。房主喜欢喝瓶啤酒，时常确保啤酒库存好像也蛮费精力的。虽然只要给啤酒店打电话，就能够得到成箱啤酒快递上门的服务，但从玄关到库房的搬运也得费些力气。这里，送货人从室外直接就可以把啤酒箱取出送入。个人认为这样的住宅结构也能够促进啤酒变得美味吧。

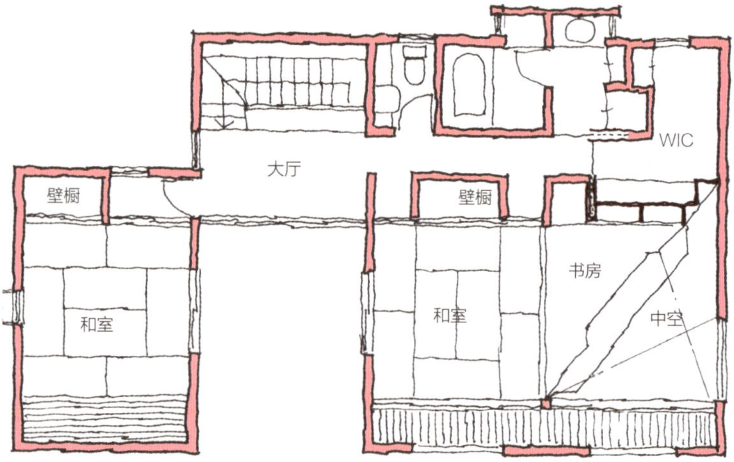

2F

以能够更美味喝啤酒的住宅为主题，把饮酒场所设置在中庭露台的甲板上，而且能够和存放啤酒的厨房保持短距离的动线。

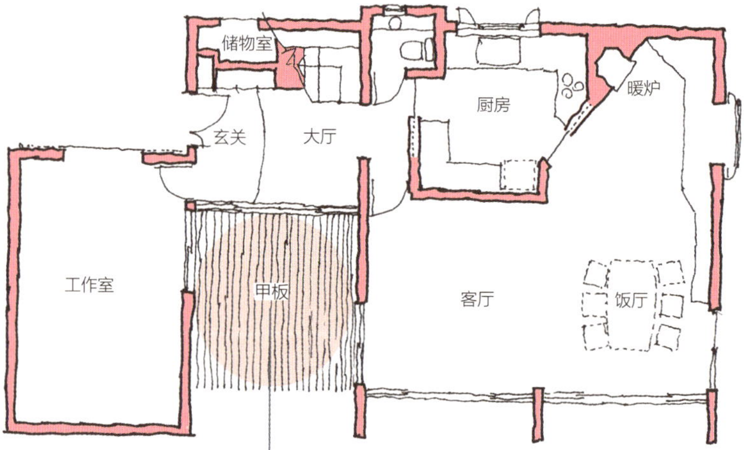

1F
1:150

为了更美味地喝啤酒而设置的露台甲板。这是一个典型的优秀实例，能够将顾客比较抽象的希望以具体的形式展现在设计中。

让二层客厅更舒适的手法 88

建房用地处在都市建筑密集区时，可以把客厅设计在二层，这样在确保日照采光和通风的同时，还有可能观望到远处的景色（通过建筑物之间的缝隙或者近处有公园可作为借景）。

客厅设置在二层的代价是失去“接地性”。虽然从客厅可以轻松一跳到自家庭院，但是接触泥土的乐趣也随之消失。弥补这些缺点的方法很多，在此介绍其中一种。

首先，把二层客厅中条件最好的南侧窗边作为生活的中心，窗台设定为方便人坐下的高度，并设计成长椅风格。在固定的长椅下方放置空调的室内机，这样起到调节窗边温度的作用。长椅的外侧为钢筋水泥制的探出式飘窗，窗户幅宽足够排列摆放花盆。可以种植季节性的花草取代院落中的大型树木，同样能够体验收获的快乐，也可作为对无法从二层客厅走到庭院的补偿。

二层客厅南侧细长的大型窗户向外突出部分用来摆放花卉。在此种植花草可以弥补二层客厅远离地面的缺陷。

建筑物突出的飘窗部分用于摆放花盆，窗台基本占据了细长的客厅一个侧面。

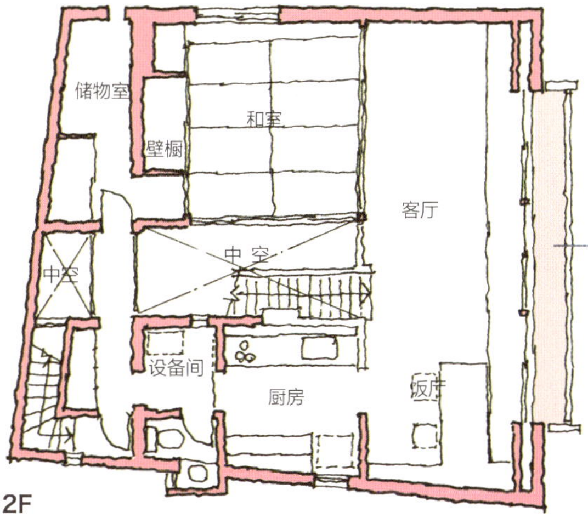

2F

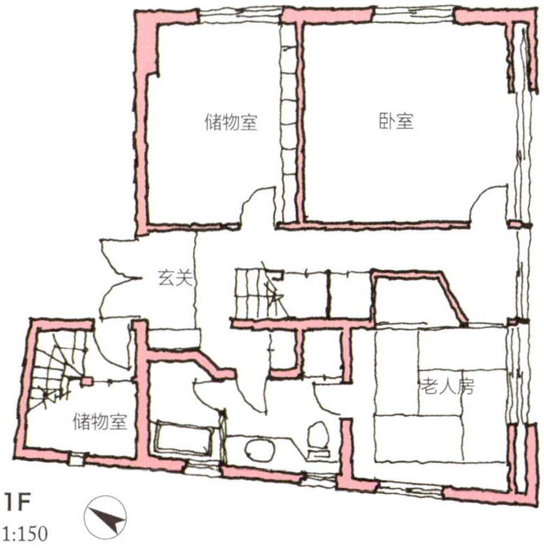

1F
1:150

89 条件受限时客厅设在二层

将客厅设置在二层，通常都是处在都市狭小的建房用地。但有时，即使不是在建筑密集的都市地区，客厅设置在二层可能在日照或采光上取得更明显的效果，也是其理由所在。

例如，郊外的住宅开发地中，虽然建房用地规模达到标准，可因为土地形状，自己的建房用地和南侧邻居的建房用地存在高低差，有时这种差异高出近一层。南侧的建房用地建造的是二层住宅，从自己的建房用地南侧望过去，面对的是整栋住宅的墙壁，这样自己的建房用地南侧将终日位于阴影之中，根本得不到日照。

像这样的情况，为了确保心情愉悦可以把客厅设置在二层。

在此介绍的设计图，就是类似受条件制约的建房用地。虽然建房用地规模有一定的优势，但即便修建庭院也难以良好的种植植物，所以没有必要执拗牵强。住宅建在北侧，并且在二层设置客厅，确保日照和通风，居住起来心情愉快。

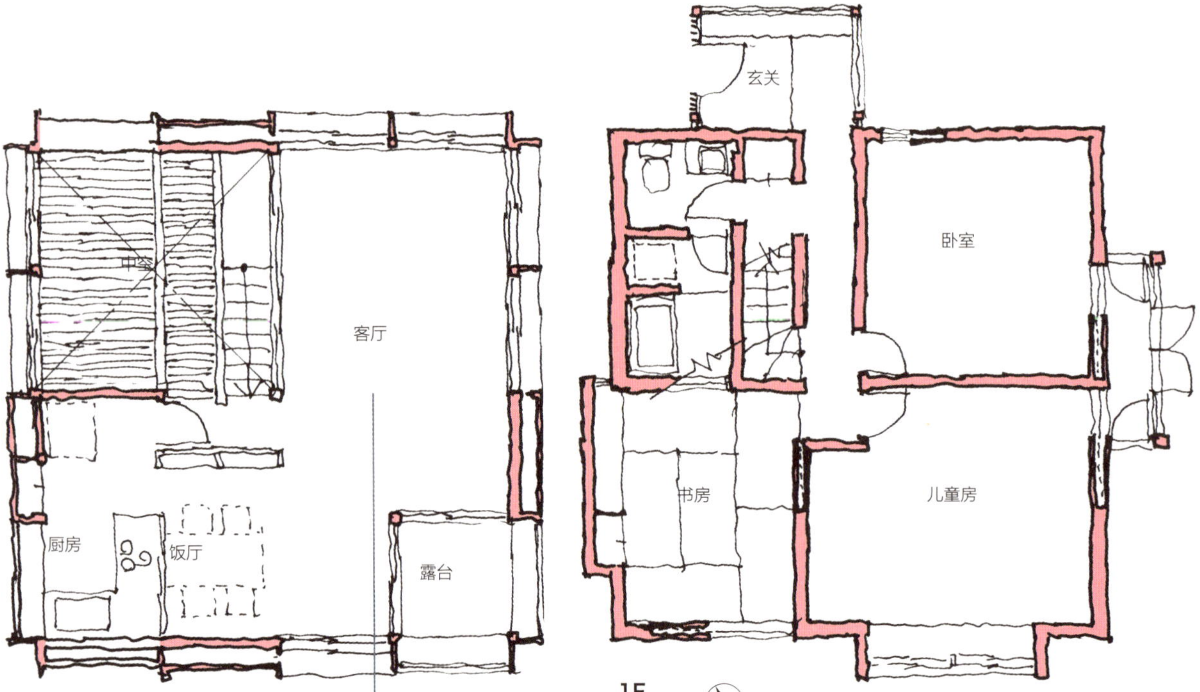

1F
1:150

2F

建在坡地上的住宅，客厅在二层。一层的玄关直接连接通向二层的楼梯。

在向东倾斜的坡地上建造的住宅。考虑到房间与地面的连接，以及更方便眺望景色，把客厅设置在二层。

把客厅设置在二层，是由于建房用地位于郊外开发地，建房用地的地面在高度上较周边的土地低，一层面南，无法获得充分的日照。

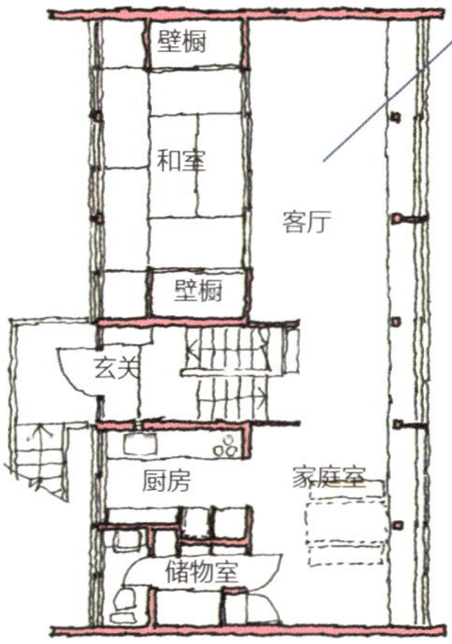

2F

二层客厅面南方向的一侧尽可能采用宽大的开口，借此弥补无法从一层获得采光的缺陷。

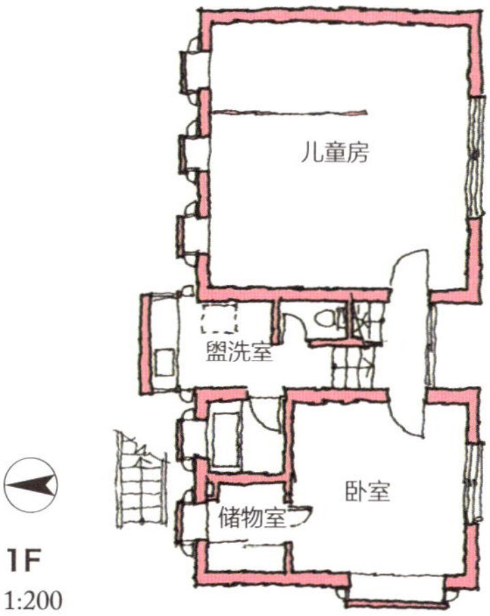

1F
1:200

对建房用地及其规模，以及与道路的关系等各方面的条件进行考察后，把客厅设置在二层是理所当然的。

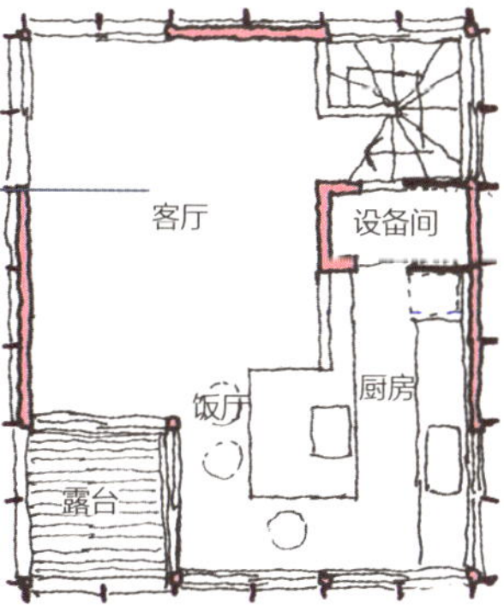

2F

这栋住宅的建房用地地形特殊呈三角形，面积不大且坡度过大，东西的邻地高于自己建房用地，后面被滑坡防护墙紧逼，直接邻接道路，因此只能靠近滑坡防护墙建造住宅，客厅就自然而然地设置在二层。

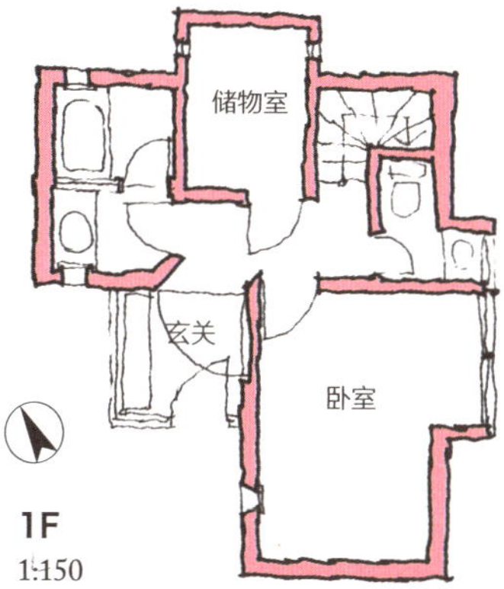

1F
1:150

90 为一体型房间设计“掐腰”

一体型房间是住宅中最大的房间。因此，大多数一体型房间里都会加入客厅的元素。客厅按照开放区域进行分区。为了便于使用，多与饭厅和厨房设计在一起构成LDK一体型房间的形式。

当家人共有的空间划分为开放区域时，L、D、K作为开放区域确实比较合适。但假设在这个开放区域中有来客进入时，L属于开放区域还算妥当，而D和K则更近似于隐私区域。即便将这三者综合在一处，L和DK还是有所不同的。

这种差别可以通过设计图表现出来。在此介绍的实例中，一体型房间幅宽不一定必须保持一致，在空间上LDK是连续的，但排列的形状则为葫芦形，即在L和DK之间设计出掐腰。这样在形式上划分开公开性氛围较强的空间与带有隐私性氛围的空间。

为了设计“掐腰”，把楼梯设置在此，整体设计变得更加和谐规整，也可以换厨房为和室，或者独立型的厨房。

这间什宅的二层为一体型房间，客厅与饭厅之间夹着楼梯，楼梯成为空间上的『掐腰』，这样分离了性能不同的客厅和饭厅。

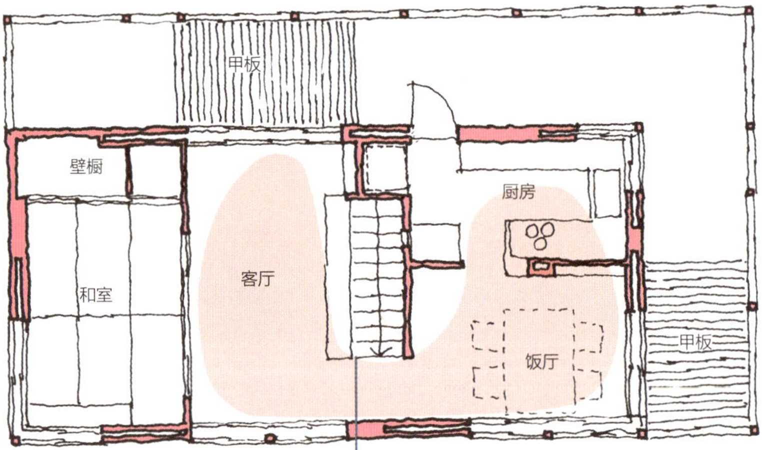

2F

二层为一体型房间，通过设置在中间的楼梯将饭厅和客厅区分成两部分。楼梯处即成为“掐腰”部分。

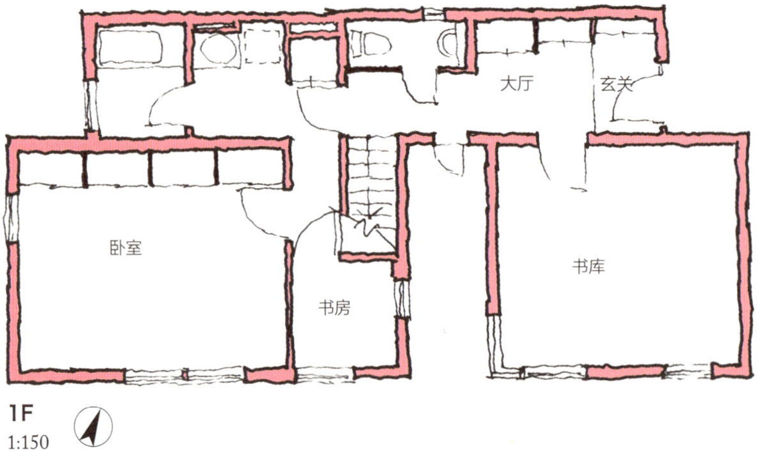

1F
1:150

在设计图中，一层中央处设置的斜向的『掐腰』，达到了区分东、西空间在使用上不同的目的。由于建房用地的地形细长，建筑本身以及建筑物内的一体型房间都呈细长状，因此通过『掐腰』让设计变得更规整和谐。

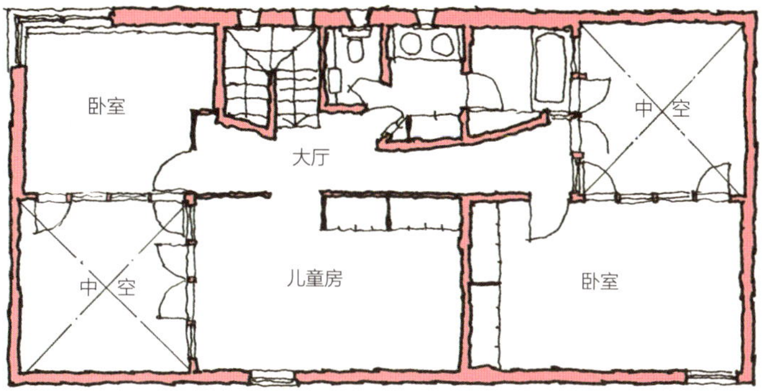

2F

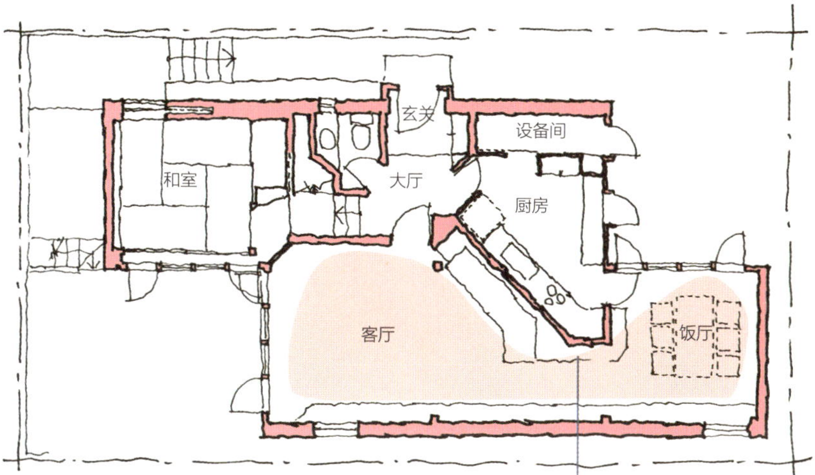

1F
1:150

一层厨房在住宅中以45° 角倾斜，一端成了客厅和饭厅的“掐腰”，得以划分出左右两个空间。

设计图中的二层为LD的一体型房间，属开放区域。其中，为了把隐私要素较强的饭厅和开放要素较强的客厅分开，利用楼梯作为『掐腰』。

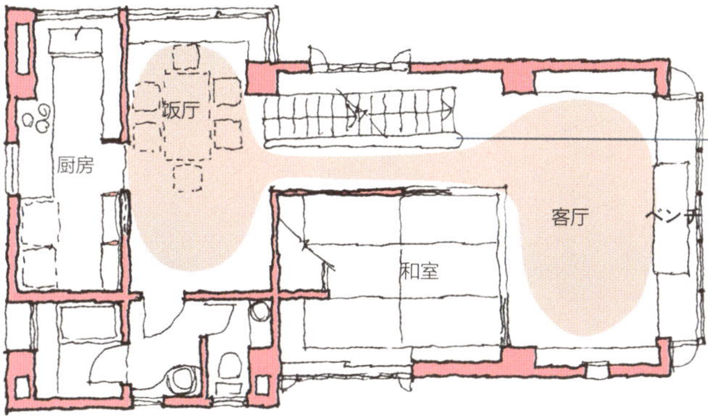

1F
1:150

这里的“掐腰”是从玄关直接到客厅的楼梯，起到了分割客厅和饭厅的作用。

91 在房间中设计具有独立性的视角

由于受到各种条件的制约，当住宅无法达到预期的规模，且不能按照用途划分房间的情况下，设计一体型房间能够获得良好的效果。

仅仅为了确保房间数量，让每个房间的大小都很勉强，结果哪个房间使用起来都无法称心如意。相比之下，将几个房间的功能综合在一起，确保空间上的开阔规整，这样无论做什么都能保持心情愉快。

当然，一体型房间根据功能才能达到预期的使用效果，因此为了对应多种使用方法需要精心设计。

例如，在房间某处设置完全嵌入的推拉门，在必要时通过推拉门分离一体型房间为多间房，这样当有客人突然来访时，能够把“公”和“私”的空间分割开。

在一体型房间里的饭厅或者客厅，可以根据区域改变地面高度，让各自的领域明确化，也会更加便于使用。当然，地面的高低有变化，无法达到无障碍房间的标准，要根据每个家庭的构成以及约定好的使用方法进行设计，才能够取得良好效果。在做区域划分的设计时，也可以利用低矮家具进行分区。

一体型房间，如果只是作为宽阔的房间使用起来不太方便。这个设计中，首先对各个部分的使用方法做了设想，在此之上划分区域，这样在共享开阔空间的同时，也能够心满意足地使用各局部区域。

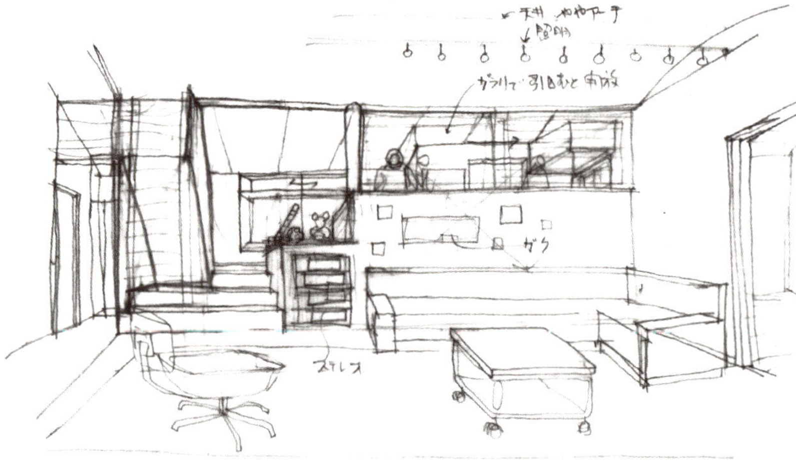

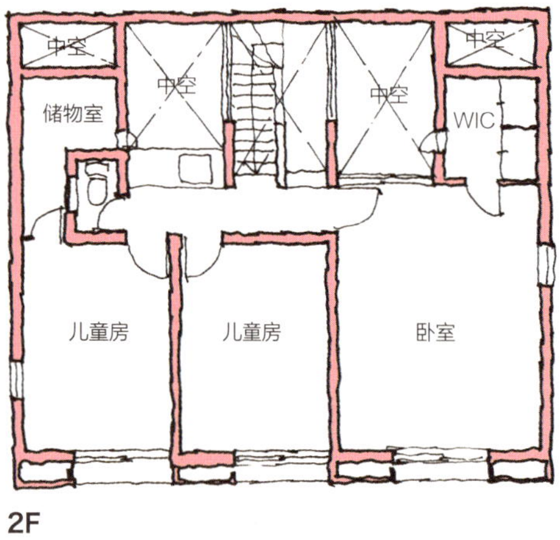

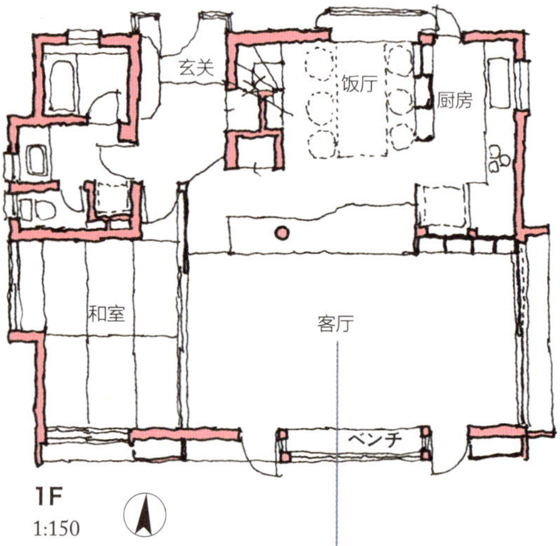

一体型房间中的客厅，连接各个区域。各个区域又保持各自的独立性。

卧室的独立性 92

设计时的分区是指把住宅分成开放区和隐私区，卧室是属于隐私区的代表性房间。

卧室一般是指夫妇使用的房间，也称为主卧室。同样属于隐私区的儿童房，实质也是为了让小孩睡觉的房间，卧室在名称上就是以睡觉为目的的房间。因此设计卧室时安睡的条件要作为首选条件参考。

影响睡眠质量的因素有很多，其中之一是不受噪音干扰。为了防止外部噪音的传入要采取相应的措施，但对于同属隐私区的卧室和儿童房，仅以一面墙壁相隔效果并不佳。如果卧室与儿童房相邻，可以在其中间设置固定的书架或衣柜，还可以利用储藏室和橱柜彻底隔音。卧室要避免设置在住宅的正中央，避免被其他房间夹在中间，这样很难确保隔音效果。

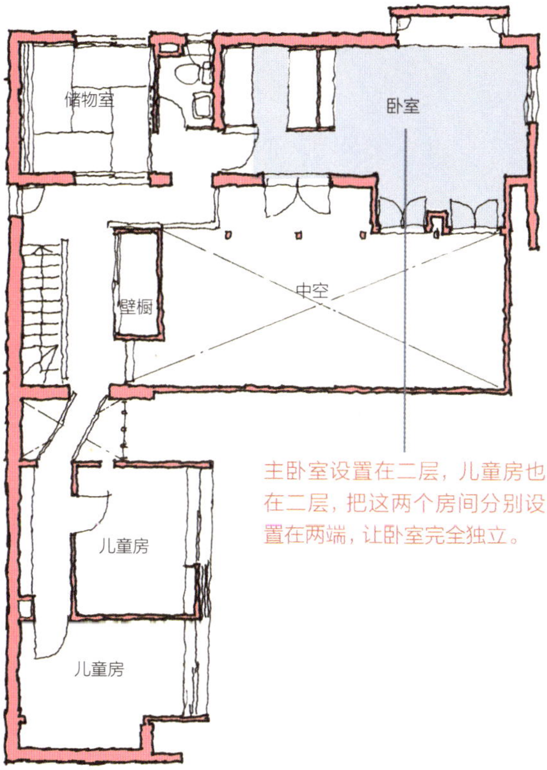

主卧室设置在二层，儿童房也在二层，把这两个房间分别设置在两端，让卧室完全独立。

2F
1:200

卧室，特别是夫妻的主卧室，要像这个设计图一样尽可能保持其独立性。位于二层儿童房的相反位置，而且在中空结构的对面，与其他房间完全分离。

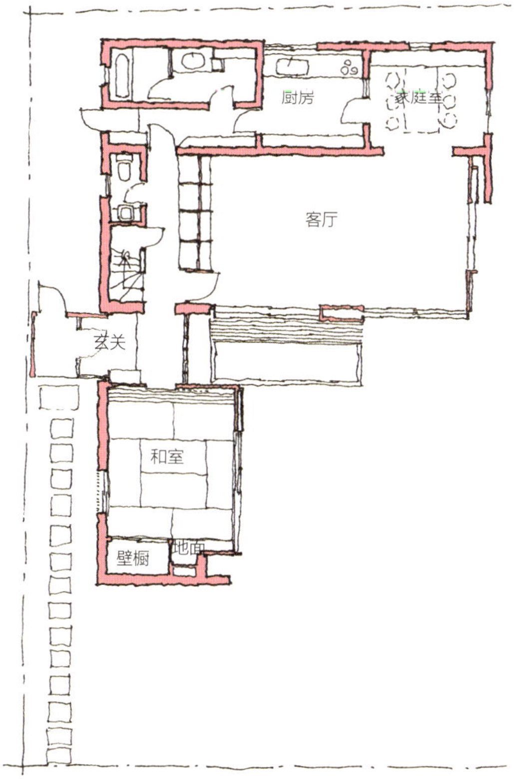

1F
1:200

二层的房间呈排列状，虽然希望确保各个房间的隐私性，但没有余地分离卧室和儿童房。像这种情况，可以利用衣橱等用来收纳的空间分离卧室与儿童房，也有很好的效果。

1F
1:200

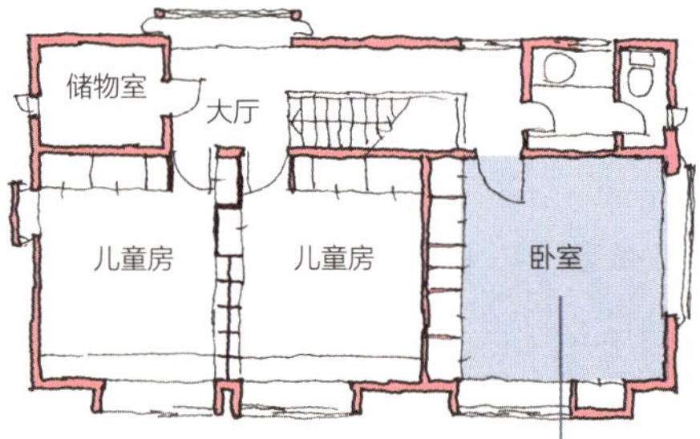

2F

卧室与儿童房之间设置收纳空间，确保卧室独立性。

通过卧室与儿童房之间的储藏室和步入式更衣间，确保家人之间的隐私。

希望确保卧室的独立性，但在空间上又无法采用中空结构时，可以像这个设计图一样，在与相邻的房间之间设置储藏室或者步入式更衣间。这些房间非常适合附属于卧室。

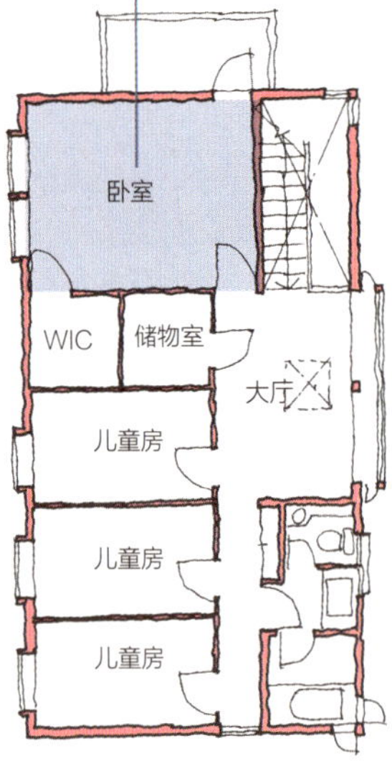

2F
1:200

通过书房才能进入卧室。墙壁与其它房间没有连接，具有良好的隔音效果。

由于住宅整体规模较大，卧室基本保持了较高独立性和隐私性。位于二层L字形一端的卧室，与三个儿童房没有接点。而且，需要经过书房才能到达卧室，书房与旁边的储藏室共同确保隔开卧室，与其他房间完全分离。

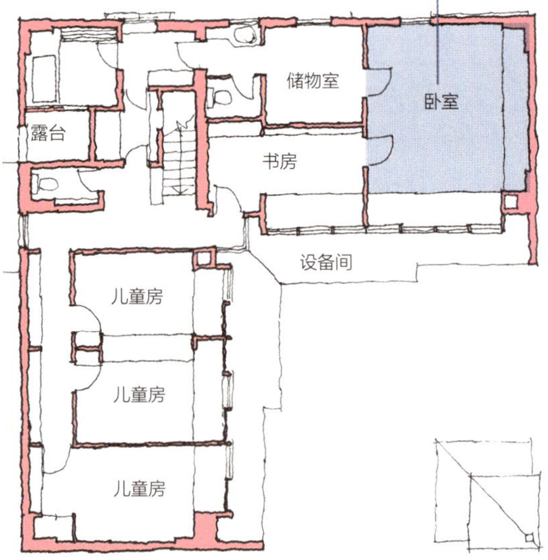

2F
1:200

93 卧室可以暗一些

宫胁先生说过，“希望卧室能够像子宫一样”，先生心中描绘的卧室特征是柔软、毛茸茸、温暖、昏暗的。这些形容词都描绘着安静、安心、安睡，都是卧室不可或缺的条件。

但是，在建筑基本法中卧室被定义为居室。居室是指以居住等为目的连续使用的房间。以能够健康、安全使用为前提条件，需要根据基本法来决定设置用于采光和换气的窗口。

卧室也必须按照这个基准设置窗口，那么就有可能过于明亮。这里可以利用挡雨窗来遮光。最近，取代套窗使用能够在房间内部进行操作的遮光装置有很多。这些装置，在旅馆客房的窗户上能够见到，可作为参考。例如，遮光窗帘和百叶窗、遮光隔扇等。

在此介绍的实例使用带有遮光罩的天窗，可以尽可能地减弱房间地面、墙壁的反射光，使用深灰色为基调，确保房间足够昏暗。

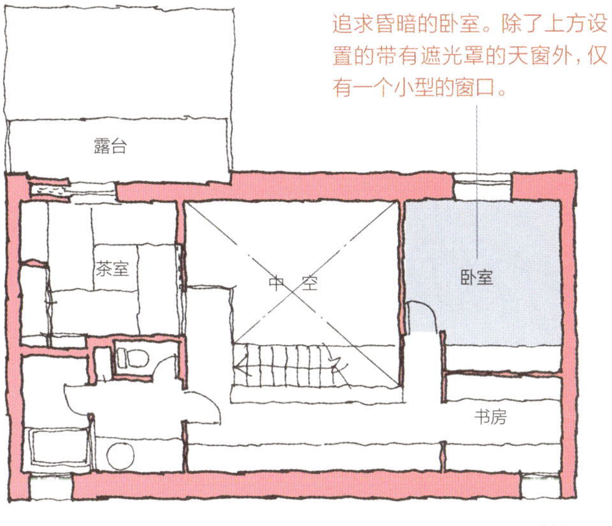

3F

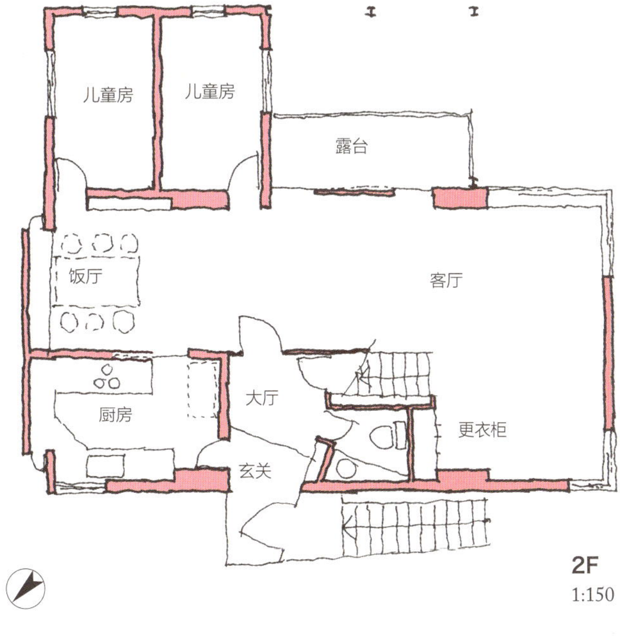

2F
1:150

卧室作为居室，需要按照规则设置能够采光和通风的窗口，如果设置通常的窗户则过于明亮，难以达到在昏暗中安睡的要求，因此有必要采用一些遮光装置。

94 附属于卧室的空间

卧室基本上为夫妇睡觉的房间，由于是夫妇专用的房间，因此还可以有很多的利用方法。

例如，作为夫妇专用的客厅在此度过睡觉前的时光。如果在此阅览公司的文件等，就可以发挥出书房的作用。当然，这里还是换衣服的场所，以及各自保管私有物品的场所等。可以根据卧室空间大小设定多种使用方法。

附属于卧室的空间大小和设定的使用方法也要随之发生变化。首先必要的是衣橱空间，夫妇各自的日常服装、季节性服装、婚丧嫁娶用的服装等，收纳如此多的服装，即便利用固定家具覆盖整面墙壁，也可能会感觉墙壁的长度不足。

在此可以设计一个占用最小空间附属于卧室的步入式更衣间。

对收纳在此的衣物种类和数量、收纳形式等进行详细调查后，对衣架的数量和房间纵深的长度做估测，收纳量一定会比预期的多出很多。虽然各种测量计算比较繁琐，但是非常值得尝试。

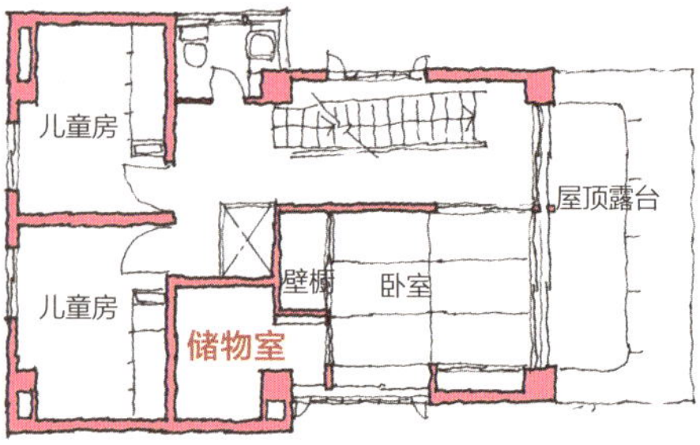

3F
1:200

卧室里设计了附属的收藏室并且安置了能够收纳小物品的架子。

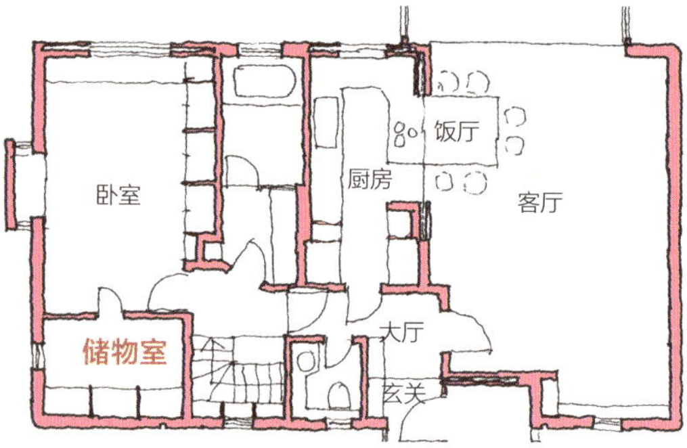

2F
1:200

在卧室中设置用来收纳衣服的衣柜是理所当然的，在此卧室中还设置了附加的收藏室。实际也确保了空间宽裕。

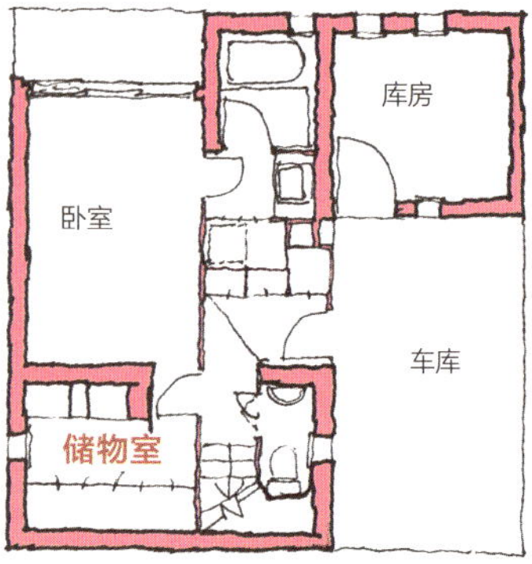

1F
1:200

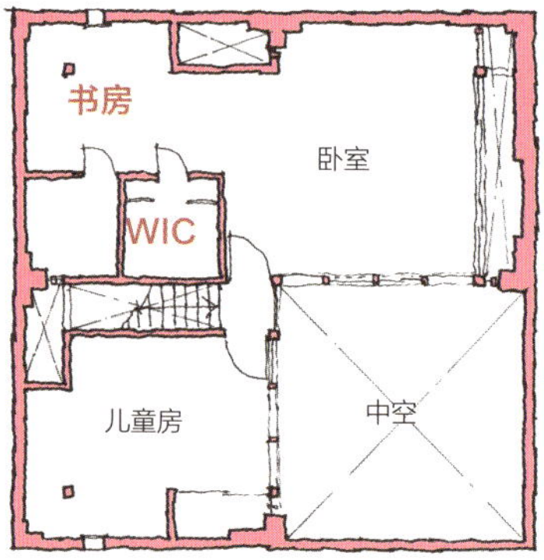

2F
1:200

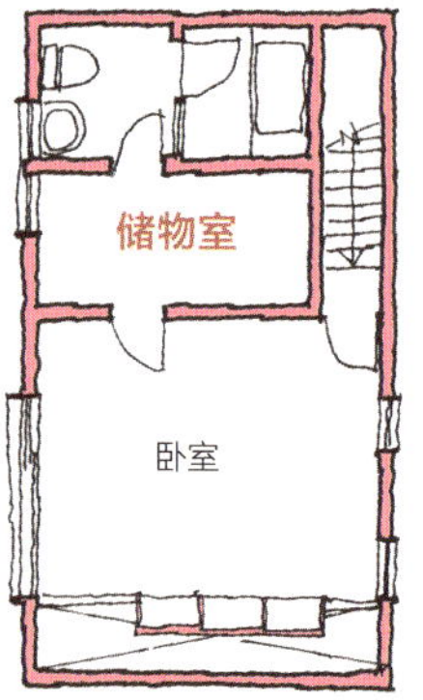

2F
1:200

卧室内有储物室，还有步入式更衣间、浴室和卫生间。

卧室附属书房和步入式更衣间的实例。房间有多种使用方法。

附加在卧室里的收藏室，其前方设置了浴室和卫生间。东侧是中空结构。

榻榻米房间——客厅的一部分 95

在铺榻榻米房间的布局上，可能最常见的形式是榻榻米房间属于客厅的一部分。

设计榻榻米房间时主要有两种方法，一是保持榻榻米独立的同时作为客厅的连接房间，二是将地面设置为榻榻米作为客厅的一部分使用。

宫胁檀建筑设计所采用什么样的设计方案呢？绝大多数情况下，利用隔扇把榻榻米房间隔开，能够保持其独立存在，又与客厅相连。

实际使用时，通常隔扇处于完全开放状态，榻榻米房间也随之成为客厅的一部分。经常听说的使用方法是把暖桌搬到这里大家围坐吃火锅，或者正月期间全家人在此进餐。感觉是坐在榻榻米上的LD。

在必要的时候还可把隔扇关上作为独立的和室使用。可以在这里穿脱和服，或者让来客在此休息等。

像这样没有特定的使用方法的空间，即能够自由随意的使用独立空间，又可以作为客厅的一部分使用，比客厅有着更加实用的使用方法。

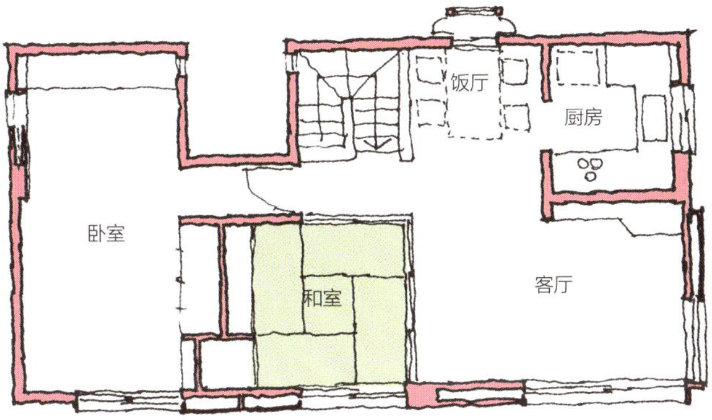

2F
1:150

住宅的二层为客厅，与客厅相邻的是榻榻米房间。这间塌塌米房间作为佛室使用，当然也可以作为客厅的延长使用，或者还可以作为客人留宿的房间使用，具有灵活的使用方法。

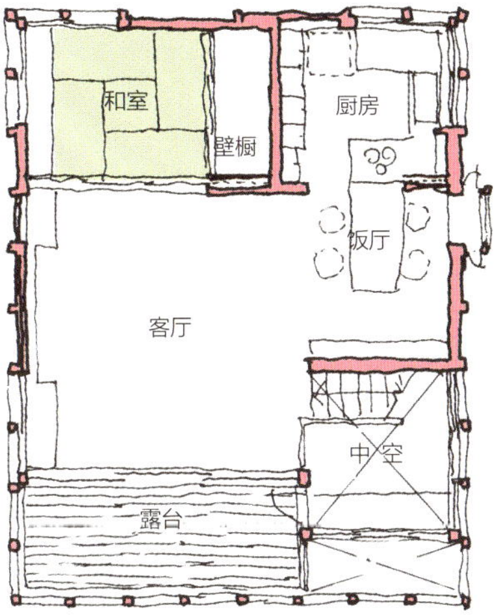

2F
1:150

与客厅相连的和室可以作为备用房。面积为$6m^2$米多，打开推拉门后与客厅成为一体。

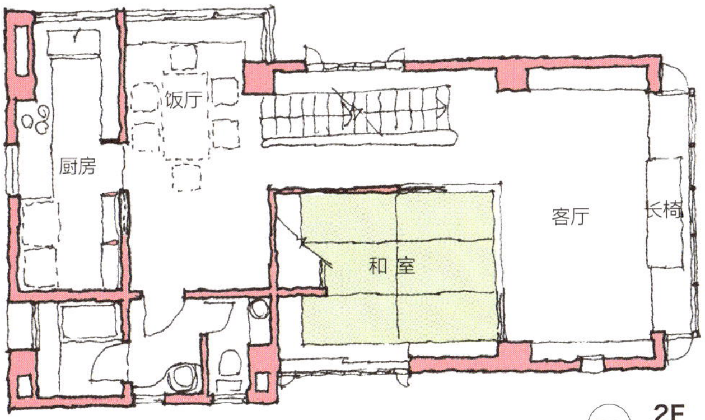

2F
1:150

一层为办公室，二层三层是居室，此图是二层。客厅不是很宽阔，与榻榻米房间连接，如果打开榻榻米房间两个方向的门，榻榻米确实变成了客厅的一部分。

96 榻榻米房间——两个房间相连

房间可以按照和室和西式房间分类。铺榻榻米地面的是和室，铺地板的是西式房间。

两间和室并排相连，中间用隔扇隔开，这样的设计在以前的中产阶级家庭的住宅中经常见到。

以前在自己家里，举行婚丧嫁娶等活动时大量的亲朋好友聚集在一起，需要有宽敞的空间。这时去掉中间的隔扇，把两个房间作为一个大房间使用，这也是常见的形式。

即便是现在，也有不少地方依然保留在自己家里进行婚丧嫁娶的习俗。因此两间相连的和室还是必不可少的。平时来客多的家庭，或者喜欢聚会的家庭，这种形式确实很方便。

在住宅中如何把两间房间连接起来，请参考这里介绍的实例。可以是独立的大型榻榻米房间，或者是与旁边的西式客厅邻接构成一体型房间，方法是多种多样的。

房间接合时，一般是把隔扇去掉暂时放到别处，也可以采用嵌入式滑动门。

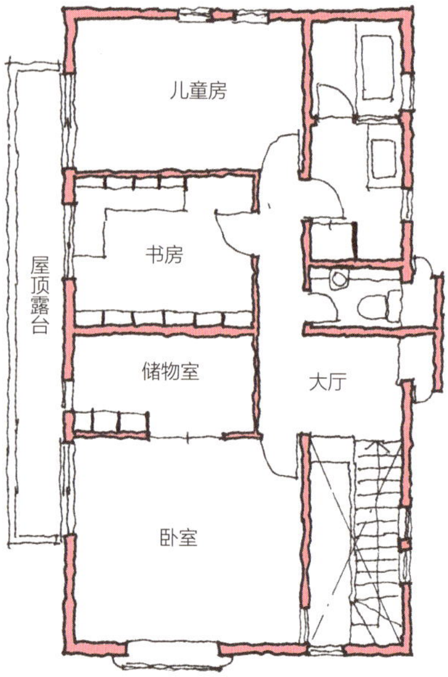

2F

榻榻米房间作为客厅使用。去掉连接的隔扇后面积有22平方米左右，能够对应各种使用情况，这也是榻榻米房间的优势。

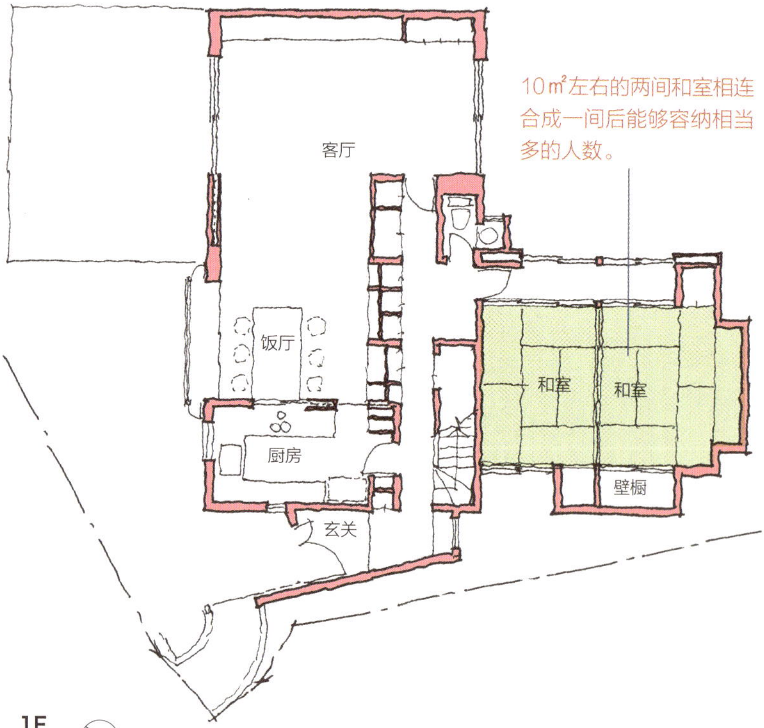

1F
1:150

和室可作为卧室、日式茶室、客人卧室，把相邻两间的隔扇全部打开后，能够达到24平方米左右大。从客厅望去，犹如会场一般，使用方法更是多种多样。

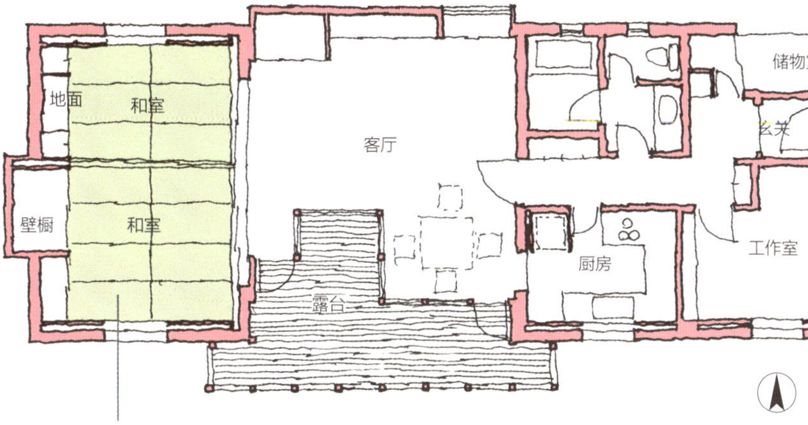

1F
1:150

14㎡和11㎡的两间和室相连接。打开隔扇后，与带有大露台的客厅连成一体，变成相当宽阔的空间。

这是四层建筑的一层部分。楼上是家人的居室，这两间和室是为来客人数较多时准备的。连接成一间后达到24平方米，即便一下子来很多客人住宿也不成问题。两间和室被室外走廊连接在一起了。

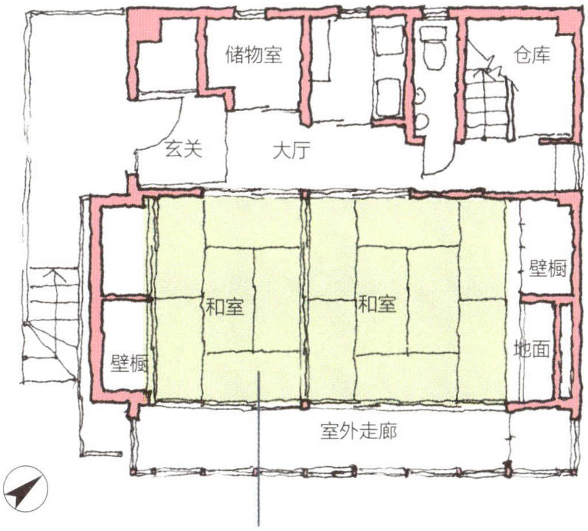

1F
1:150

11㎡和14㎡两间相邻的和室。本来就是来客较多的家庭，这样的设计是为了容纳更多的客人留宿。

97 榻榻米房间——合居父母的房间

宫胁先生常常说“睡榻榻米还是睡床，最好是由居住者自己来决定”。的确，根据睡眠习惯不同，房间的样式也会有所不同。

在宫胁檀建筑设计室过去所设计的作品中，两代合居住宅中，铺设榻榻米的房间多为父母的房间。也许上一代人已经习惯了榻榻米上的生活，上了年纪的人还是会选择榻榻米吧。榻榻米房间里没有椅子桌子等家具，可以直接坐在地面上，所以房间的任何角落都可以利用起来。房间有开阔感，在使用方法上具有灵活性，这也是榻榻米房间受到青睐的理由。

即便如此，现在老年人选择和室的情况也在减少。因为现代住宅中，榻榻米房间越来越少，将来熟悉榻榻米的人也会减少。相反，坐在椅子上躺在床上的生活变得理所当然，两代合居住宅中榻榻米房间也在不断消失。

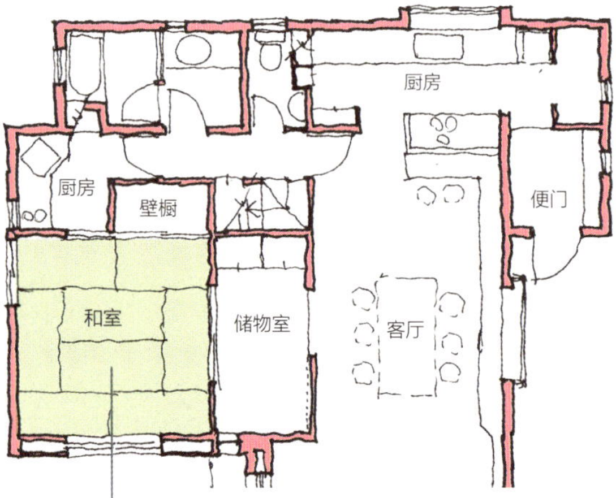

和室作为合居父母的居室。距离厨房、浴室和厕所都很近。

此位置为父母的居室。相反方向的主卧室里也铺设了榻榻米，提高了客厅的灵活性。

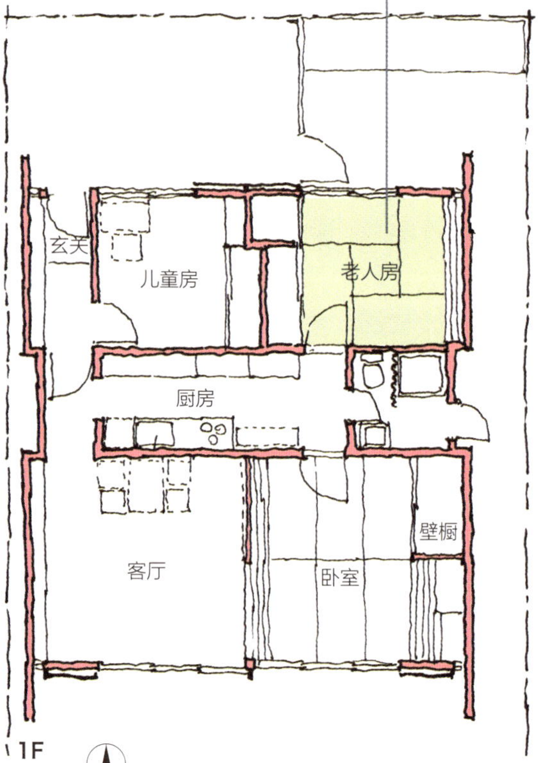

父母的房间铺设榻榻米，在与房主协商设计时就已决定好了。父母一代习惯了榻榻米上的生活，并且住宅面积有限，所以尽可能以房间的灵活性作为设计的出发点。

两代合居住宅中，父母上了年纪习惯榻榻米上的生活，所以父母房间里铺设了榻榻米。榻榻米房间具有灵活性，所以一般也可用作备用房。

榻榻米房间——备用房

所谓的备用房是指使用方法还没有确定的房间，换句话说就是有多种使用方法的房间。

备用房可以采用日式风格，也可以采用西式风格，只要没特殊用途，具有灵活性的榻榻米房间更适用于多种用途。但是根据榻榻米房间在住宅内所在位置，可以决定是供家人使用还是供客人使用。

住宅中会出现多种榻榻米房间，例如像日式茶室等专为特殊的使用目的而设置的榻榻米房间。如果是茶室，必须协商好使用者和使用目的再进行设计。正式的日式茶室对细节的设计，如对榻榻米本身的处理、炉子的设置、茶具柜的位置等，根据流派的不同章法规矩也不同，因此需要做好事先调研。而还有些茶室是专门为了用于练习茶道而设计的。

提到练习，习字的练习场所等也可以设置在榻榻米房间。另外也可用于书法教室的和室。这些房间不仅是单纯的铺设榻榻米的房间，而是考虑到作为教室的功能，放置物品的空间也是不可或缺的。

榻榻米房间长久以来一直为人所熟悉，大家都懂得榻榻米的使用方法（虽然最近榻榻米房间逐年减少）。作为业余学习的教室使用时，即使不确定人数也可以轻松使用，非常方便。

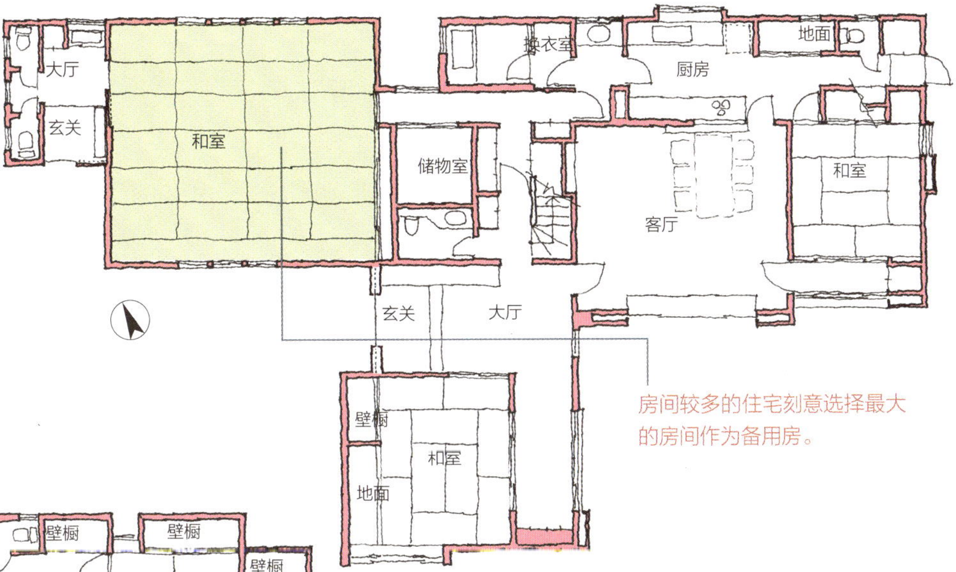

房间较多的住宅刻意选择最大的房间作为备用房。

1F
1:200

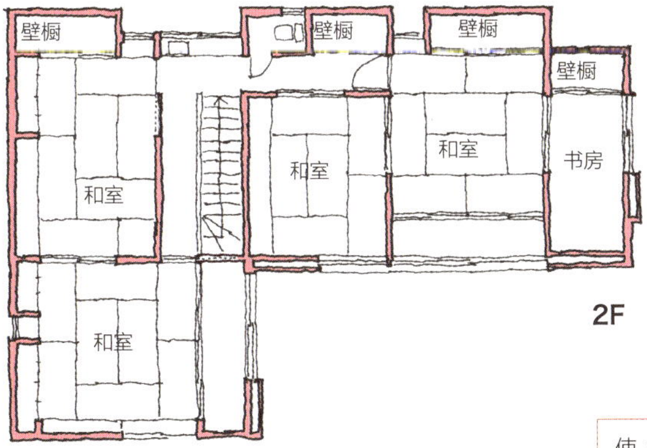

2F

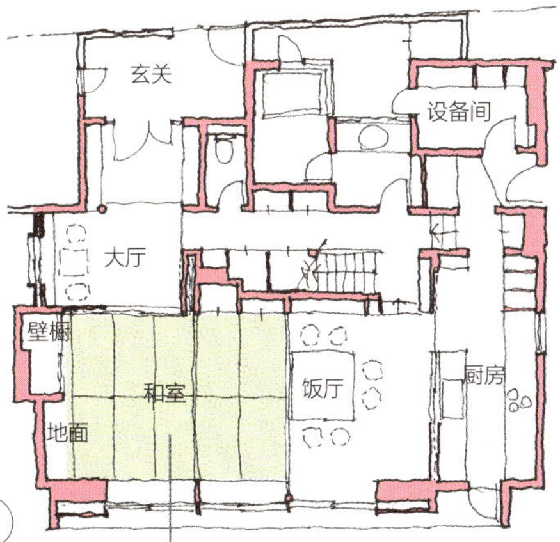

和室与饭厅相连接具有备用房的特征。

1F
1:200

和室与一层玄关大厅相连，可以作为11平方米的客厅使用。通常隔扇完全开放与饭厅连成一体使用，形成17平方米的家庭室，也是榻榻米房间非常灵活的使用方法。

99 留宿客人较多的家

虽然现在留宿客人的机会与以前相比少了很多，即便如此，在与客户协商设计时，客户还是希望为突然来访的客人，或者农村来的亲戚提供留宿的场所，即要求一间备用房。在这种情况下，多数是用客厅的一部分铺设榻榻米的方法。

与亲朋好友交往频繁的家庭留宿客人的情况随之增加。考虑到房间的兼容性，多数把备用房设置榻榻米。但是宫胁先生却认为，只要在客厅中的长沙发上加一条毛毯就能解决问题。

在此介绍的实例是，在一层准备两间相连的榻榻米房间，以便有客人留宿。之所以设置两间连接房间，主要是考虑到灵活性，即使有两组客人同时留宿，也能够灵活应对。

在这层中设置了专用的卫生间，并且配备了小厨房。主要是考虑客人可以自己动手丰衣足食，比如倒水喝茶，打理房间，或者食用外面买来的盒饭，还可以煮方便面等。这样留宿的客人不会有过多的顾虑，下次还愿意再来。

客人留宿较多时，一层配备了两间相连的和室以应对各种需要。为了能够各自单独准备简单的用餐和茶水设置了小厨房。

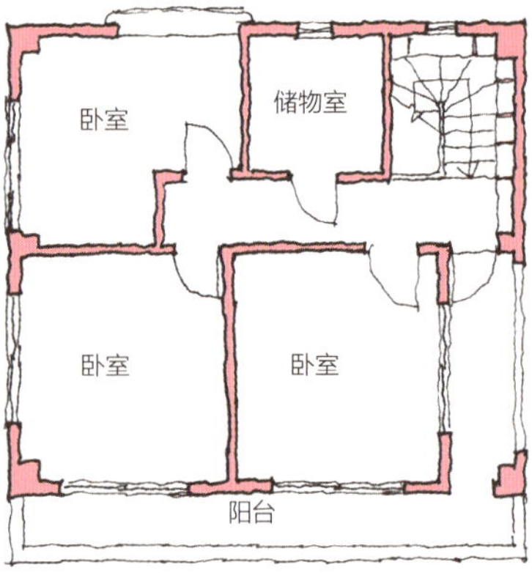

3F

客人留宿较多时还是这样的榻榻米形式更加适合。

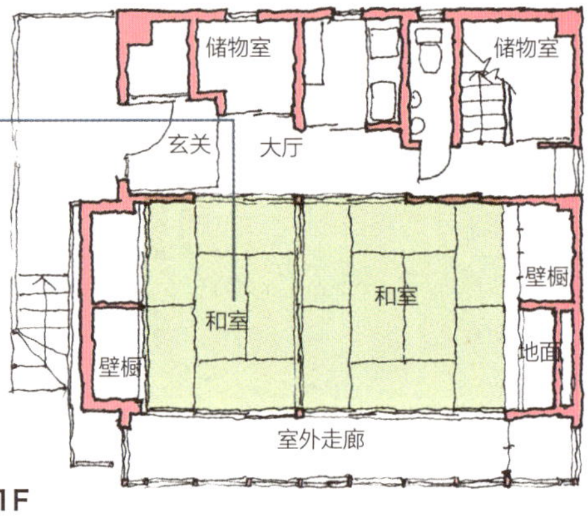

1F

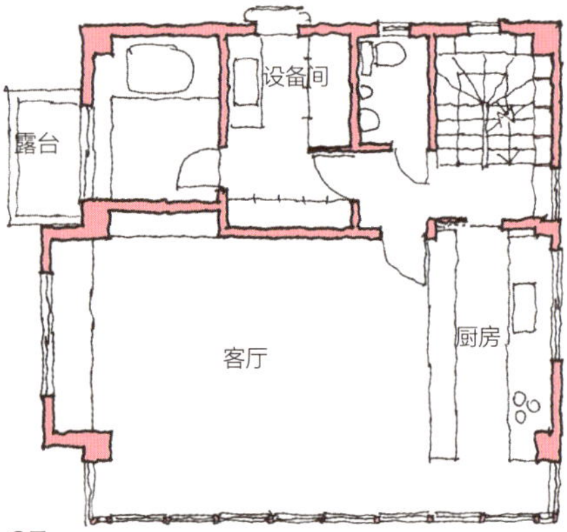

2F

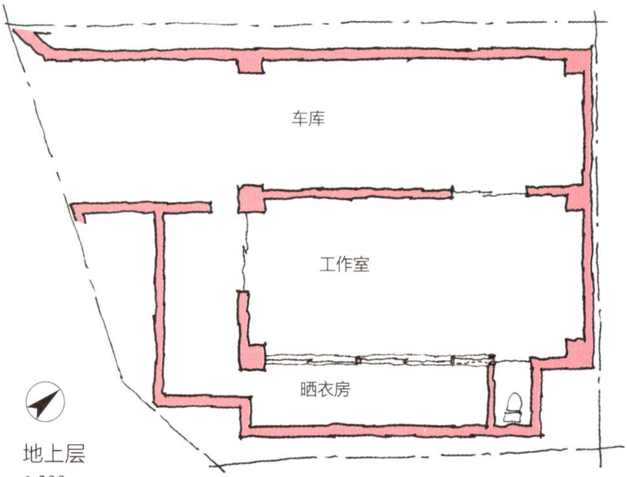

地上层
1:200

提到简结生活样式，首先想到的是家里的摆放的物品少（不杂乱）。在此以传统的日本住宅为例介绍这种住宅的风格。

传统的日式住宅在房间中只摆放必要性最小限度的日常用具，并按照季节更换这些日用品。这种方法通过平时注意减少物品，习惯性的形成简洁明了的生活方式。为了保持这种风格，需要存放各种日常用具的空间，可以是仓库，也可以是收藏室。

在此介绍的实例是现代风格的住宅，房间里的物品很少，在设计中也体现出追求简洁的生活模式，在房间的四周利用建筑本身的形状设置了收纳空间。如果收纳空间很容易被发现，房间反而杂乱无章，所以尽可能把收纳空间的门与墙壁面一体化，不体现出门的存在。

为了做到这一点，门面与墙面需要保持一致，而且门框还有门的合叶和把手等不要设计在表面上，这选定配件也有所要求。

这是夫妇二人的住宅，结构简洁明了。表面上看不出收纳空间的存在，收纳门的把手，合页以及门框都隐藏起来，与墙面保持一致。

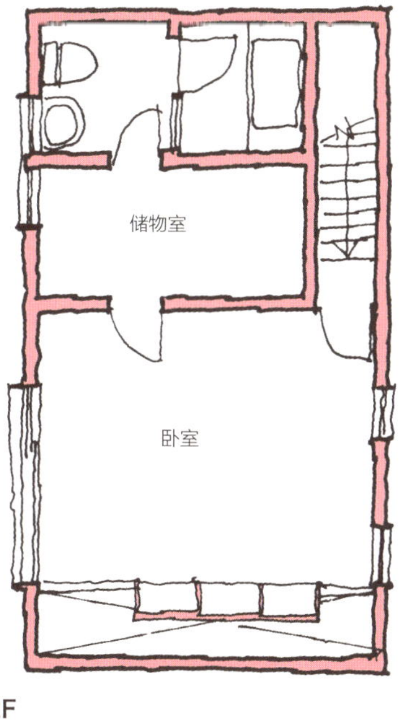

一层的收纳空间包围了客厅，而且在表面上察觉不出来。

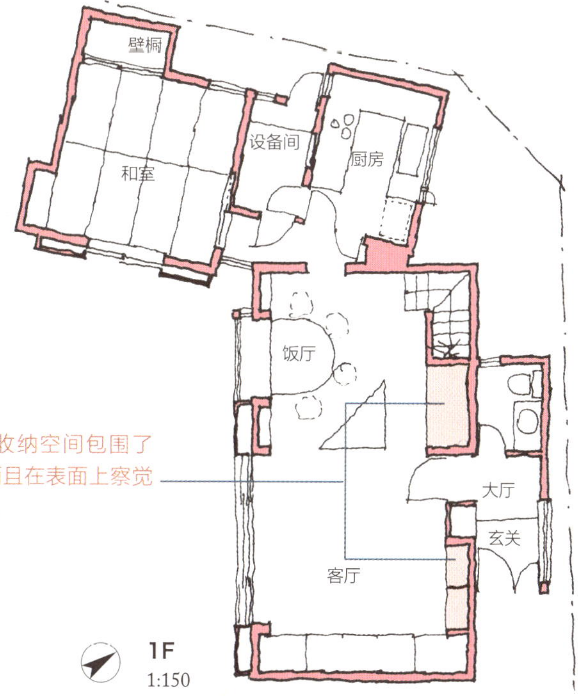

101 依据收纳物品大小规划储物空间

原则上，收纳空间应设置在有需要的位置。例如，室外使用的物品，当然放置在室外的仓库中。还有开放区家人共有的物品与隐私区个人的用品需要分别存放。

据说收纳空间所需的面积大约为住宅总面积的10%。当然也需要结合各家各户的实际情况才能决定。利用收纳空间要注意避免将所有物品都一股脑地放入收纳空间，导致放不下的物品只好堆放在房间中。

要想使收纳空间充分利用不是件简单的事。毕竟是在有限面积中分割出来的。所以事先需要调查收纳物品所需的容量，以便在设计时不浪费空间。

例如，玄关处存放鞋类、雨伞等雨具，以及大衣等衣服，有必要估算各类物品的容量进行收纳。从玄关地面到大厅的墙壁上设置收纳空间时，结合物品容量调整空间的纵深，如设计图中所示，收纳空间形成大雁列队型，最需要幅宽的玄关地面也同时能够得以保证。

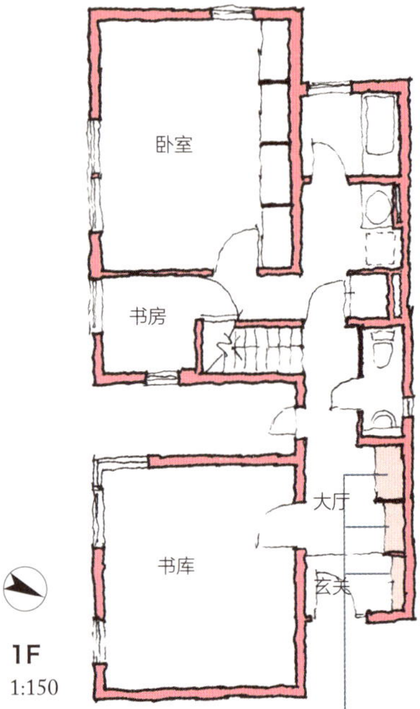

进入玄关大厅，右侧为并排排列的收纳空间。所需收纳物品已经落实，只要结合各自的宽窄放入即可。

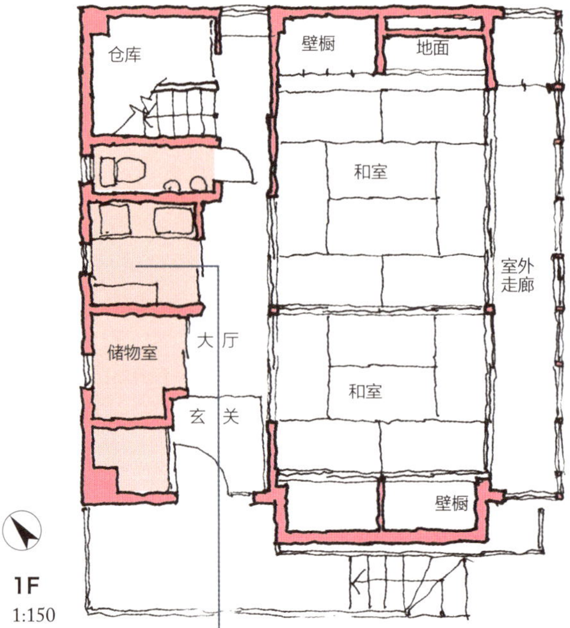

从玄关进入，大厅左侧逐渐变窄。收纳所需要的空间在内部得到确保。

在设计收纳空间时，如果物品没有完全整理好那么这个计划毫无意义。当所需存放的物品和场所已经落实后，应预先把物品的尺寸、形状和数量调查清楚，然后再设计与此相应的收纳空间。

从玄关地面一直到里侧的楼梯口，走廊的幅宽逐渐变窄。从鞋柜到卫生间，按照各自的收纳容量设计必要的收纳空间，以这种形状进行收纳。

将衣橱设置在住宅的中央 102

规模较小的住宅绝大部分房间为一体型，有的别墅中很难设置回转路线，其理由是一体型房间具有本身的魅力，没有必要特意设置回转路线。

即便如此，为了能够体验到回字形通道带给空间的开阔感，又难以抛舍具有魅力的洄游性设计。怎样才能在住宅中设计良好的回转路线呢？

在此介绍的实例基本都是L形一体型房间，在最里侧设置浴室和卫生间。

形状好像海螺，越往里走空间越狭窄，也正因为如此房间的形状很有趣。在海螺形的中心部分（建筑物的中心部）设置步入式更衣间，并且可以贯穿通过，将玄关，大厅与一体型房间的最里面部分连接起来。也就是说，在此步入式更衣间起到了回转路线的作用。

如果完全是海螺形状会出现死胡同，通过设置可贯穿的更衣间，空间更加有活力并且可以应对种使用方法。

衣橱能够从玄关和里侧的卧室进入，使用方便。

在住宅中间的步入式更衣间成为了这户小住宅的中心。

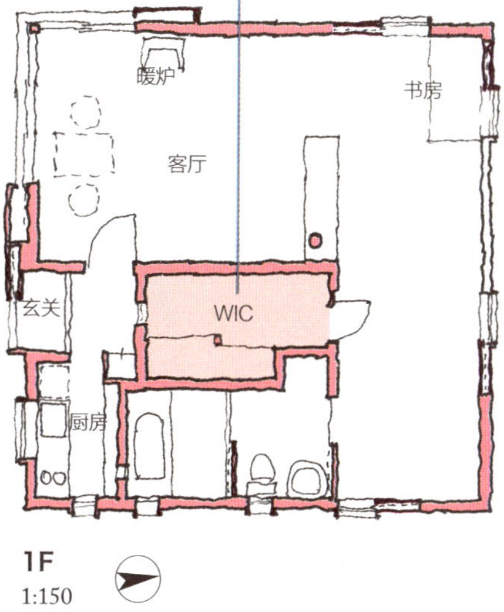

以步入式更衣间为中心的设计，且能够贯穿通过。这样形成了回转路线，减少了狭窄的感觉，还方便使用。

103 在哪里换衣服

我们会根据需要更换各种衣服。家居的、外出的（工作、购物、观看演出等），或者庭院里做园艺时的。

换衣服基本上是在衣橱前进行。暂且不考虑在卧室等私人房间里，日常工作的西服和回家以后的家居服在哪里更换，这样的问题应该事先进行设计。

一般一层为客厅和饭厅，二层为卧室的住宅中，首先穿家居服在一层吃完早餐，上二层换西服，再下楼出发上班。回到家时，上二层脱掉西服换上家居服，再下楼在客厅里看报纸。每天如此反复，时间紧的时候这样的动线会给人造成负担。

像这种情况，在一层客厅的一角，设置收纳西服和家居服的衣橱，预备正好能够更换衣服的空间，就会缩短动线，也减少和改善了那种四处乱放脱下来衣服的现象。

下例中，在客厅与合居父母房间之间，设置了具有缓冲带效果的储物室，也可作为更换衣服的场所。

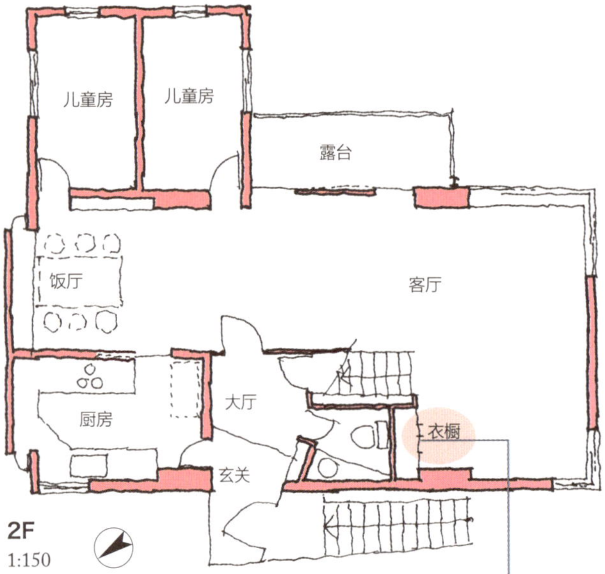

假定此处为换衣服的场所。

在客厅和饭厅所在楼层，设置外出前及回家后换衣服的空间（衣橱等），会更便于使用。所以把衣橱设置在客厅一角不起眼的地方。

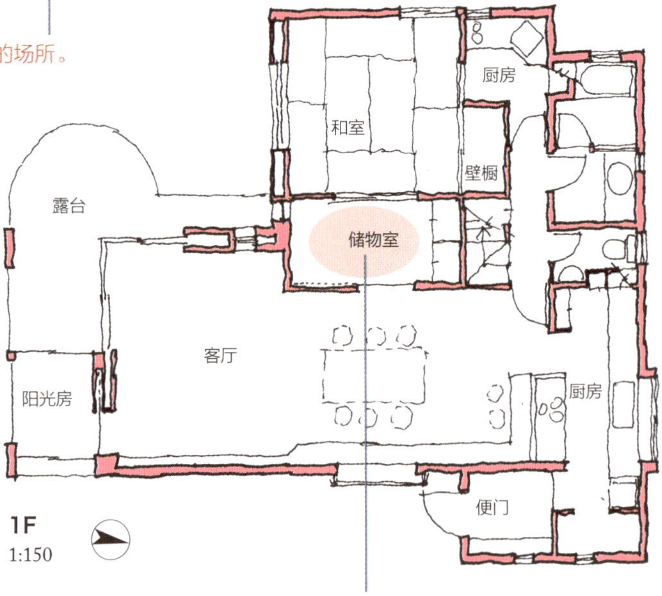

此处作为换衣服的场所。

卧室在二层，换衣服也在二层，一层是用餐场所，早餐过后外出前直接在一层换衣服会更加方便。回到家后不必特意跑上楼就能换好衣服。一层的储物室作为换衣服的场所。

设计图中称为家务室或者家务区。“家务”这个词汇根据《新明解国语词典》的解释含义为，1.家庭内的事情；2.家庭内和生活上必要的活动，如做饭、清洗、照顾小孩等。在其他词典中，记述为管理、经营家庭的活动。设计图中出现家务这个词的意思同《新明解国语词典》的第2项。在设计时，烹饪和育儿是分别处理的，以外还需要事先考虑谁做家务，并以此来决定做家务的房间才能够在使用上更加便利。

在此介绍的实例中，家务主要是由主妇担当。通过与主妇的另一个活动场所厨房相结合设计做家务的房间。

在此介绍两种方法，其一是把与连接厨房的便门设计得宽一些，用于做家务。把洗衣机放置在此，可以一边做饭一边洗衣服，而且能够从这里直接出入到屋外晾晒衣服。

其二还可以利用餐桌的一部作为做家务的地点，边烹饪时还可以在这接打电话，或者阅览文件，观望客厅里的情况等，这种设计偏重于如何有效地对家进行管理。

从一层的厨房到盥洗室、浴室的中间位置，设置吧台用于收纳小型物品。可以把电话机、对讲机、传真机等摆放在一起，也可以作为收取邮件和整理票据的场所。

四方形厨房，旁边突出的饭厅对面用于做家务。即使是狭窄的住宅，只要做到精心设计，还是能够确保家务区。

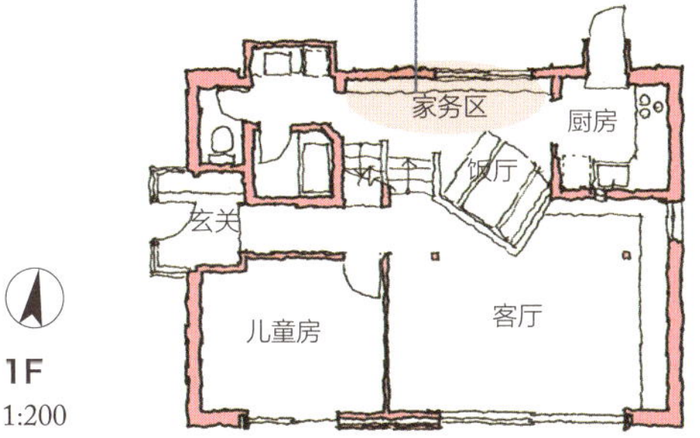

1F
1:200

与厨房相邻，可以把所有的家务集中到此。厨房被这个家务室和另一侧的收藏室夹在中间。

与厨房相邻的是设备间，此外在玄关旁设置家务室。可以在此做针线活或者手工艺，即便不能一下子全部完成也大可不必忙于收拾。

与厨房相连的一角为设备间。还设置了可以直接进出的便门非常方便。

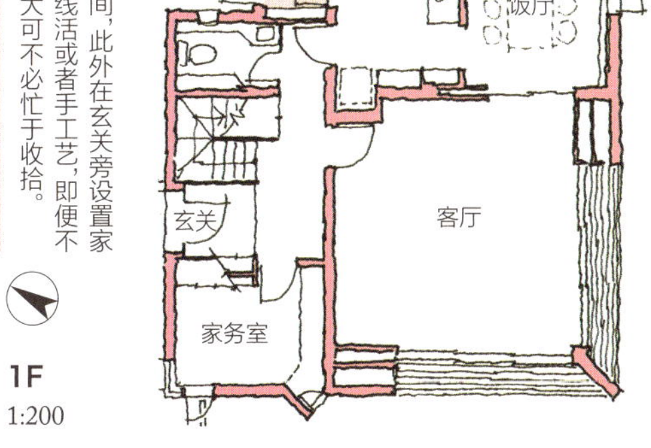

1F
1:200

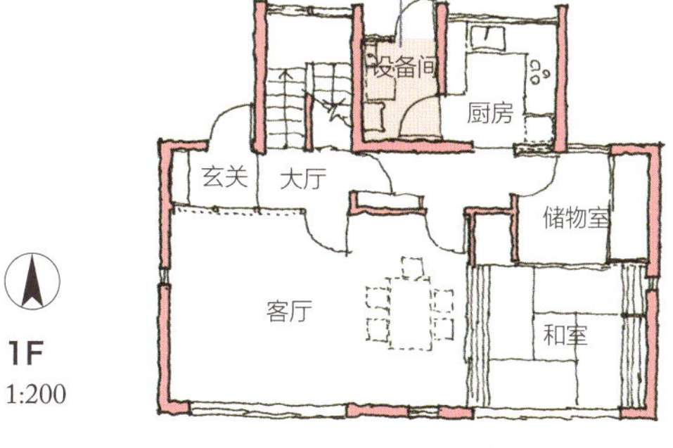

1F
1:200

主妇做家务时，希望尽可能快捷地在室内移动。通过设备间可以直接到室外晾晒衣服。缝纫机放置在储物室，厨房与设备间和储物室相邻。

105 将主妇的工作归纳到同一空间内完成

有正式工作的女性做家务的时间有限，若要把家务做得尽善尽美，那就要付出辛苦的劳动。

从回家后到睡觉前，准备晚饭、洗衣服、照看孩子写作业、处理各种交费、读书看报等，要做的事情堆积如山。

在时间有限而必须处理的事情又太多的情况下，与其独立完成某个家务，不如几项家务同时进行效率会更高。但是，实现这个愿望是有条件的。需要尽可能把要处理的家务都集中到一处才能实现。

在此介绍的实例就是这样的设计。一体型家庭室的中央设置了固定的餐桌，在此除去进餐，还可以照看孩子做作业，自己读书写信等。在餐桌对面的墙壁上安装了内嵌式洗衣机和排水口，可以一边洗衣服，一边在厨房做准备。

这里的厨房是家庭室的一部分，被墙壁包围呈凹陷形状，不容易看到。因此在准备饭菜或清理厨房时，中途停下来做其他事情也不会太杂乱，这对主妇来说是很值得期待的设计吧。

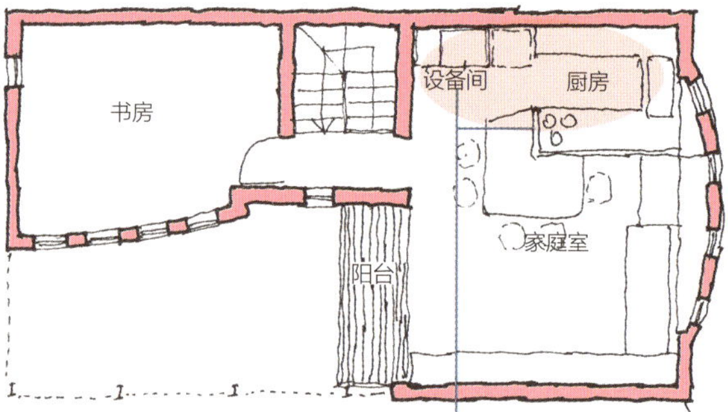

2F

厨房和设备间紧凑的设置在一起。家务大致上都可以在此解决。

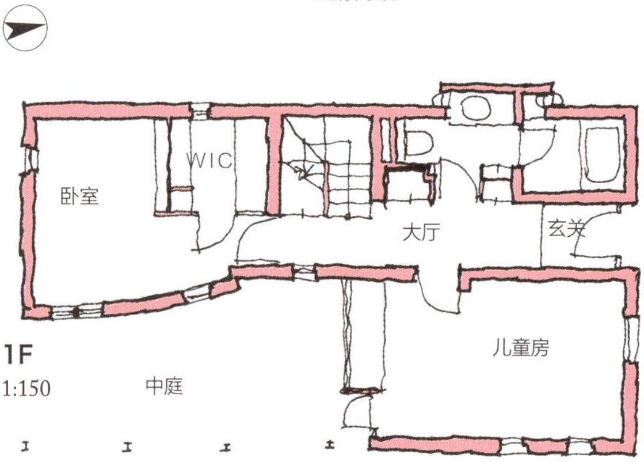

1F
1:150

在此设计中，可以一边准备饭菜，一边照看孩子写作业，其间还可以将要洗的衣服分类放入洗衣机，不必四处走动，在一个地方就可以解决所有事情。这是为有工作的母亲而设计的。

家务，顾名思义，是指家庭生活中必不可少的工作。其中最重要的工作就是准备一日三餐。设计时一般都把厨房与其他做家务的房间分开设计。但是如果站在做家务的人的角度讲，家务活总是接连不断地周而复始。伴随每一件家务活在空间上进行移动，不但导致工作效率下降，而且容易感到疲劳。

本例，厨房的空间比较大，并把家务（炊事、洗涤）相关的设备都设置在里面，这样家务活都可以在一处解决。在这个设计中，本想为全天工作在此的人（女主人）增加一些日照，创造更良好的环境，但由于建房用地和道路的条件所限没能实现，至今仍有欠缺（尽管朝阳能够照入）。

这样把家务相关的要素综合在一个空间，住宅整体变得简洁，从而充分保障了客厅和饭厅的空间。

二层的厨房比一般的设计要长是为了做家务而准备的。

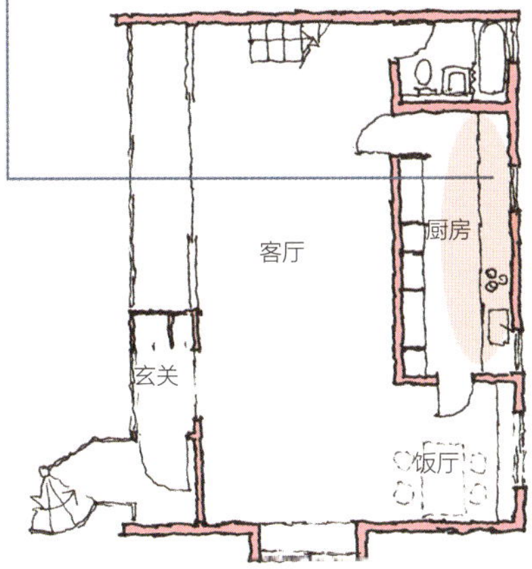

2F

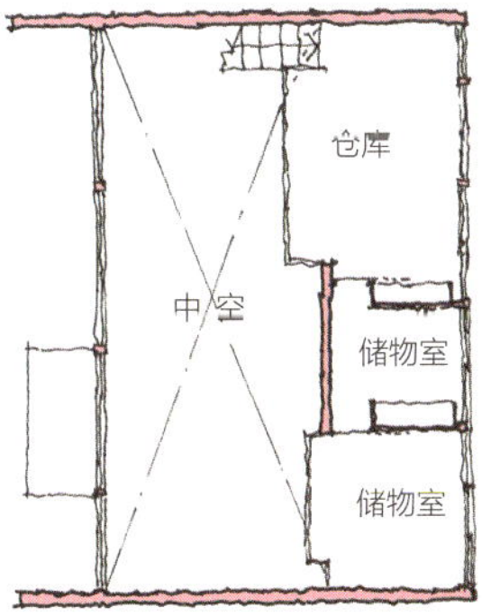

小屋里面

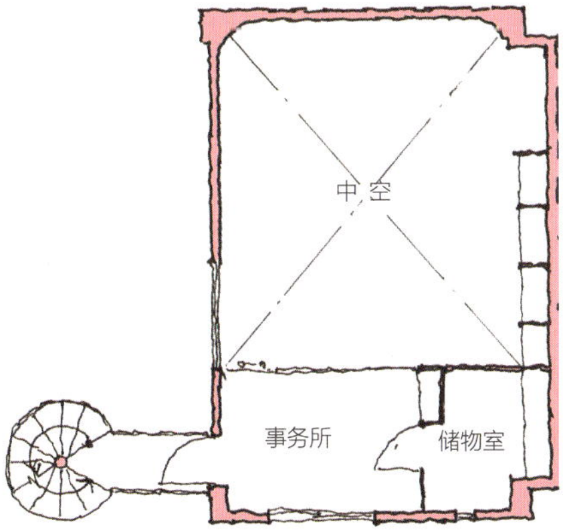

中2F

住宅中的厨房有8平方米多，其中设置了洗衣机、烘干机、桌子等，具备了作为设备间的功能。家务能够在一处解决，住宅整体显得很简洁。

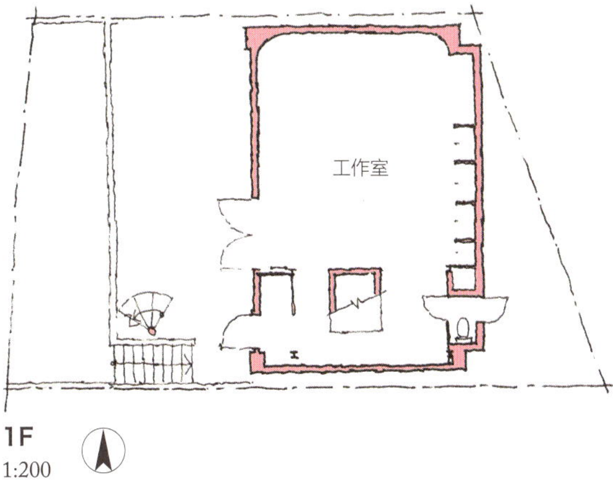

1F
1:200

107 厨房和设备间的一体化

现在住宅中经常出现的设备间，也有人称之为多目的房间，在使用方法上没有特别的限制，完全自由。实际上，近似家务室。

设备间一般设置在厨房附近，同家务室一样设置洗衣机，熨衣服架等，根据空间的宽度还能作为雨天晾衣服的场所，也可利用稍有的空闲在此翻阅没有读完的书，或者做一点没有做完的手工艺等。

在此介绍的实例中，设备间不是独立分开的，而是与厨房一体。这样，不仅只是准备做饭菜，而且能够同时进行各种活动，所以使用方法也具有多样性。这部分空间南侧与三个房间相邻接，东西狭长，起到连接三个房间的走廊（通道）作用而形成回转路线。

如果设备间的使用者主要是主妇，那么应当与厨房紧密相连，使用起来会更加方便。为了实现这种使用方法得出了把厨房和设备间做为一体的设计方案。

厨房右边，夹着便门的地方设置成设备间。在此一般的家务基本都能够解决。

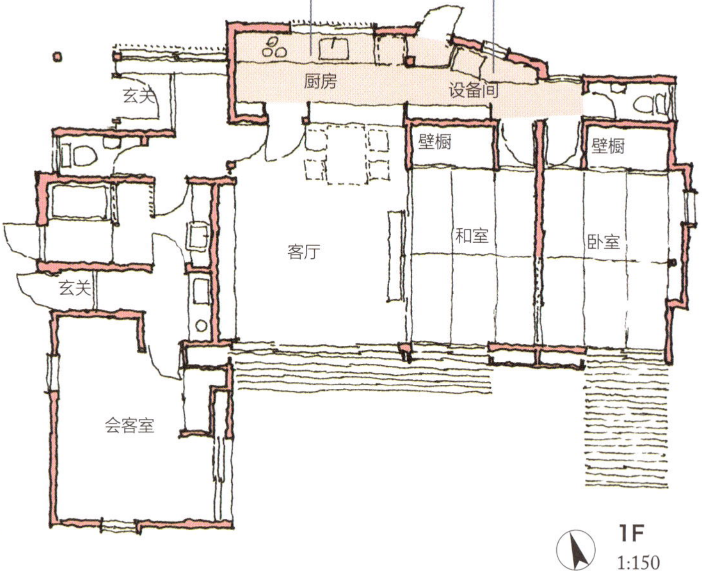

设置在回转路线上的家务室 108

前述家务在词典中的解释为所有家庭内生活上的管理·运营，与其称家务室，其实就是司令室。

很多人期望在住宅中有回转路线，如果这条通道贯穿家务室，那么作为司令室就能发挥更大的作用。

最近的住宅中，多数配置中控系统，用于掌握住宅中的情况及做好安全防范以及防灾工作。中控设备最适合配置在家务室。

中控设备包含了对讲机功能，显示外部信息功能，厨房等房间的火灾报警功能，独居老人的卫生间和浴室的紧急情况通知功能，门窗未关闭时的提醒功能等。无论住宅的任何部位发生任何情况，都能够通过安装在家务室内的中控设备观察到，并且可以立刻前往非常方便。

各种信息交汇于家务室，只要安装网络、电视等通信设备的连接插座，如果在加装上空调、热水器以及丰富照明设备，家务室作为住宅司令室的功能就更加完美了。这也是把家务室设置在回转路线上的理由。

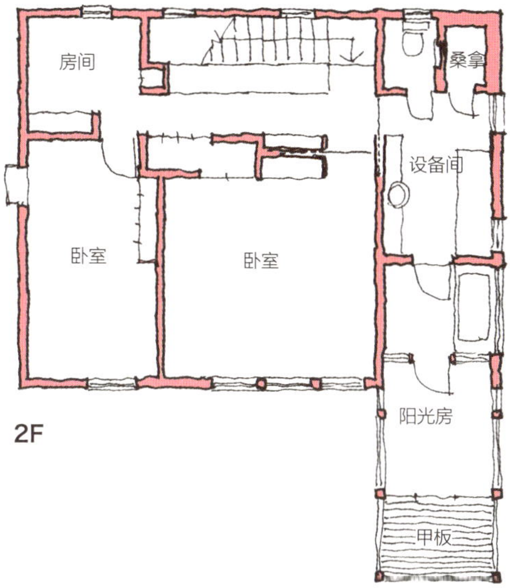

厨房及家务室都包含在回转路线上，这样主妇可以更容易观察到家中的每一个角落。

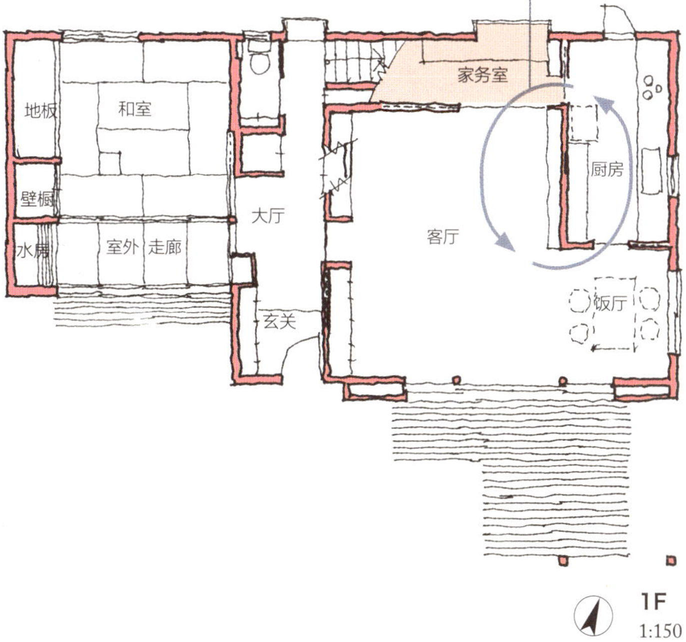

设计图中的回转路线为客厅⇩饭厅⇩厨房⇩家务室⇩客厅的顺序。家务室作为住宅中的司令室，位于回转路线上，可以掌控全局。

109 铺设榻榻米的家务室

榻榻米具有隔热性和缓冲性，用的是日本自古以来的优质建筑材料。加上吸湿性强触感好，耐久性高，易于清扫等特征，可以把展放物品直接放在铺榻榻米的房间里，也可直接把榻榻米作为工作台，困倦时还可以把榻榻米作为床铺使用。

榻榻米具有多种优点，使用方法灵活。如果备用房使用榻榻米能够用于各种用途。所以家务室（或者家务区）更是如此。铺上榻榻米后，有限的空间能够用于多种用途，更便于使用。

在此介绍的实例中，厨房旁边设置了大小为5米叠的家务室。这个房间处在厨房的内侧，无法穿行。因此，为了配合安静的氛围铺设榻榻米，可以做完家务在此休息缓解疲劳。

地面是榻榻米，洗过的衣服可以直接在此展开，熨烫。房间得到充分的利用，无论任何位置都可以用来工作，使用面积广且容易使用。

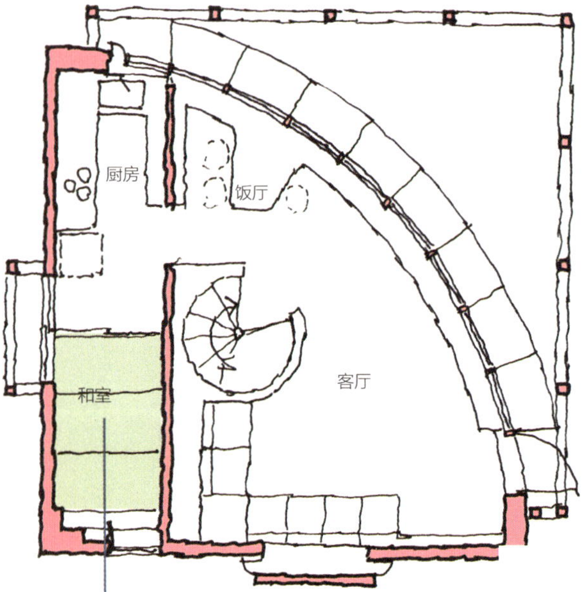

小型规模的住宅中，在厨房的对面，是5m²大的家务区。由于铺设了榻榻米，地面整体都可以作为工作的场所使用。在做家务感到疲劳时可以直接躺下来休息。

2F

西侧的一角为5㎡的榻榻米房间，作为家务室使用，是小型住宅中难以实现的家务室。

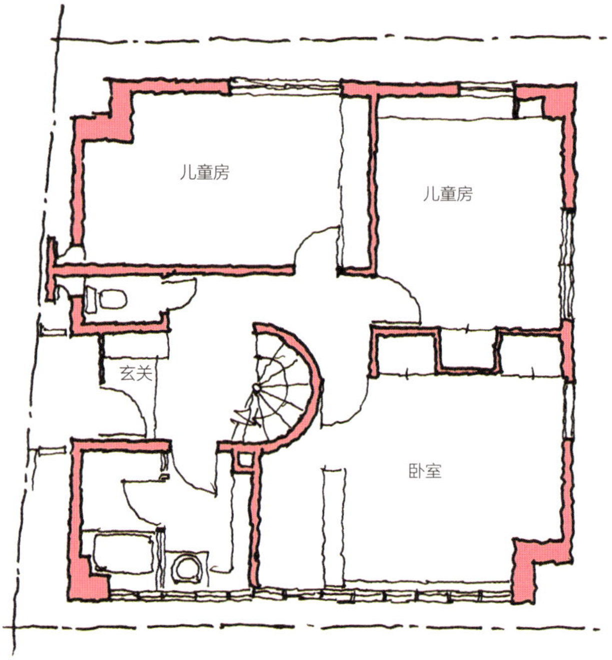

1F
1:150

设置通道收集要洗的衣物 110

以前洗衣服是家务中的重体力劳动之一。如今，只需按一下按钮，从脱水到烘干，洗衣机全自动进行可以同时去做其它家务。

像这样的洗衣机放在哪里合适呢。有很多方法可以参考。宫胁先生认为洗衣机适合放在能够换内衣的地方。这是因为脱下来的衣服可以直接放入洗衣机。很多人将洗衣机放置在盥洗室，也是把这里兼作进入浴室前的脱衣室，可以脱换衣服。

还有，洗衣机设置在厨房、设备间、或者家务室，理由是可以一边做家务，一边洗衣服，洗好的衣服从便门直接拿出去晾晒。

在此介绍的实例是，把洗衣机放置在一层的便门附近。原因是，这家人住在海边，穿着游泳衣回来把便门当作更衣室，要洗的衣服直接放在这儿。但平时换衣服在二层的盥洗室。这样一来，需要特意把换下来的衣服拿到一层清洗很不方便。为了解决这个问题，在盥洗室的旁边设置了衣服投入口，在一层便门旁边的走廊处回收这些衣服。洗衣机上方正对浴室，浴槽的排水直接连接到洗衣机作为洗衣机用水，既省水又方便。

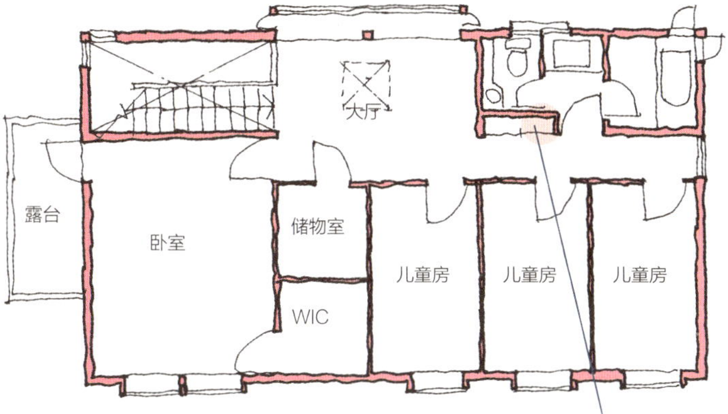

2F

衣物投入口

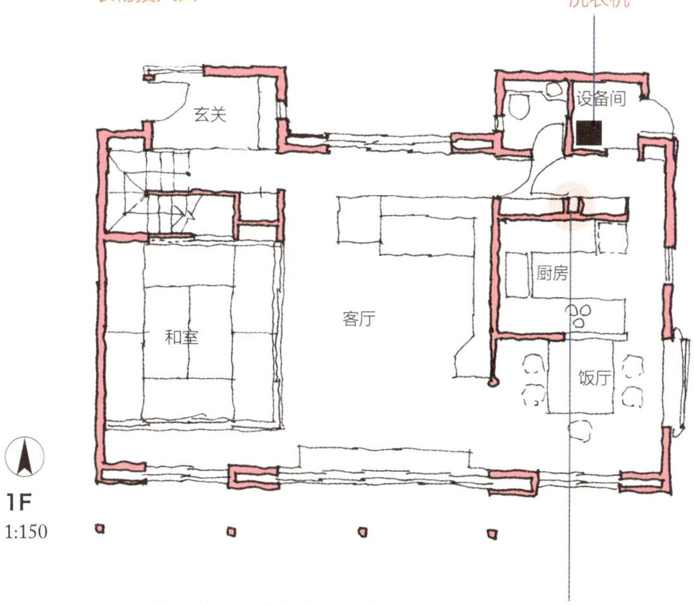

考虑到在厨房工作的同时还能够洗衣服，所以把洗衣机放置在一层的便门处。而且，由于要洗的衣物多放在二层的盥洗室附近，为了缓解搬运的繁琐，所以在盥洗室处设置衣服投入口直接可以把衣服传送到一层。

这个位置的上方为投入口。投入口处在二层脱换衣服的盥洗室中，减少了搬运脏衣服的麻烦。

111 将设备间设置的宽敞一些

关于设备间的位置以及如何利用，最终是由房屋主人来决定的。

一般只把洗衣机放在设备间里，专门作为洗衣室使用，并不是把所有的家务到放在设备间进行。设备间是根据所处位置来决定如何使用，但在作为洗衣室使用时，多为靠近厨房、或者兼作为便门。

在此介绍的实例是兼作便门的设备间。作为便门空间，3m²多还算宽敞，把洗衣机、洗涤槽、热水器设置在此，在功能上完全合乎洗涤室。

这里原本是便门，地面没有铺地板，进出收晾衣物时非常方便。但设备间在地面处理上，考虑方法有所不同。

如果重视与室内厨房往来，需要结合厨房地面以及高度来设计，在本例中，由于进出室外频率高，因此对地面没有做任何处理。

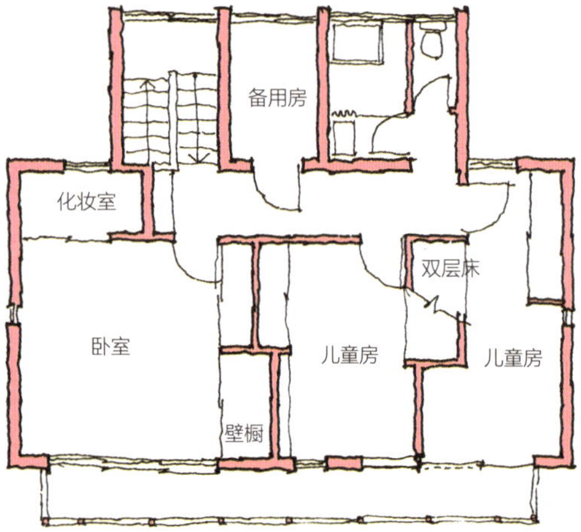

厨房旁边的设备间。地面没有铺设地板等，能够进行包括与水相关的任何家务。

此住宅的主要特征是厨房便门处没有铺设地板等。空间上有一些宽余，把洗衣机、洗涤槽、热水器等设置在此，以作为设备间使用。

宫胁先生经常讲，一百间住宅有一百种样式。任何一个家庭的设计都不会完全一样，任何家庭都有各自的生活习惯和模式。家庭成员的构成，建房用地所处位置，气候条件等，为这些条件不同的住宅进行设计，不可能出现相同的答案。一般对设计影响较大因素是建房用地的周边环境。其实，居住者的生活模式对设计也起到了决定性的作用。

本例中的房主非常喜欢泡澡，一天会洗上三、四次，对应这种生活模式，优先进行了浴室的设计。

为了保证身心愉悦的使用浴室，其宽度很重要。然而最重要的还是在住宅中所处的位置。早上起床后，白天的任意时间和睡觉前，一天利用三次浴室的话，有必要对日照好和可以远眺这些条件作进一步考察。

综合各种考虑把浴室设置在二层的东南角。因为南侧为阳光房可以避免前面道路的视线以确保隐私。东侧的开口部恰好设置在浴槽上方，可以在泡澡的同时沐浴清晨照入的阳光。地面铺设软木砖。防滑易干，适合频繁使用。

可以说一百个家庭会有一百种样式，一个家庭的生活模式完全在设计中体现出来。这户住宅，由于主人喜好泡澡，一天利用次数达到三、四次，当然最优先考虑浴室。

1F
1:150

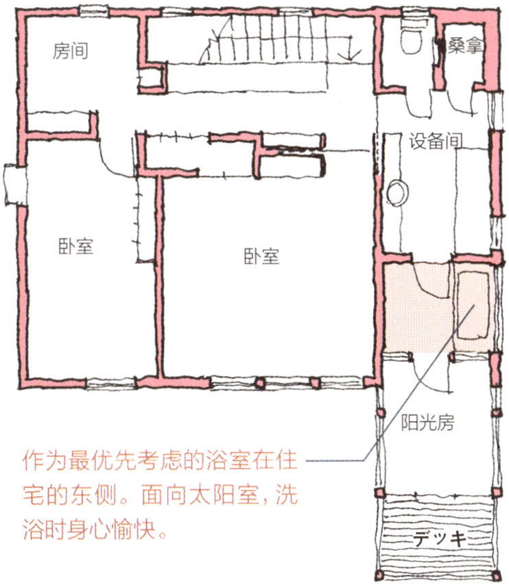

作为最优先考虑的浴室在住宅的东侧。面向太阳室，洗浴时身心愉快。

2F

113 从浴室欣赏窗外的景色

温泉地区的露天浴池非常受欢迎，日本人喜欢一边泡浴，一边欣赏景色。

目前住宅楼的浴室几乎不设置窗户，完全成为无日照房间，实在令人遗憾。在商讨单户建筑时，经常会有人希望在浴室就能够欣赏到景色。但是考虑到建房用地所处环境和对隐私的保护等，把希望变成现实还是有一定难度的。

在此介绍的实例，建房用地位于山上，能够眺望到很远，近处又没有能够被窥视的建筑物。在这种条件下，为了尽可能的欣赏景色，将一整面墙设置为没有窗框的嵌入式玻璃，在确保眺望的同时，还保证了通风换气，而且在窗户的开关上也花费了不少工夫。

还有一个例子是别墅的浴室。这里的建房用地位于山背后的坡面上，不必担心周围的视线，在浴室中设置大型窗户。隔着窗户，与大自然近在咫尺，能够感受到露天浴池的氛围。因此要想设计能够欣赏景色的浴室，所处的环境条件非常重要。

单户建筑的住宅在浴室中设置窗户，不仅用来采光和通风，而且还可以利用建房用地地势上的优势眺望美景。

浴室处在建筑物二层的正中央，南侧带有开口部。透过这个窗口能够眺望到远处的景色。

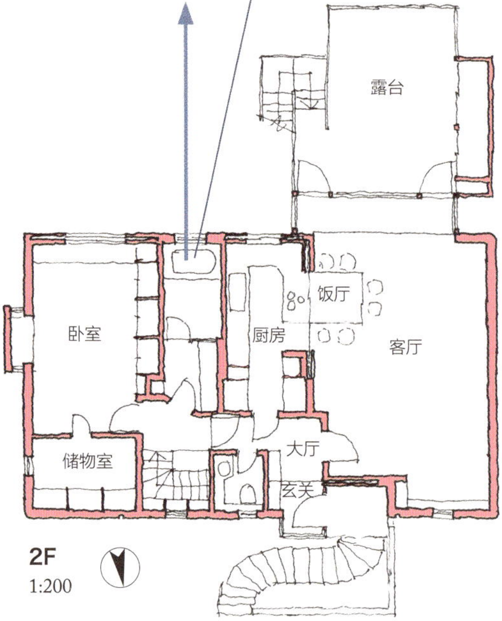

建房用地宽阔，与相邻接的边界线保持一段距离，树木繁茂，不必担心隐私被窥探，因此把浴室设置在此。泡澡时能够眺望景色，感觉上好似露天浴池。

为了能够欣赏到大视角的景色，把浴室设置在住宅向外凸出的拐角处，这样视野更加开阔。

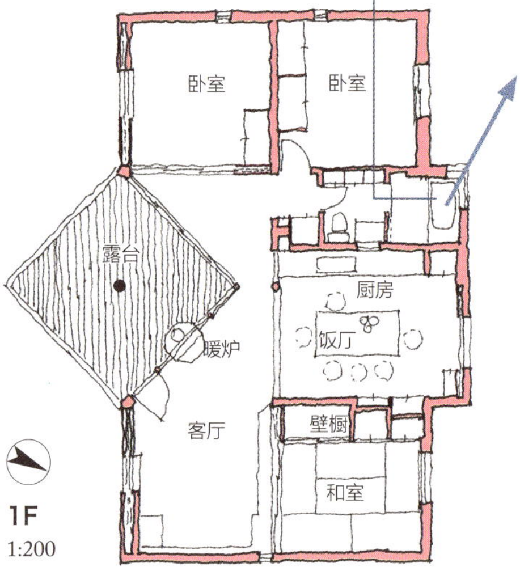

带桑拿房的浴室 114

桑拿浴（干式热气浴）起源于芬兰，通过发汗促进新陈代谢，结合洗浴的同时让人气爽神怡。根据桑拿房的类型在普通住宅中也可以进行安装，即使有些奢侈，但是现实中安装数量呈增加趋势。

使用桑拿房时，一般交替进行热气浴和冷水浴。为了更方便使用，可将桑拿房的出入口设置在朝向浴室的淋浴处。根据住宅情况，可以将浴室和桑拿房并排设置，或者把桑拿房与浴室对面设置，经由中间夹着的脱衣间相互移动。

桑拿分为干式和湿式，干式是利用加热石头的方式，高温将近100℃，需要防火措施，由桑拿房产生的热量会传导到周围。因此要严格检测周围耐热程度，以及采取隔热措施。

在此介绍的实例为干式，即采用加热石头的方式。

桑拿房的入口设置在浴室的淋浴处，浴室整体成品浴室，而是根据空间特别定做的。现在的桑拿房有单人式的，这里采用的是可以容纳两到三人的。

在商讨浴室设计时，有客户提出安装桑拿房的要求。现在，适用于家庭使用的桑拿房类型有多种，在使用方法上也各有特长，在安装前需要作好详细的调查和选定。

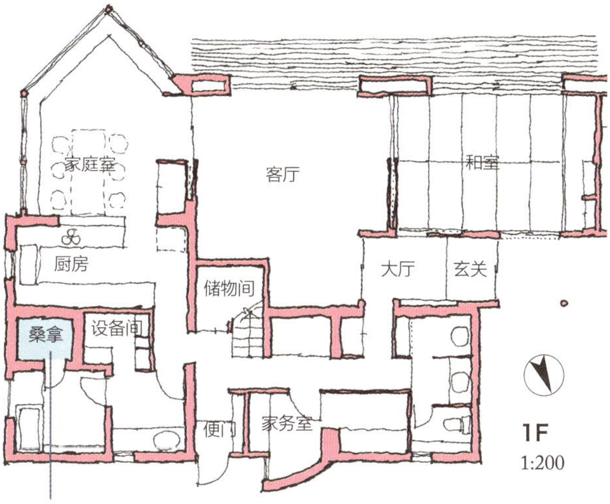

在浴室的旁边设置桑拿房的入口。

与水相关空间中各种水管等设备排放在一起，如若墙壁位置哪怕只移动1cm，所有相关的部分都得重新调整。参考在此介绍的实例可以对设计和安装桑拿房起到帮助。

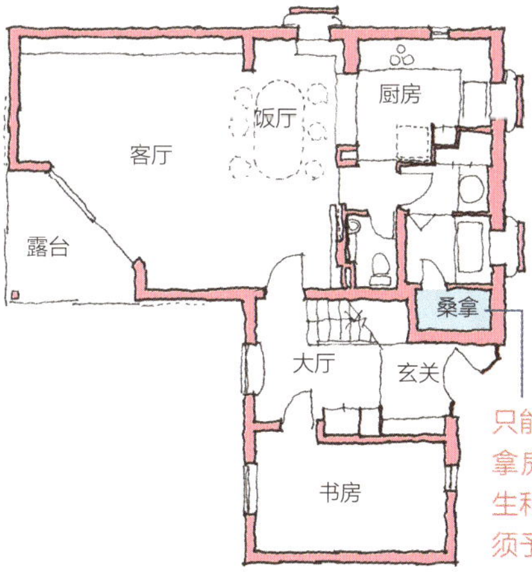

只能从浴室进入桑拿房，对桑拿房产生和传导的热量必须予以充分注意。

根据桑拿房的使用方式来决定类型。高温型桑拿房一般设置在面向浴室的位置，蒸过后可直接进入浴槽。

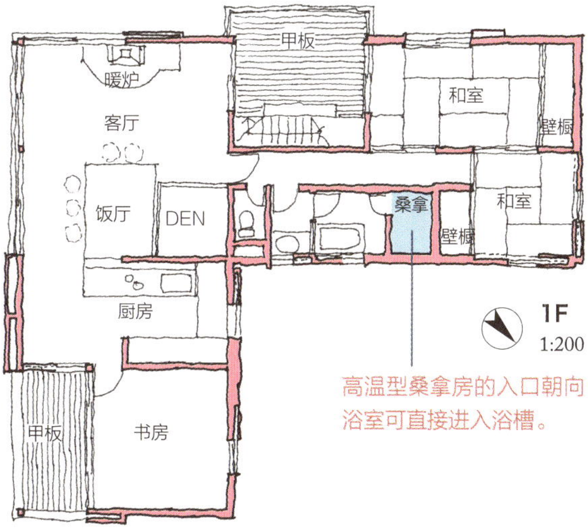

高温型桑拿房的入口朝向浴室可直接进入浴槽。

115 面朝南的明亮浴室

浴室等被称作卫浴空间的部分，几乎都设置在建筑物的北侧。因此相比卫浴空间，更希望把其它的房间配置在南侧。

其主要原因是，浴室的使用时间大多数为傍晚至深夜，没有必要在意日照。

但是，浴室朝向会改变房间氛围，即便只在傍晚到深夜才使用，朝南的浴室也会让人心情愉悦。尤其是假日的白天使用，一定更能体会到这种心情。

设置朝南的浴室时，在设计上需要更多的努力。可以考虑将卫浴空间中的浴室单独拿出来设置到南侧，这样会增加成功的可能性。

在此介绍的实例，浴室在二层位于一层玄关上方。从室外进入玄关时，可能会看到浴室，为了遮挡视线，在玄关门廊上方的屋檐处摆放一些种植花卉。这样，从浴室向外眺望时，也可以看到这些花卉，像小庭院一样，一定也会有好心情。

窗口在南侧并配有露台，可遮挡视线。并且能够尽情的享受日照。

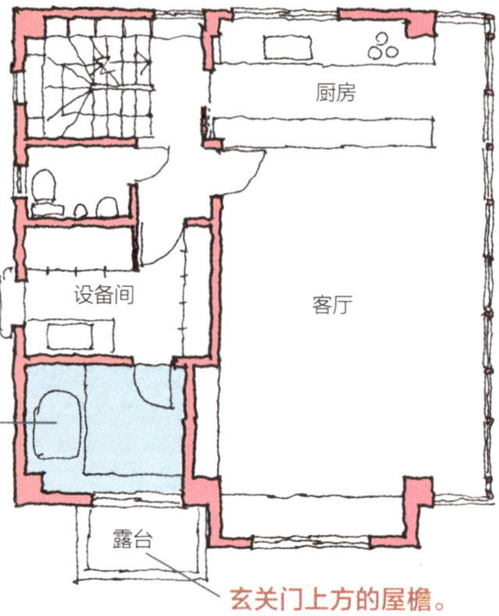

2F

玄关门上方的屋檐。

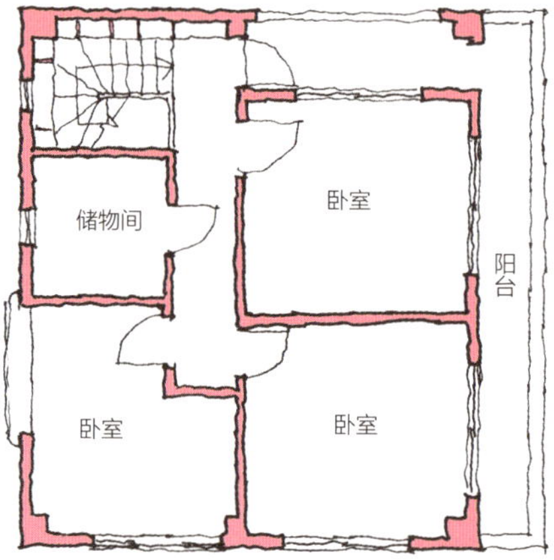

3F

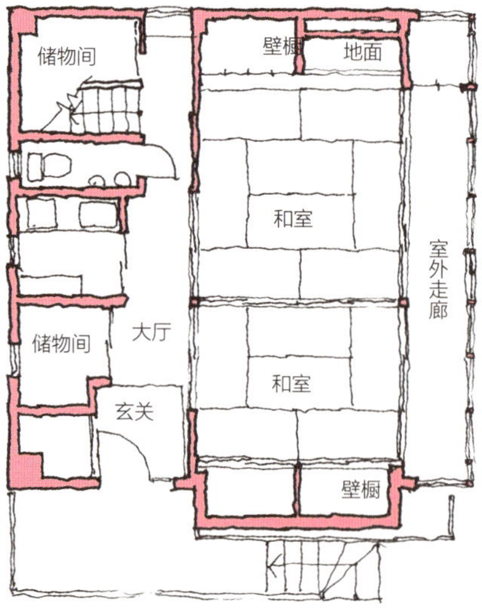

1F
1:150

一般把与水相关空间的部分设置在住宅北侧的情况较多。如果浴室朝南，阳光可以照入，明亮的日照让沐浴的人内心暖暖的，这一点是北侧浴室无法匹敌的。是值得尝试的设计方案。

一户住宅中设置双浴室，在分离型两代合居住宅中经常能够看到。而普通住宅中设置双浴室的情况很少见。理由是建筑物的规模不够大，浴室设备成本高等，如果条件允许的话，还是希望有双浴室。实在勉强的话，可以一处设计为浴室，另一处设计为淋浴室。类似这样的要求经常在与客户商讨中出现。

当浴室在两处设置时，一般一处设置在隐私区，另一处设置在开放区。在开放区设置的浴室，主要供小孩和留宿的客人使用，而隐私区的浴室多为夫妇专用，一般设置在卧室中或者卧室的邻室。

包括淋浴室在内，现在浴室在住宅中的位置设计变得容易了。这与整体浴室的普及有很大关系，特别是防水性能的提高，也为设计带来很大帮助。但是使用整体浴室的弊端在于只能从现成品中选择，可挑选幅度受到限制。为了缓解这个问题，也可着眼于被称为半整体型的浴室，即腰下的淋浴和浴槽部分为整体的现成品，而墙壁和屋顶可以结合现场定做。这样，在享用现成的防水处理的同时提高了设计的自由度。

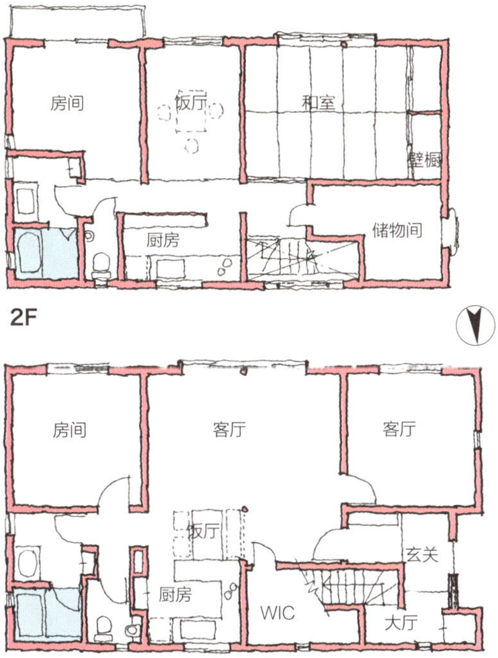

浴室在建筑物中上下的位置相同。两家合居住宅往往需要两套用水设备，这样的设计效率更高。

1F
1:200

样式不同的两间浴室。一层的浴室宽敞一些，二层则以实用为目的的整体型浴室。

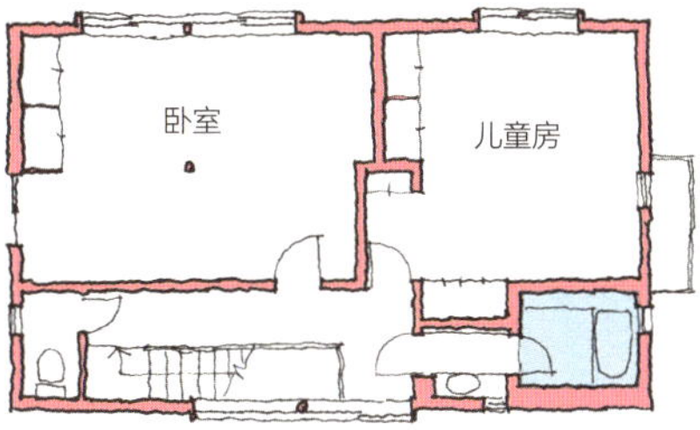

2F

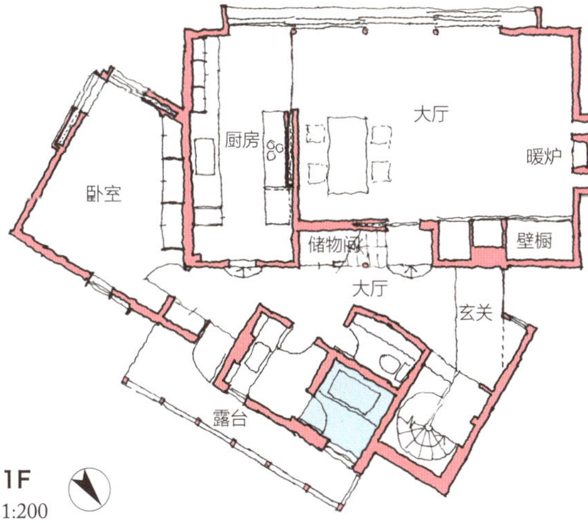

1F
1:200

这是部分共有型两家合居住宅，上下楼的相同位置上配置两个浴室。由于是两家合居，需要备置两家的给排水设备，浴室上下位置一致，有利于上下水管的设置。

布局中在两处设置浴室。其中，一层的浴室是施工制作的，其浴室空间较大，感觉是主浴室。二层的浴室采用了整体浴室主要用于淋浴。

一层是客人使用的浴室，二层家人使用的浴室，由于靠近屋顶花园，非常明亮。

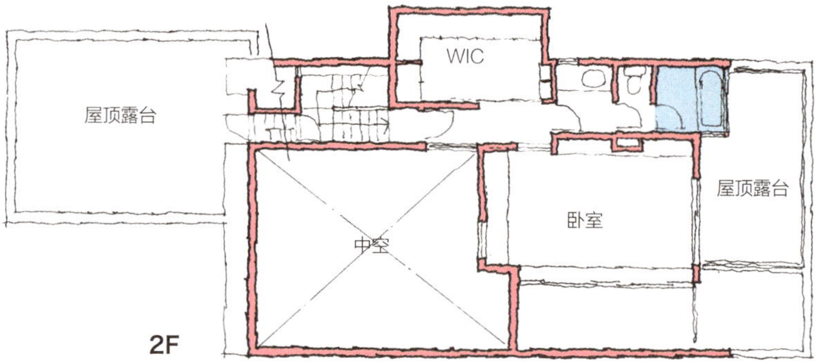

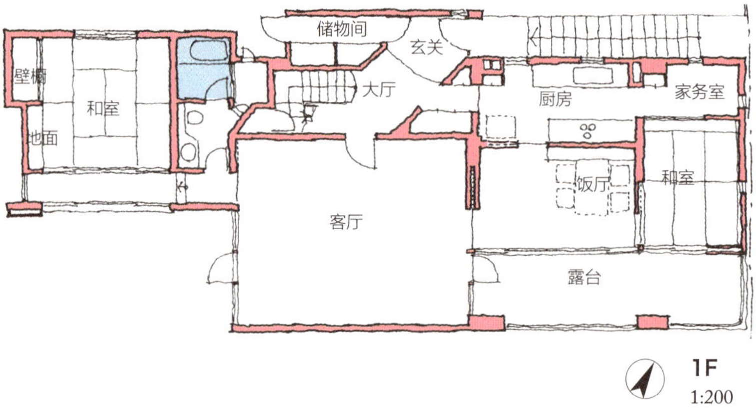

在两处（或者两处以上）设置浴室时，一般来说，一处为家庭成员共用，另一处作为主卧室专用。来客留宿较多的情况时，可以把其中的一间客人专用。

在两处设置了浴室。一层的浴室为家人共用，二层的浴室作为主浴室专用。主浴室为酒店式样的『3in 1』类型，使用的人是固定的话这种类型也非常适合在一般住宅中使用。

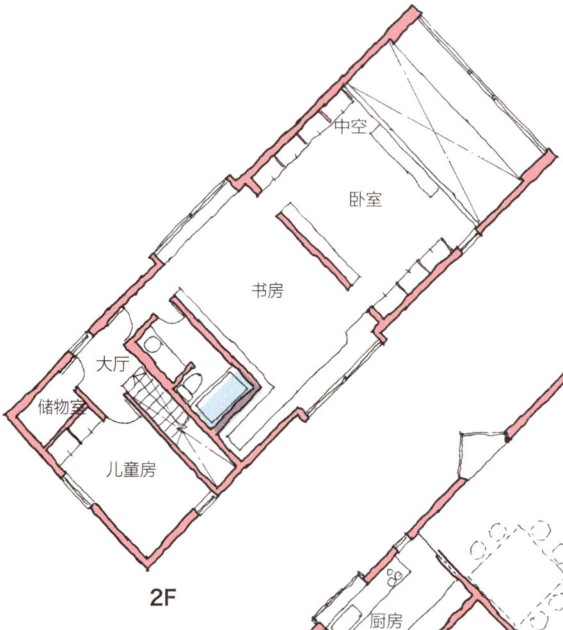

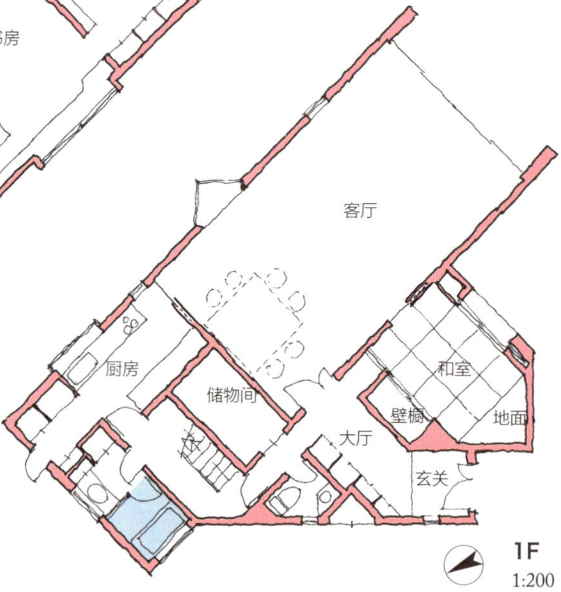

二层除了卧室和书房外还有儿童房，二层的浴室为夫妇专用。

虽然说单户建筑应注意保护浴室的隐私，但为了更好的采光和通风，或者有条件远眺时，还是希望给浴室加上窗户。这一点与为集合住宅楼进行设计时是有所不同的。

在确保浴室高隐私性的同时，对用于采光的开口部有多种设计方法。比较简单的是在开口部外侧设置百叶窗，可以遮挡外部视线。但这种方法，从浴室向外看去，百叶窗好像格笼有压抑的感觉。如果有条件可以采用天窗结构，既可以保护隐私，并且光线充足，心情也更敞亮。

在此介绍的实例中，浴室面向邻接地的边界线或者面向人流汹涌的道路时，可以将与边界线或与道路平行的墙壁凹陷一部分，与两边的墙壁创造出小庭院似得空间。浴室的窗口朝向小庭院设置。这个窗口与前方道路呈交叉形式，从道路是看不到里面的。凹进的部分种上植物绿化，这样可以一边泡澡一边欣赏小庭院，一定会很惬意吧。

二层的浴室朝向人流汹涌的道路，为了保护隐私和减弱噪音采用了封闭式设计。为了获得自然的采光和通风，故意在浴室墙壁设计凹陷作为通风采光的开口部。

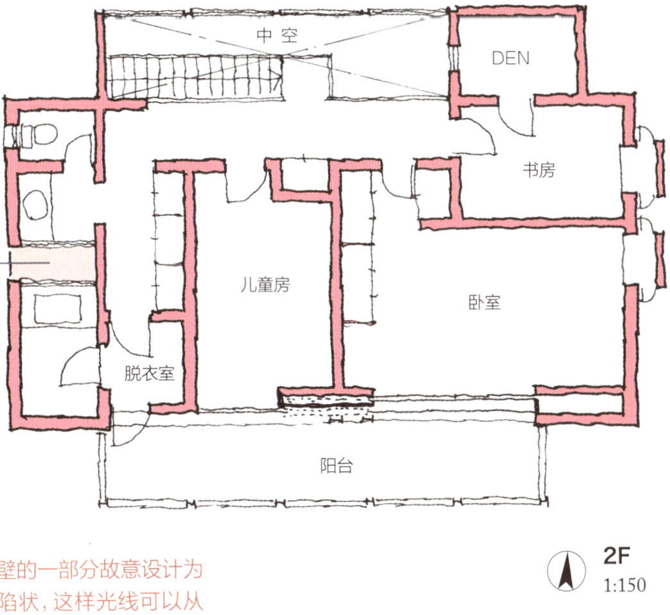

墙壁的一部分故意设计为凹陷状，这样光线可以从两侧照进来，但遮挡了来自正面的视线。

118 让盥洗室通风

盥洗室一般设置在浴室前，多兼有脱衣室的功能。盥洗室占有的面积比率低，可使用墙壁的幅度有限，尽可能有效利用墙面。如何设置用于通风、采光的开口部就成为问题。

在盥洗室触手可及的墙面上，去除毛巾类的收纳，香皂、洗发液和清洗剂等的收纳，再考虑医药箱、镜子、毛巾架等摆放位置后，已经没有剩余的地方了。这样的情形是否能够设置用于采光和通风的窗户呢。找找看可以发现能够采用和室中类似气窗那样的开口。实际上也经常能够看到这种类型的窗户，但位置过高难以触到，使用上不方便，而且窗口面积小，采光效果不佳更谈不上明亮。

在此介绍的实例是就此问题的解决方案之一。墙壁的一部分设计为向外突出的形状，在突出部分设置化妆台，在墙壁的突出部分上方可以设置天窗，在没有突出部分墙壁连接部设置通风用的窗户。也可以说设置天窗飘窗后，在此嵌入化妆台。在飘窗正面的墙壁镶上一整面镜子。由于上方为天窗，这样光线经过镜面反射，盥洗室会变得更加明亮。

利用天窗飘窗的盥洗室。在墙壁处故意设计一部分凹陷，在此处设置洗面化妆台，然后从洗面台左右的窗口通风。

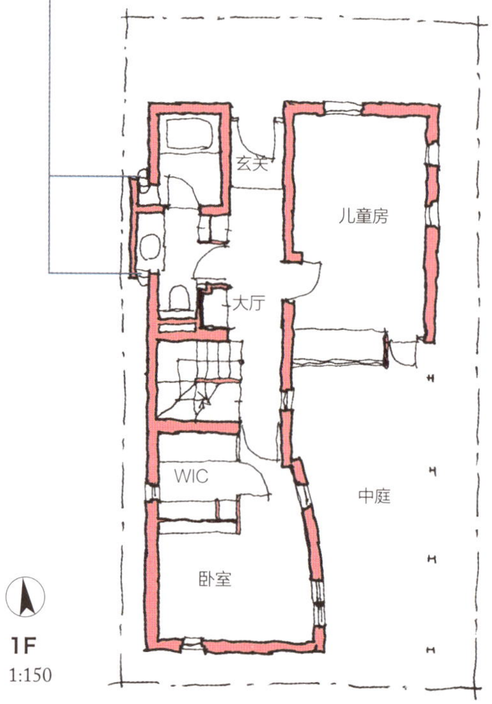

单户建筑的住宅强调保证盥洗室、浴室、卫生间能够自然采光和通风，但都市区的住宅，往往与邻家相距较近，不得不首先考虑保护隐私。这是一个通过采用天窗飘窗解决这个问题的实例。

化妆间设置在隐私区

化妆间是女性用于化妆的房间。但是，很少能够在住宅中看到女性专用的化妆间，一般都是与其它房间兼用，例如盥洗室等共同使用。多数把化妆台设置在卧室，这种方式在实际中也可以经常看到。

由于盥洗室多与浴室相邻接，需要兼备脱换衣服的功能。在住宅分区时，浴室为家庭成员共同使用属于开放区，化妆则完全属于隐私行为。基于这一点要在盥洗室里附加化妆间功能时，应把盥洗室和浴室设置在与卧室相邻的位置，也就是说尽可能设置在与隐私区相邻的地方。

盥洗室作为化妆间使用时，在洗面台处加设化妆专用空间，如果能够放置化妆凳就更加称心如意了。用于化妆的时间因人而异，虽然10分钟左右的时间完全可以站立进行，但还是准备化妆凳更加舒适。

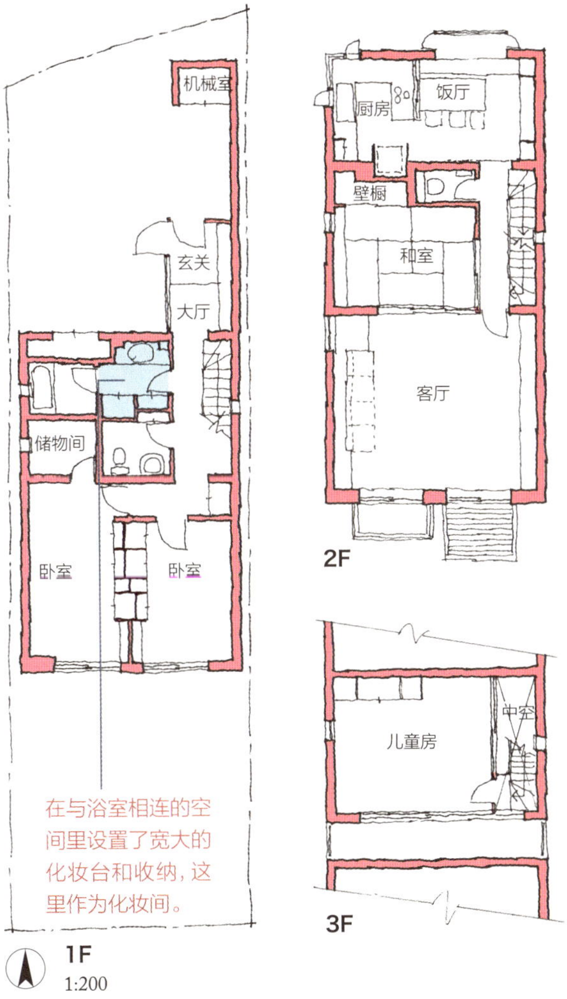

三层的住宅，三层为儿童房，二层为客厅等开放空间，一层为卧室。浴室在一层，脱衣间具有化妆间的功能。这是在卧室既隐私区域中设置的化妆间。

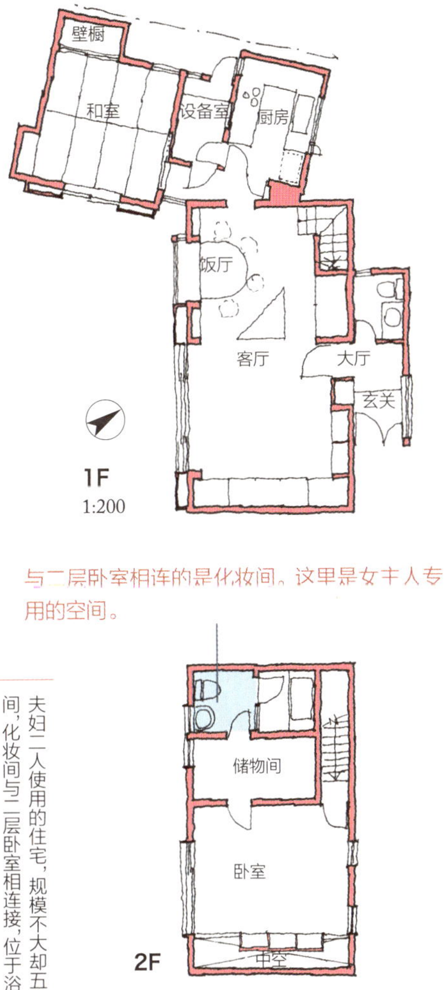

夫妇二人使用的住宅，规模不大却五脏俱全。一层的玄关邻接卫生间，化妆间与二层卧室相连接，位于浴室对面，结构上非常紧凑。

一层和二层两处设置卫生间，其中一处空间开阔具有化妆间的功能。二层的隐私区域中，包括了浴室、脱衣室、卫生间、化妆台，化妆台部分空间开阔。

二层的化妆间是从建筑物中凸出来的形状，从浴室一侧获得采光保证了房间明亮。

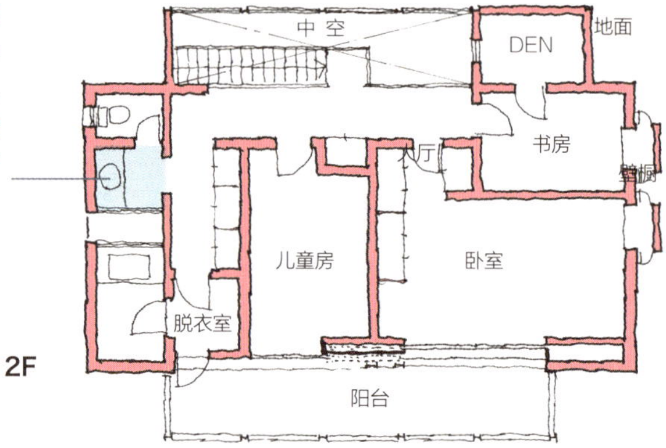

2F

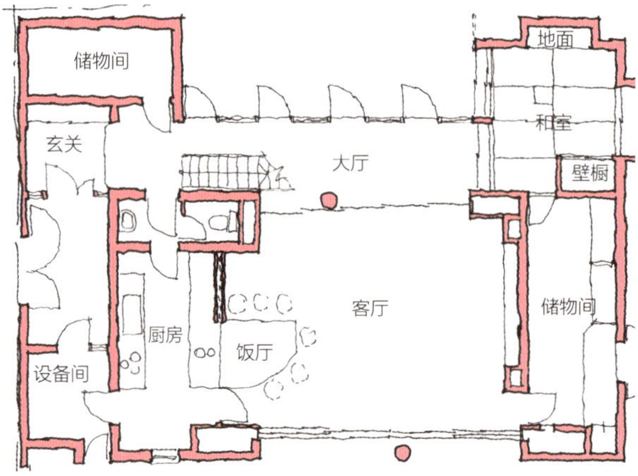

1F
1:200

在小规模住宅中难以实现，但如图所示的住宅规模完全可以在一层和二层分别设置化妆间。一间为真正的化妆间，另外一间为具有化妆间功能的空间，可以加设在二层与水相关的空间中。

从二层浴室出来到脱衣室的这部分空间开阔，可以把化妆间设置在此。化妆时使用的梳妆凳也可以放置在此。

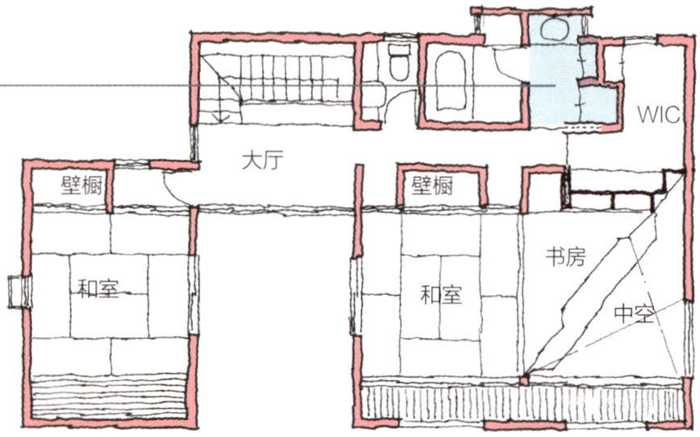

2F

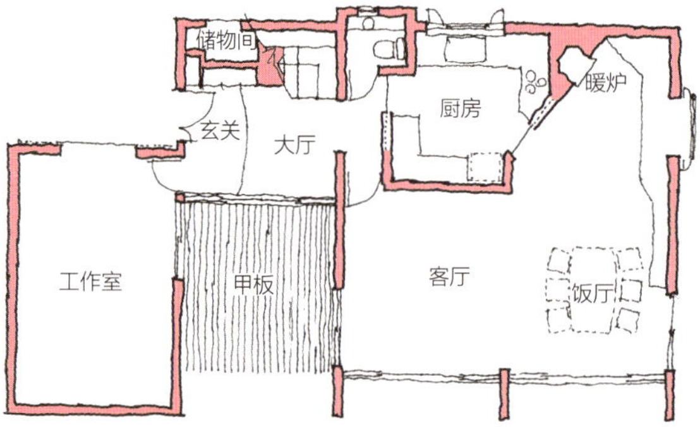

1F
1:200

盥洗室直通卧室

对于面积小的小规模住宅，如何才能作到居住时不感到狭窄并保证良好的心情呢。这需要在设计时根据各自的情况的不同来加以考虑。

例如，走廊通常以连接贯通其他房间为使用目的，但对小型住宅来说仅仅作为通道使用是不足的，甚至是浪费。比如在走廊的墙壁面，哪怕只有墙壁的厚度也无妨，设置收纳架，这样，走廊能够具有通道加收纳小物件的功能。

住宅中设置回转路线，是丰富小型住宅空间的非常有效的方法。由于能够在住宅中回转，因此能感觉到空间的延伸和开阔。但如果对小型住宅回转路线的设计考虑不周，就会导致各个房间失去相应的独立性和安静性，回转路线反而成为负面因素。这时可以设计虽然不是回转路线，但不通过这里无法进入其他房间的通道。

在此介绍的实例是，卧室门口的前方为盥洗室。盥洗室可作为化妆间使用，进入浴室时也可以作为脱衣间使用。以这种形式与卧室直接相连，保全了隐私性，既能达到令人满意的效果，又能够节省空间。

盥洗室与东侧铺设塌塌米的和室直接相连。从厨房也可以进入，具有洄游性。

住宅设计的紧凑性其要点在于通道的功能不要单单是通道。这里，卧室入口前设置盥洗室兼作通道，空间得到更合理的利用。

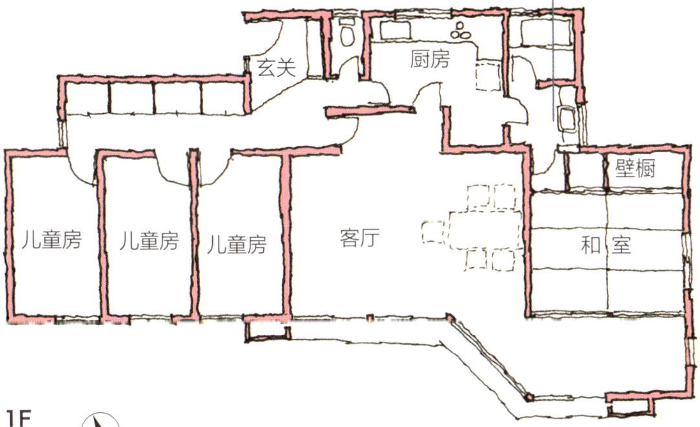

1F
1:200

二层的盥洗室在两侧都设置了门，一扇门与卧室直接相连。而实际上通往卧室的也只有这一扇门。

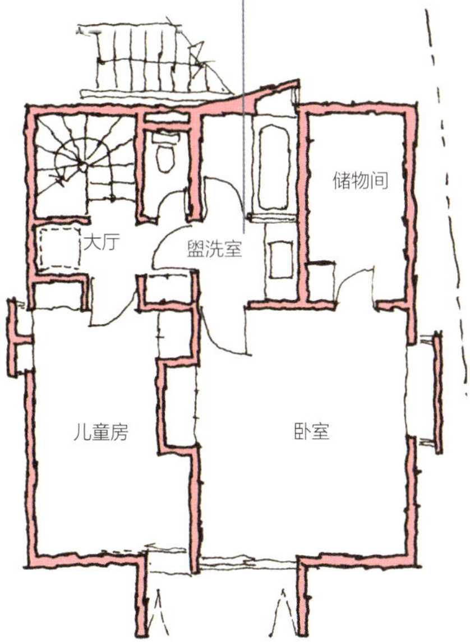

1F
1:150

厨房与和室之间夹着盥洗室和脱衣室，这里通常作为通道使用。而作为脱衣室使用时则无法从此处通过，这里属于回转路线的一部分，所以还可以选择其他通道。

121 设计双卫生间

集中卫生间、盥洗室、浴室、厨房等与水相关的房间到一处，是设计的基本理念。考虑配管等因素也是理所当然的。

但如果希望设计双卫生间或者两处以上，那么就不得不采取分散设置卫生间的方法了。

之所以设置双卫生间，是因为一间为家庭成员使用，另一间为客人使用，保证了双方的隐私权。如果卫生间只有一间，那么与盥洗室和浴室设计在一起的可能性很大。宫胁檀先生讲到，盥洗室和浴室是重要的隐私区域，在那里有许多只有家人才会知道小秘密，例如父亲的痔疮药，母亲的假牙，还有内衣等也容易散放在那里。

这个隐秘的地方不希望被来客看到，当然来客也不希望看到。如果卫生间只有一处，至少把卫生间从盥洗室和浴室中分离。家人全体使用一个卫生间很难保证清洁度。如果设置两个卫生间，一间为来客使用，还能够作为化妆间使用。

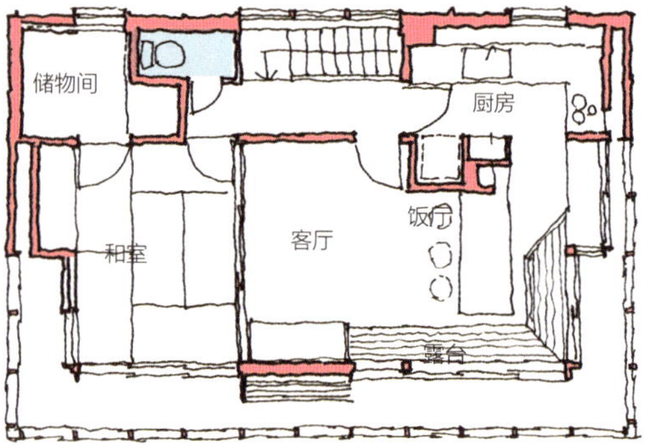

2F

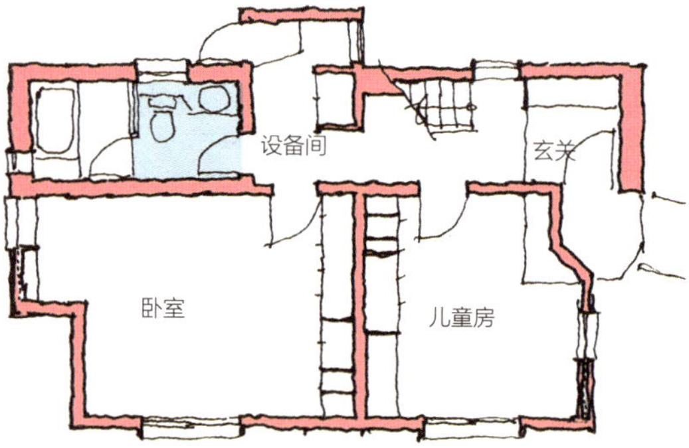

1F
1:200

在一层二层两处分别设置了卫生间。一层在玄关临近的位置与浴室相连，空间较大。二层是客厅，因此在二层也设置了卫生间。

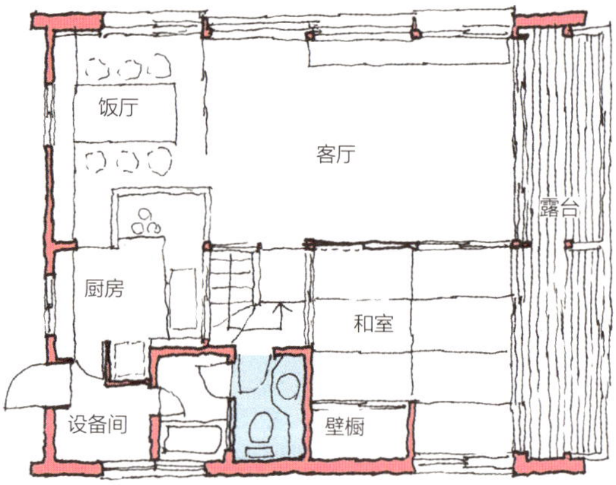

2F

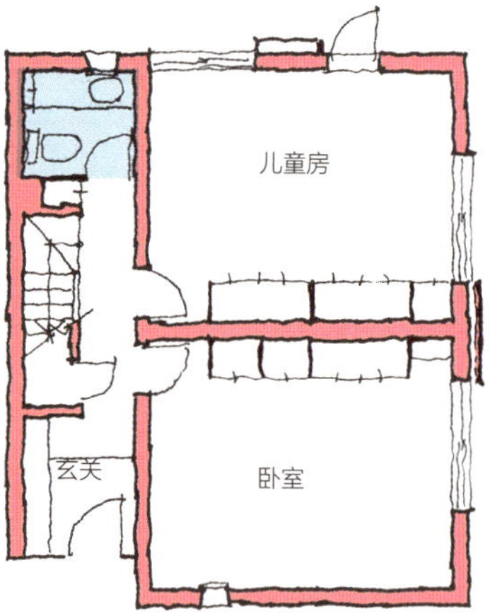

1F
1:200

在两处设置了卫生间，一层为隐私专用，客厅在二层，二层为开放区使用。其实并没有达到明确分开，只不过一层一间使用起来更加方便。

曾经有位小学男生的母亲，就坐便器总是被弄脏的问题来咨询过我们。母亲认为是小男生总是到憋不住时才飞奔到卫生间，经常在位置还没有对准时就开始小便了。但真正的原因其实并不在此，而是在于站立姿势。美国康奈尔大学的亚历山大·基拉建筑系教授在报告中进行了详细的阐述，这个小男生的情况也与人体结构有关，即使在坐便的使用上加以注意也难以避免这个问题。

“二战”以前，西式坐便没有在日本的卫生间中得到普及，一般都是蹲式便器，只要在使用时加以注意就能够解决这个弄脏的问题。由此看说，为男士在卫生间加装小便器是有必要的。客户中也有许多人要求设置小便器。

在此介绍的便是其中一例。如果想要加设小便器需要有相应的空间。最近，市场上能够看到适用于家庭的小型小便器，一些型号对卫生间增容没有要求，安装上也恰到好处。如果想要加设小便器，最好在设计初期策划出专用空间。

客户希望在卫生间里加设小便器。在西式坐便得到普及前，卫生间里设置小便器是被认同的。但其实即便是现代社会，如果空间充裕也是有必要的。

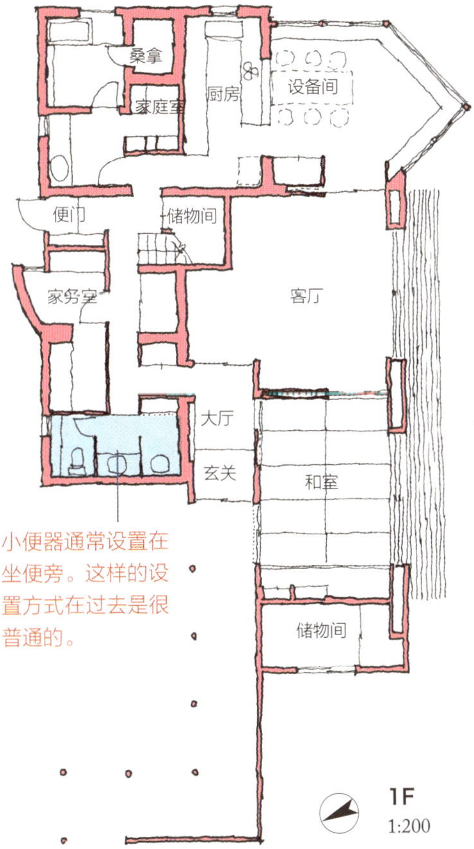

1F
1:200

二层为卧室等房间的隐私区，在卫生间里，除了坐便还设置了小便器。考虑到家庭的男性成员的人数，小便器太有必要了。

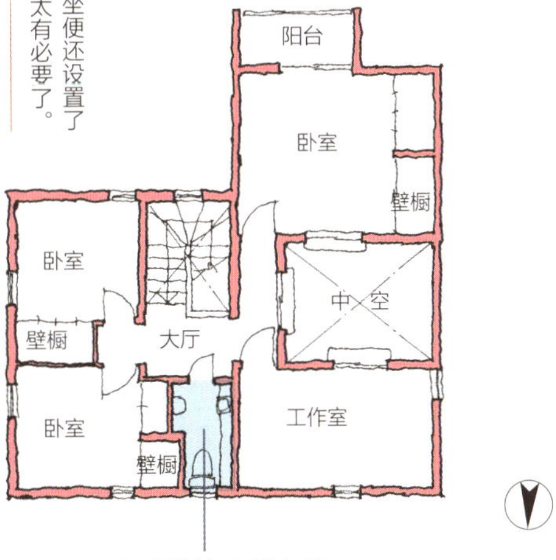

与通常的坐便变换位置设置了小便器。

2F
1:200

123 卫生间的3in1

在一间浴室中，设置浴缸、坐便、洗面器3种设备的形式称为3in1型。酒店客房的卫生间基本采用此方式。向客户介绍时只要说跟酒店的卫生间相同，客户就会马上明白的。

如果只站在住宅面积的角度上看，这种紧凑型设计不仅规整了与水相关部分的设备，且相关设备所占用的空间也得到大幅度的减少，特别是对于整体规模有限的小型住宅，为设计上提供了很大的方便。

然而，站在日常生活的角度上讲，这样的设计肯定不会受到欢迎。比如有人在使用浴室时，想用卫生间的其他人只能等待。然而浴室使用过后，到处都水淋淋的，还存在卫生纸一旦淋湿无法使用等。

尤其日本人喜欢泡澡，入浴时间长，更容易导致这样的问题发生。但是非常矛盾的是紧凑的设计确实是其魅力所在。

在此介绍的实例中值得一提的是，在卫生间周围采取防湿的对策，浴缸和卫生间的位置尽可能分离，并在之间设置隔板。隔板的效果体现在泡浴时与坐便无法对视。

3in1型卫生间，一般在条件和面积受限，不得已时才考虑采用这种样式。但这个实例在与独立浴室相邻的盥洗室（兼有脱换衣功能）中，设置坐便器，所以感觉使用面积比较开阔。

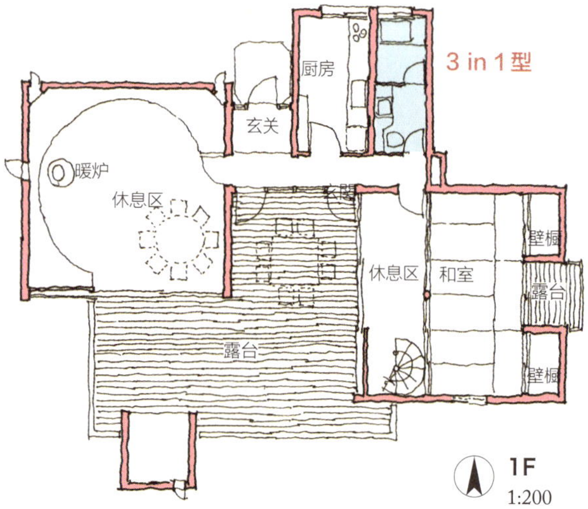

1F
1:200

由于规模上的局限性采用3in1模式。为了让卫生间更加舒适，浴缸和坐便尽可能分开，并在坐便和盥洗池及浴缸之间设置玻璃墙，而且还增加了卫生间地面的高度。

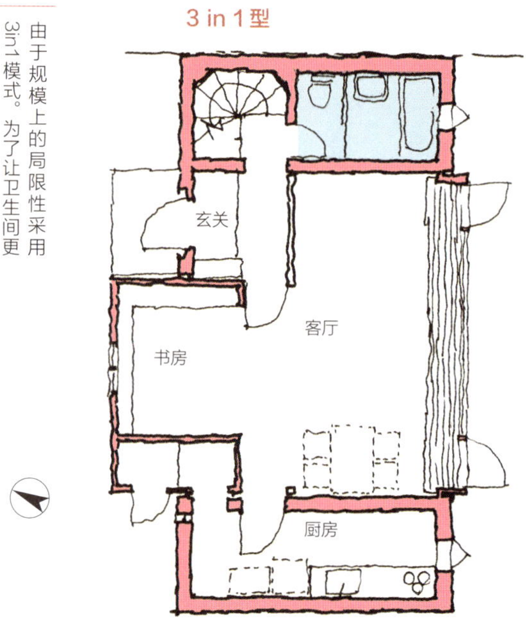

在设置3in1型卫生间时，最让人头疼的是使用浴室时的热气以及四溅的水滴，导致坐便周围一片潮湿。为了解决这个问题，这里采取高低差地面，以及利用中间设置的防水窗帘来防止水珠的飞溅。

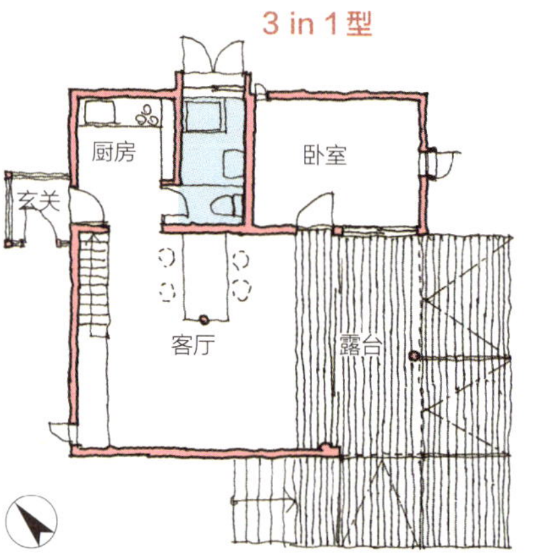

1F
1:200

玄关附近设置卫生间

设计双卫生间时，将其中之一设置在靠近一层玄关的位置上。这样的位置，很明显是为了让客人使用的。

在设计卫生间时，尽量让空间宽敞，并注意要便于保持清洁。在卫生间中，设置小型台柜，可放置来客用的毛巾和插花（花瓶、花盆）等。

如果兼有化妆间功能，女客人还可以在此补妆。镜子能够清晰的照到上半身即可，相应的照明必不可少。化妆时使用的照明光源应该是由下向上的，尽可能设计这样的照明。卫生间靠近玄关，当来客站在玄关时，不要让来客下意识看到卫生间，于是需要仔细确认卫生间进出口的位置。关于玄关和卫生间的位置关系，请参考下面的实例。

另外家人使用的卫生间，设置在靠近卧室和儿童房的位置。这个卫生间虽然没有必要附带化妆间的功能，却可以作为收纳家人使用的各种小物品（药、化妆品、手绢、毛巾、扫除用具、洗涤用品）的空间充分加以利用。

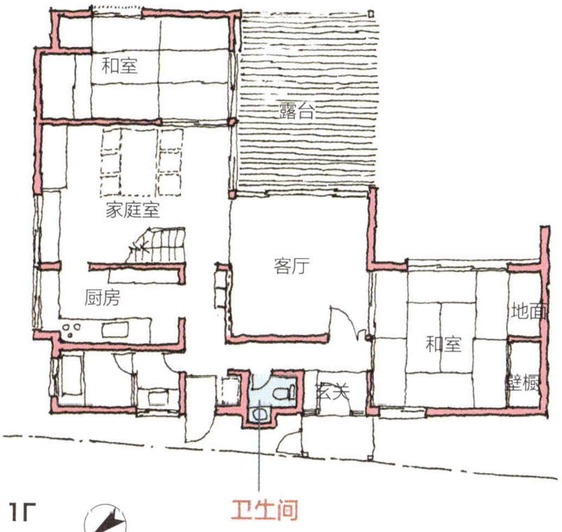

1F
1:200

因为来客较多，卫生间设置在进入玄关后左手的位置。二层设置的卫生间，主要是为家人所用。一层的卫生间还附带化妆间功能。

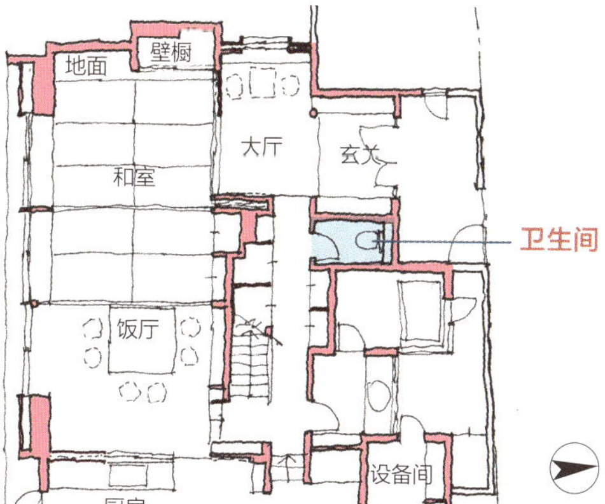

1F
1:200

双卫生间的设计，二层为家人专用，一层的卫生间设置在靠近玄关的位置。与二层卫生间不同，这里空间宽敞为客人使用。

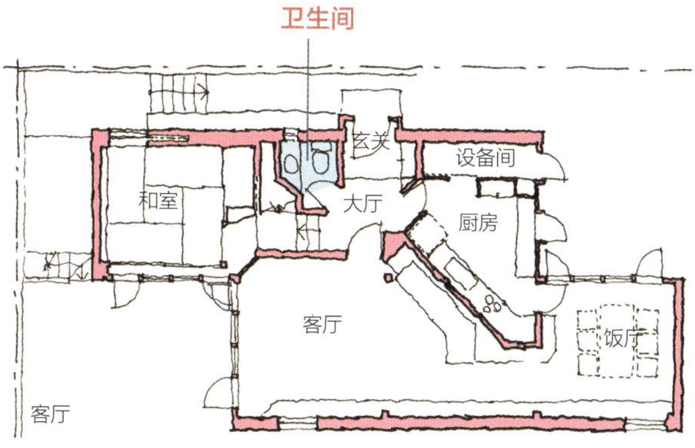

1F
1:200

玄关旁边的卫生间有为来客引路的功能。卫生间前方的走廊设计为中央走廊，光线不够充分，所以有必要设计天窗来采光。

125 儿童房空间的最小化

由于小孩处于成长阶，对儿童房的设计难免有各种顾虑。关于这一点接下来详细阐述。原因在于儿童房主要是用于供孩子睡觉和学习的房间，但伴随着孩子的成长，空间比例随之改变，家具的功能和式样也发生变化，这就是难题所在。

曾经有过一位房主这样说过：“住宅是我为自己而建，没有必要对儿童房优待。反而房间过于舒适小孩不愿出来。小孩就应该经常活动在儿童房以外。”

在此介绍一个实例，既这位房主的住宅，其儿童房面积与普通公司的单人宿舍差不多，床、衣橱、书桌就基本上把房间塞满。

宫胁先生说过，幼小时期的孩子没必要使用儿童房。虽然有小孩拥有自己的房间更有利于其自立的说法，但日本的现状是儿童房成为小孩逃避、躲藏的房间。小孩在里面做什么父母基本都不知道，认为只要孩子在房间里就安心。这样的儿童房是没有必要的。

儿童房的设计之所以难，是因为小孩不会一直是孩子成长快变化快。这个设计考虑到孩子们有一天会成人离开家，所以将儿童房按照最低标准来设计。

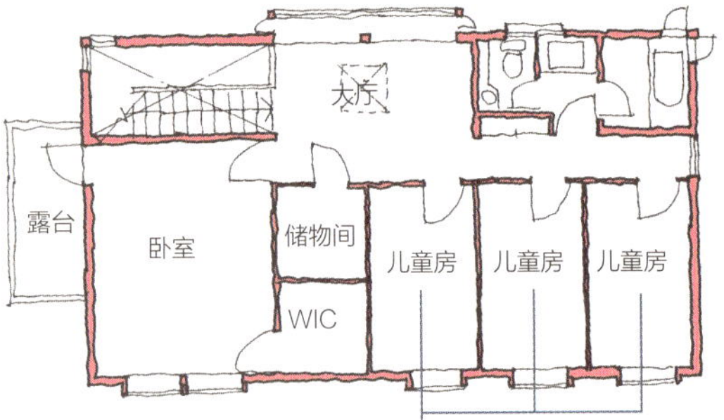

为孩子们准备的是最小规模空间，三间儿童房并排相连。

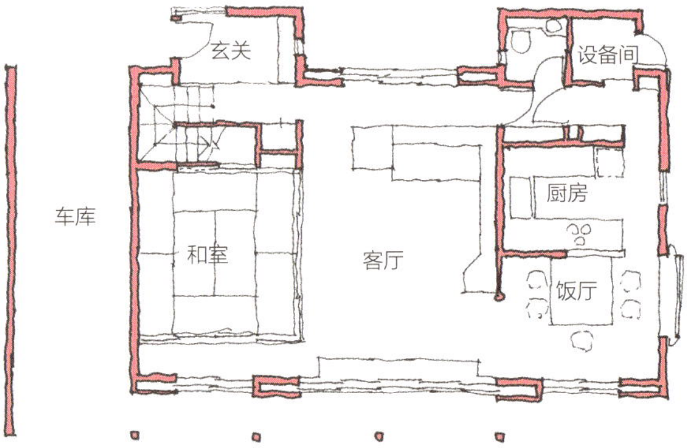

1F
1:200

设计是以居住者现有状况为基础来考虑的。是为了解决居住者现在的居住烦恼、居住理想以及居住需求提出的建设性方案。

一旦住宅建成至少会使用20年到30年。这期间，孩子的成长，家庭结构的变化。都需要事先考虑到设计中，根据这些成长变化及预测对住宅进行改建。虽然以现在为基本进行设计，但至少也要结合5年、10年后的可能性进行预测设计。

那么，儿童房在设计时怎样处理才是最佳方案呢。这在设计阶段是很难判断的。

小孩的特征是在成长阶段的变化显著，即便设计时孩子还处在幼儿阶段，然而几年后便上了小学，然后中学，孩子的状况是一直在不断变化的。

因此，对于以幼儿为对象的儿童房，以可移动的家具为中心，以便以后能够更容易更换。

在此介绍的实例是因为当时孩子处在幼儿期，考虑到儿童房作为游戏玩耍的房间来使用，设计成大房间，结合孩子的成长还可以把这个房间进行分割。

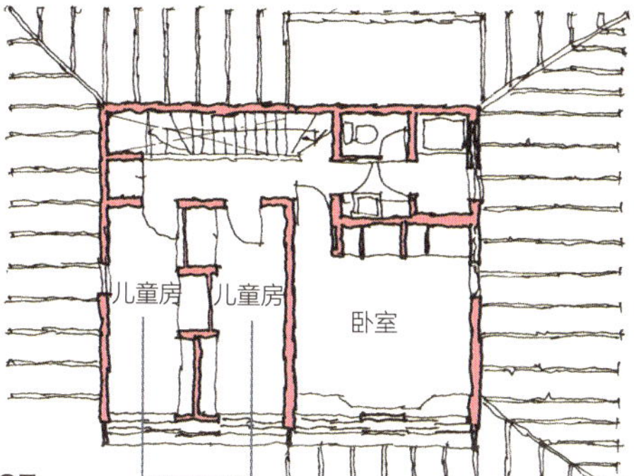

2F

把孩子们的空间设计为与卧室同等大小，故意没有在儿童房内做隔断。

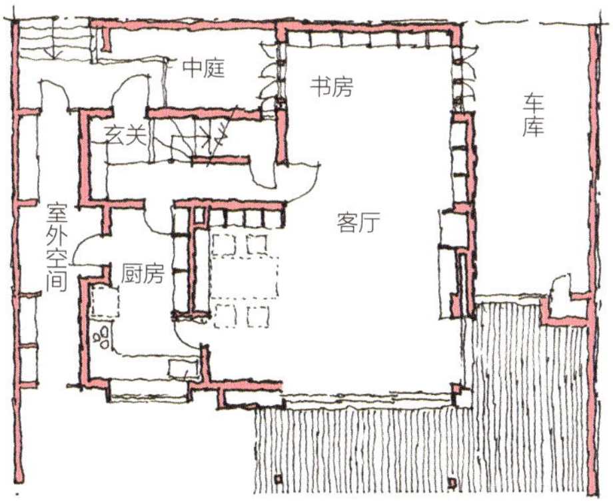

1F
1:200

二层孩子们的空间，小学三年级前没有分隔作为大房间共同使用。等到了高年级以后，通过放置用于隔离的家具把大房间隔开作为每个孩子的单间使用。儿童房根据孩子的年龄段使用方法不同，想适应这种变化也是设计时的难点。

一层的大空间为孩子们使用，日后可以利用隔断把大房间分为多个单间。

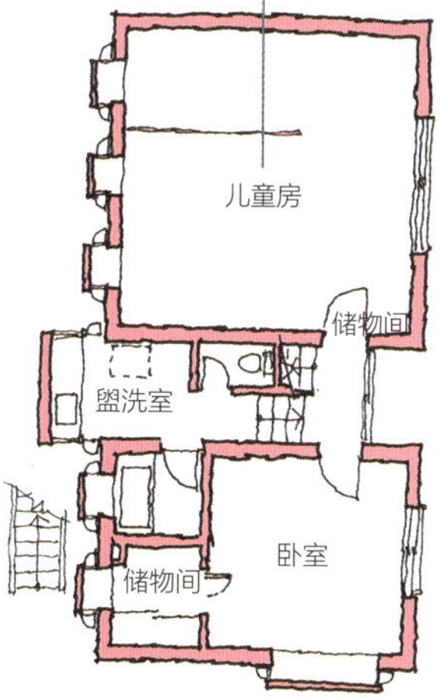

1F
1:200

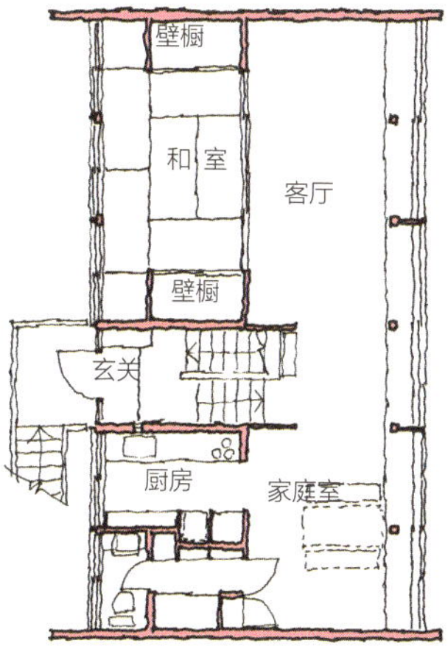

2F

玄关在二层，一层作为儿童房使用。三个男孩一直到小学三年级以前都在同一间房内玩耍。高年级以后，在房间中简单的设置隔板分隔出三人各自的空间。

127 祖父母的房间和儿童房上下重叠

两代合居型的住宅一般把高龄父母的房间设置在一层，子女的房间设置在二层。

根据建筑本身是木质结构还是钢筋水泥结构，设计方案会有所不同。那么在一层父母居室的楼上，设置什么房间才合适呢。这在设计时有必要予以充分考虑。两代人各自居住在自己的楼层，根据合居的父母是丈夫方还是妻子方会出现不同的氛围，上层产生的噪音有可能会成为婆媳不和的隐患。

尤其是木制结构的房子，必须意识到二层发出声音会造成意想不到的后果。因声音引起的抱怨不容轻视。父母早睡早起，而子女晚睡晚起，走动说话的声音传递到楼下，都可能会干扰老人的睡眠。如果婆媳关系好的家庭不会造成什么问题。相反则成为激化矛盾的导火索。

为了防止这种问题的发生，可以采取在老人居室的上方设置儿童房的方案。这时，即便同样程度的声音传过来，考虑到是爱孙在玩闹反应就不会那么强烈。

围绕上下层之间的声音所产生的矛盾，不仅局限于集合住宅楼，两代合居住宅也可能会发生。由于一层多为上了年纪的父母居住，那么在父母居室的上方就要加以注意。如果父母上方是儿童房，相对来说麻烦要少得多。

小孩的房间在祖父母房间的正上方，看一层和二层的设计图就会一目了然。

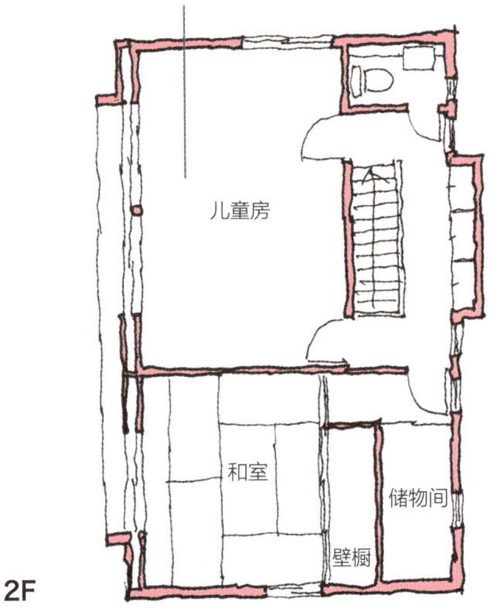

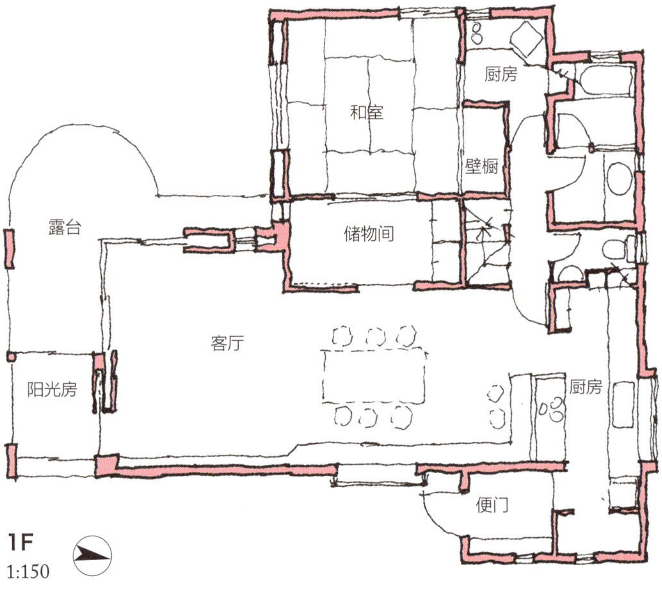

儿童房设置成非日常的阁楼式 128

每到周末，或者暑假等去别墅（周末之家）度假时，期待的是能够从日常生活和工作中解脱，放松身体，更换心情。

住在都市的人，之所以想把别墅建在海边或山区，就是因为那里的环境与日常不同。谈起追求非日常的环境，曾经听一位住在山区的客户说到，自己的日常生活中周围到处都是青山绿水，都市的高楼大厦才是自己的非日常环境。对与不同的人来说，与平日不同的环境就是非日常的。

在此介绍的实例是平日居住在都市的人在海边建的别墅。细长形状的住宅其中心部为厨房、浴室、卫生间等与水相关的部分。整个房间是一体型把这部分包围起来，其他部分从设计图上看正好呈为“U”字形。房间开阔让心情得以放松，完全体验到非日常氛围。

特别是儿童房的设置，正好位于与水相关部分的正上方的阁楼中。需要使用梯子爬上爬下。如果在日常生活中反复爬梯子，可能没有人会喜欢，可对于小孩来说，这种形式完全为非日常，一定会乐于其中的。

别墅内大型的中空设计让二层产生了两间阁楼作为儿童房。因为进出儿童房需要梯子，对于孩子来说，好像拥有了自己的秘密基地一样。

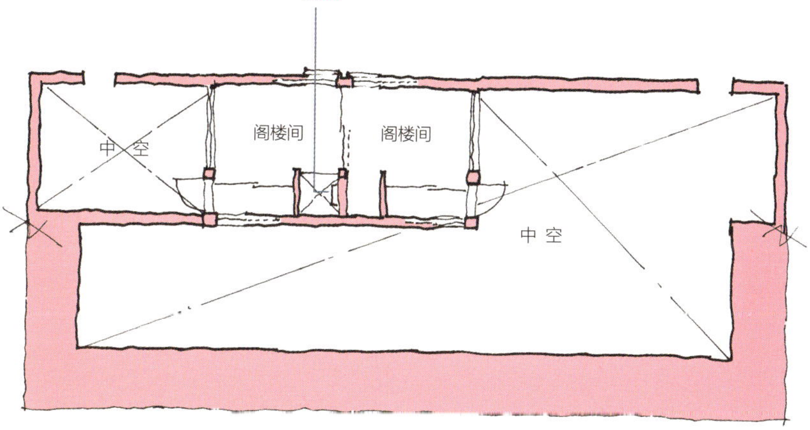

阁楼

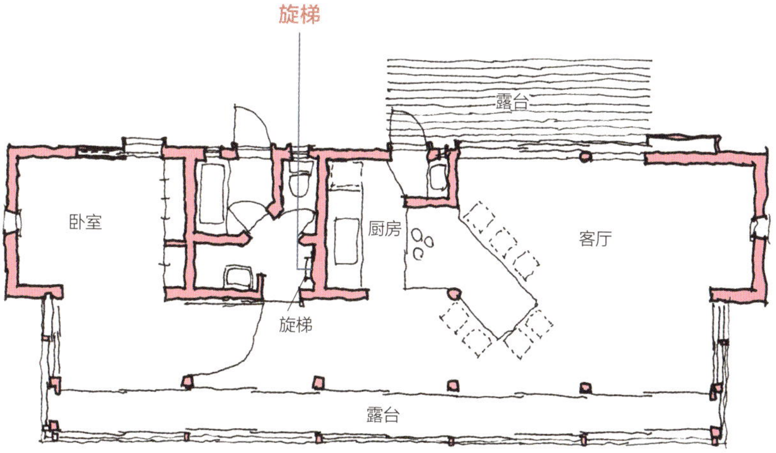

1F
1:150

129 孩子们专用的客厅

我们前面讲述过，怎样设计儿童房是很挠头的问题。宫胁先生最担心的情况是儿童房成为小孩的逃避房，再也不出现于家人聚集的房间场所（客厅、餐厅等）。

为了防止这种情况的发生，答案之一是不要把儿童房设计得太完整，之前提到，只是提供类似于公司宿舍的最低标准的空间，由于条件有限，为了所需自然就会从自己的房间走出来。

进一步展开这种想法，把儿童房不具备的要素集中到一个场所，并将这个场所作为孩子们共有的场所。请参考在此介绍的实例。

在儿童房门口的附近设置小型的大厅，可以把孩子们共有的书本、字典等集中在此，甚至可以把电脑和电视也放置在此。孩子们走出自己的房间后可以聚集在此，这里也成为孩子们专用的客厅。

由于这个专用客厅位于二层，可以在房顶设置天窗。按照孩子们的希望，天窗设计为能够看到天空，并配置了天体望远镜。这样的设计不但激发孩子的兴趣，也是防止孩子自闭在自己房间的方法之一。

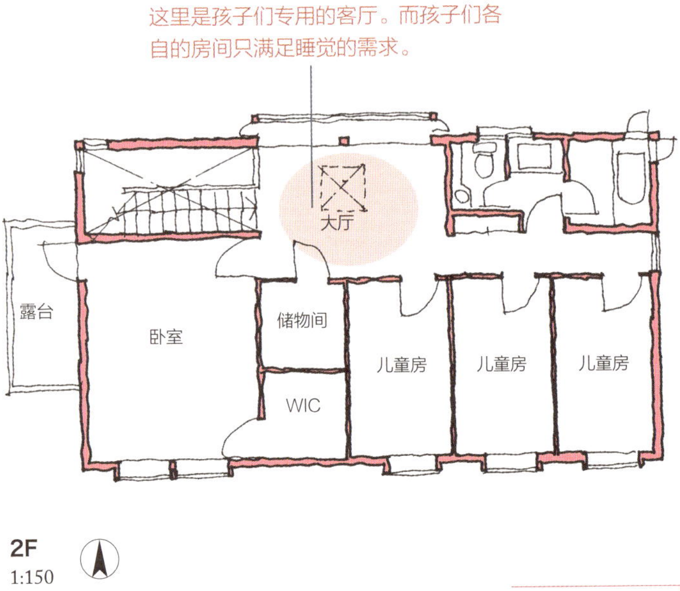

孩子之所以自闭在自己房间里是因为在儿童房内就能够满足各种需要，所以有必要把其中的一部分转移出来。此实例设置了孩子们专用的客厅。摆放了孩子们共用的电脑和参考书、字典等。

第3章

附加功能房间

之前，我们对住宅设计的整体和局部做了介绍。根据建房用地的形状和方向、建筑的形状和位置、房间的配置和连接、各个房间内部的布置等，通过一张设计图，就能够在头脑中绘画出来。

在之前设计中已经介绍过多种房间。这些房间是按照各自的用途来命名的，其中包括了工作间、书房等日常生活中不很常见的房间。很多人之所以乐于欣赏设计图，在很大程度上就是因为设计图上有非日常生活必需品的存在。甚至可以说，就是那些在日常生活必要的部分得到确保后，充实附加功能，才能体现出设计的真正价值吧。

所以在第三章里，主要介绍在普通住宅里不完全必要，如果有却又令人愉悦的空间设计。这部分已经超出了住宅提供的食与住的基本要求，虽说是附加功能，但是所有人都希望拥有。

130 拥有书库

住宅设计永远的主题是要考虑如何对将大量物品进行收纳。

身边的物品多也代表我们的物质生活丰富，有人说这是日本住宅的特有现象。宫胁先生说，房间中物品多是因为收纳设计不够完善。进行设计时，首先对居住者所有的物品做一份清单，并以此为基础设计收纳空间，这一点任何时刻都不能掉以轻心。

有些人的物品比一般人多出很多。这与他们的职业有关，例如书。

如果家里藏书多，设置专用的书库使用起来会更加方便有效。

在此介绍的实例是，把书库设置在玄关旁边。因为这里是住宅中动线较粗的部分，即家人频繁通过，容易收纳物品的位置。一般图书馆的设计是让书库和阅览场所相邻，这样使用方便。在此是个人使用，在书库中配置了桌椅。还有一点需要注意，书有不同的尺寸，设计书库时首先要对藏书调查，避免书架分配上产生的浪费。

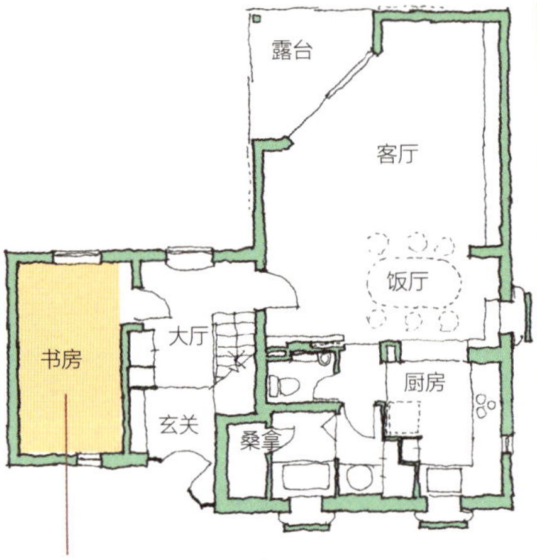

1F
1:200

工作方面的书籍太多，几乎堆满了房间的死角，通过设置整齐的书库，不但使用方便，而且收藏量确实也得到增加。

这里是书库。一般很难确保这样的空间，这也是这户住宅设计的主题之一。

书房与客厅相邻，书库附属于书房。这间书房与餐厅很近，读书疲倦的时候，可以去客厅放松，还可以去餐厅喝咖啡。

藏书多的家庭都有自己的理由。一般都是找空间，摆书架，但真正能够有效对应的还是设置书库。如果有能放置小书桌的空间，就更加方便。

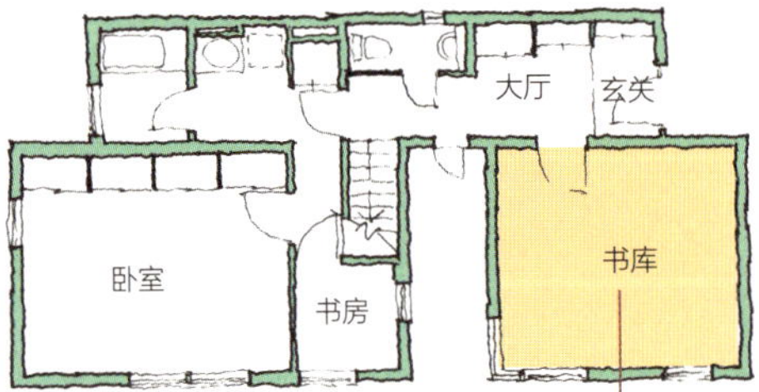

1F
1:200

书库目的明确，就是收藏书籍。藏书较多时的设计。

书库处在与书房相邻的位置。把握藏书量，以确保空间的宽裕。

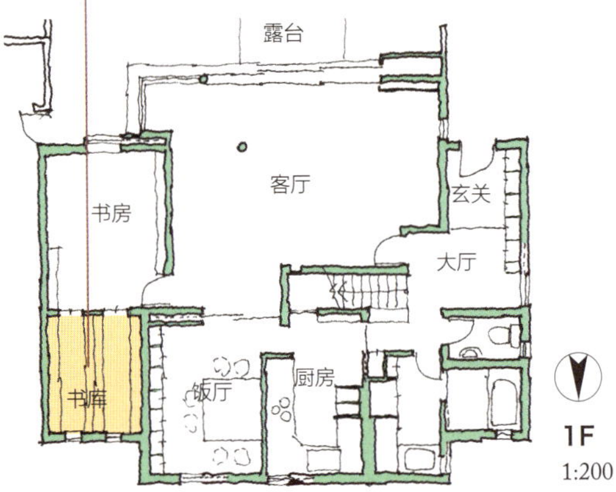

1F
1:200

把书架设置在楼梯间 131

爱好读书的人读书的方式是各种各样的。有人喜欢饭后坐在椅子上直接就把书翻开，或者到客厅坐在柔软的沙发上找个舒服的姿势，还有人喜欢睡觉前躺在被窝里看书。

像这些时候看的书，平时存放在哪里呢。方式多种多样。在藏书量达到一定程度时，书的放置场所就应该进行精心设计了。

经常在餐厅和客厅看书的，为了方便取放整理，可以在房间的一角设置书架。但是当那里事先已经做其它用途时，可以考虑设置较随意的书架。

在此介绍的实例，由于考虑到在就寝前能够选择当晚要看的书，所以利用楼梯间的墙壁面设置书架。

从一层的客厅到二层卧室途中，就可以选择临睡前看什么书。确认自己的藏书，这和读书本身的乐趣不同，也是感受幸福的时刻。

楼梯间的墙壁面积出乎意料的宽绰，很轻易的获得书架的空间，这里可以代替书库有效的加以利用。

设置在楼梯间墙壁面的书架。这是二层的设计，这栋住宅为四层结构，楼梯多，可以确保相当数量的收藏。

楼梯间的整面墙都设计为书架，图纸中是二层楼，实际的住宅为四层楼，所以楼梯的数量较多，足够保障各种物品的出场空间。

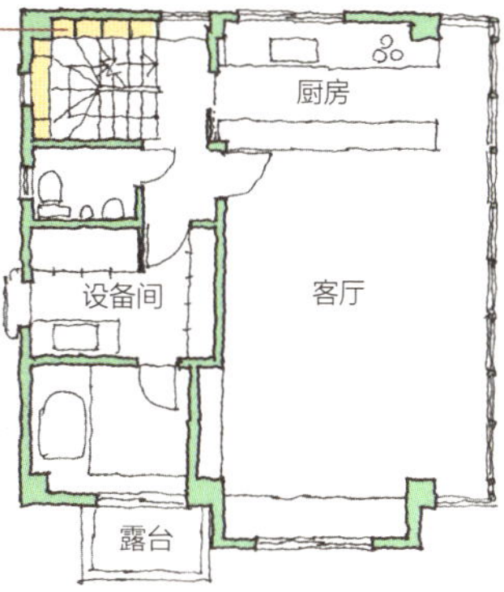

2F
1:200

此例把楼梯侧的整面墙壁设计为书架。在考虑设计楼梯间时，非常意外的确保了这个空间。

2F
1:200

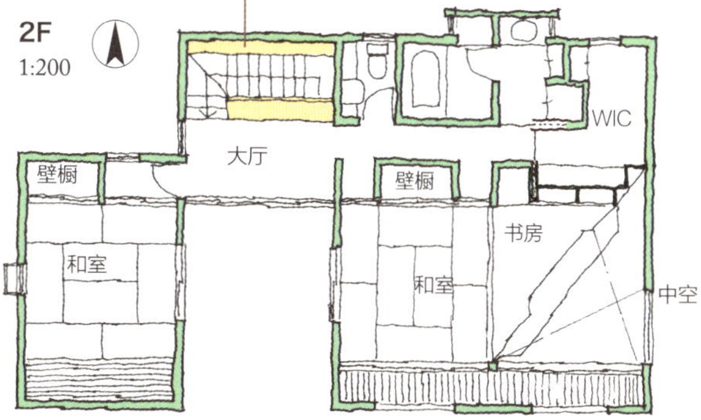

楼梯段的一整面墙壁设置为书架。这里的空间是在设计楼梯间时意外的收获。

132 把铺设地板的露台作为客厅的一部分

决定住宅规模的要素有多种，其中影响最大的是遵循建筑基准法规定的建筑密度和容积率。

这两项都是相对于建房用地面积的比例，建筑密度是建筑面积所占比例，容积率是总建筑面积所占比例。当然，建房用地面积是基准，如果建房用地开阔根本没必要在意，但对于都市地区这种规定很严格，因为一般购买的建房用地在面积上难以达到自己的期望。

设计需要确保整体上平衡，例如，想要扩大客厅面积时，如果硬是破坏整体的平衡会导致整体设计不合理。

这时，如果院子还能够有空间可以利用，可以像在此介绍的实例一样，设置铺设地板的露台，并与客厅相连。地板露台不计算在建筑面积中，高度上与客厅地面一致，可以作为客厅的延长空间。虽然露台面积受到院子大小限制，但客厅空间确实能够得到大幅度增加。

当然由于露台没有屋顶，只能在不下雨时才能作为客厅使用。在露台上方搭建棚架，天气好时，令人愉悦心怡。

由于建筑密度和容积率的限制，或者考虑到布局整体比例平衡，尽管想要扩大面积，有时的确无法实现。尤其是对于增大客厅空间，可以设置露台与客厅相连的方法。

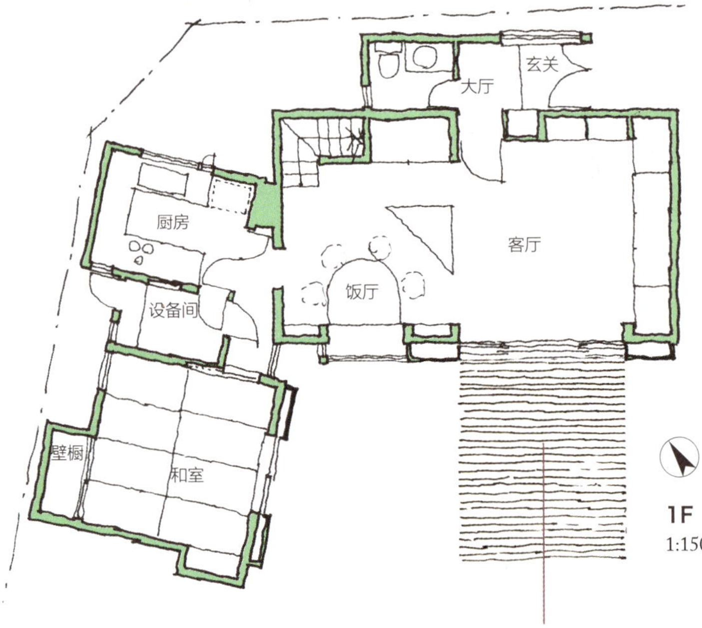

在客厅前面设置露台。从客厅望去，这里好像就是客厅的一部分。

露台可划分出公与私的空间 133

在为住宅分区时，对于分开的两个区域各自在什么位置怎样进行相连，有很多方法。

本书106页介绍的这栋别墅，露台在建筑物的正中央呈45° 角偏转，从而成为一体型空间的掐腰。进行住宅设计时，考虑到利用这个掐腰，将公共区域和隐私区域划分在左右。

在房间内部，由于露台形状造成的掐腰处狭窄，成为连接公共和隐私空间的接点。由于无论是公共区还是隐私区都能够进出到这个露台，构成了房间内部与利用露台的回转路线。

这样的露台，着眼于两方区域都能够进出，白天作为公共区的延长空间使用，到了晚上又可作为隐私区使用，使用方法多种多样，具有灵活性，非常方便。

位于客厅与卧室之间的露台，白天作为客厅一部分属于公共区域，到了门窗关好后的晚上，则可以作为附属于卧室的隐私区使用。

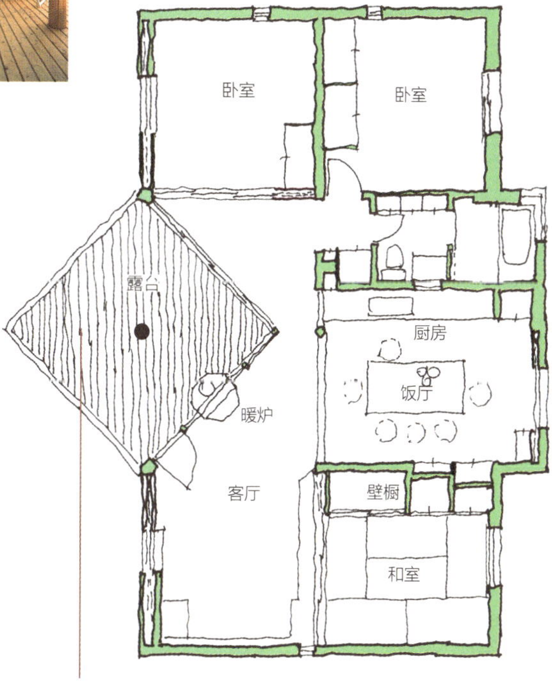

客厅的一部分被露台占据。导致这里成为客厅的掐腰，能够把隐私区和公共区分开。

134 室外走廊

根据什么特征判断住宅是西式风格还是日式风格呢。

一般印象中的基准是，西式风格为地面铺设地板，窗口设置窗帘和百叶窗，日式风格为铺设塌塌米、窗户处设置障子门。这样的看法不能算错，但也并非一是正确。因为西式风格的住居中也有使用塌塌米和障子门的。

在此介绍实例的室外走廊，带有日式住宅风格中的要素。但不能完全称之为日式风格的住宅。室外走廊确实是日本传统风格的表现方式之一。对于室内空间和室外空间有效的连接，发挥着重要作用，而且具有进出时的台阶功能，使用方便。

这么方便的结构，不应该是日本风格的专利。与塌塌米和障子同样具有优良功能，使用方便，希望能够被越来越多的采用而没有必要强调属于何种风格样式。

室外走廊与露台功能相似，有时根据构建方法难以区别，也没有必要勉强区别。本例中采用幅度宽的厚木板并与门窗方向直交，是明显的室外走廊形式。

住宅南侧设计了长度充分的室外走廊。是在传统的日式风格中常见的室外走廊，现在已经很少看到。但是，在操作防雨窗，或者庭院里作家务的间歇稍做休息，或是放置展开东西等情况下，室外走廊还是具有无法割舍的魅力。

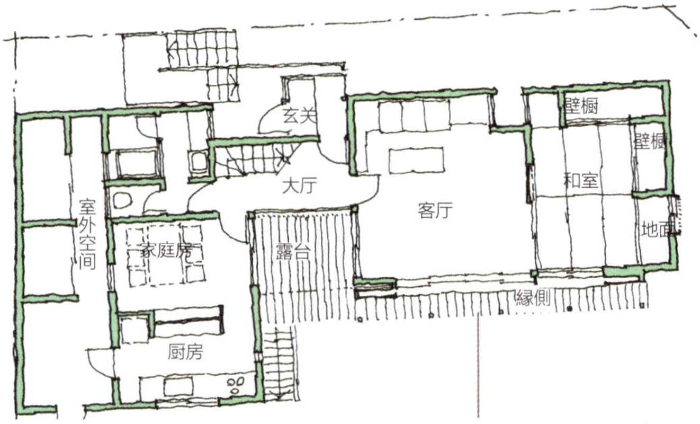

1F
1:200

走廊延伸足有建筑物一半以上的长度。按照建筑物氛围构建的更加现代，但形式上还是室外走廊。

印象中室外走廊，有种距离地面较近，好像坐在长椅上的感觉，这栋建筑物构建在斜面上，站在东侧露台好像身在天空之中。西侧的露台处在整栋建筑的外围，下雨时自然被淋湿，这和室外走廊感觉完全相同。

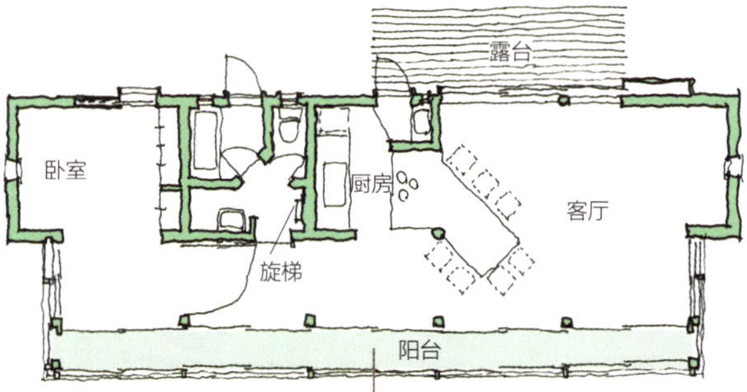

1F
1:200

一层西侧全部是露台。沿着细长的建筑一面是室外走廊。

提到地下室，印象之中房间位于地下，又潮又湿，根据建筑基准法的规定，地下室也能够通风和采光。地下室虽然按照要求位于地面以下，但是只要满足一定的条件地下室房间也能够露出地面。

在建筑基准法（建筑密度、容积率），对建筑物的建筑面积规定，不能超出所占建房用地面积的一定比例。以维持优良的居住环境为目的的地区，对这项基准值的规定特别严格，如果建房用地规模不够充分，则难以构建自己希望的住房面积。

但是，地下室在满足一定的条件下，由于面积不算作容积率，规定相对缓和。即使部分露出地面也属于地下室（我们称之为半地下室），所以能够在这里自由构建自己希望的空间。

在此介绍的实例利用了缓和规定，建筑物构建在坡面上，位于假设的平均地平面值的上下，构成可以判定作为地下室的条件。根据情况，即使没有接触到地面，在法律上有时也能够按照地下室对待处理。法律有时的确会出现不合情理的现象。

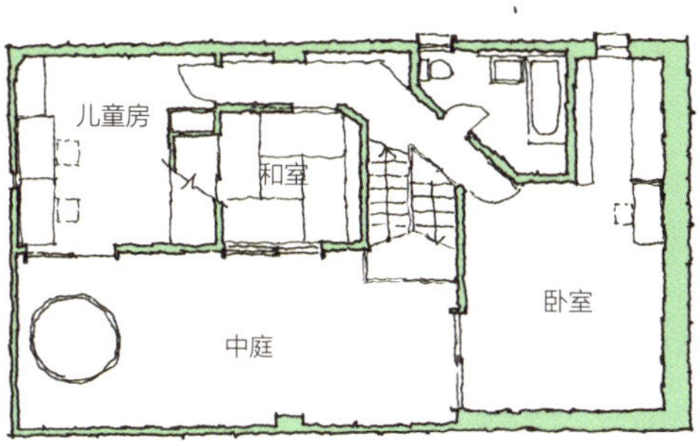

1F

此住宅通常的判断一层为地下室，客厅的部分为半地下结构。这是由于建房用地为坡面而造成的，即便感觉上位于地面以上，但在法律上的解释为地下室。

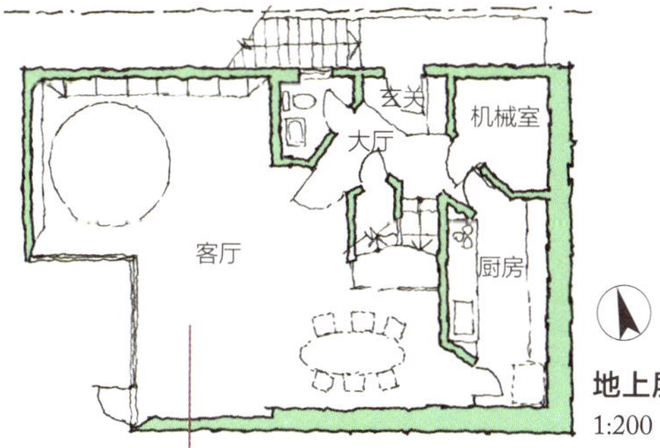

地上层
1:200

客厅的局部为下沉休息区，应属于建筑物的一层，但整体房间按照地下室处理。

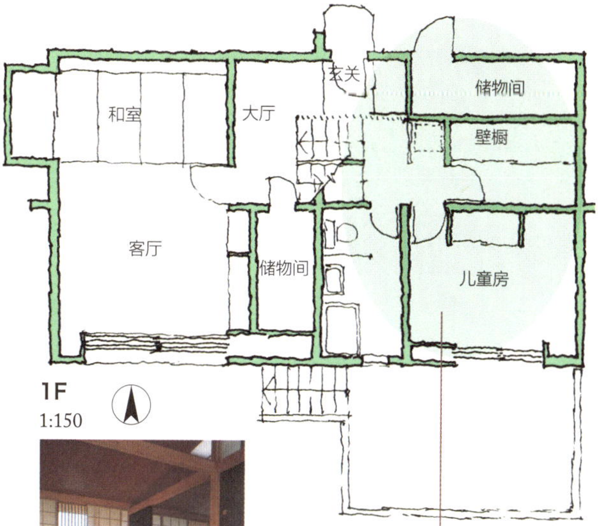

1F
1:150

由于位于坡面，以儿童室为中心的这部分房间一半位于地下。玄关的位置与地面一致。

法律上对空地率相当于现在的容积率有规定，规定的内容近似，符合基准的地下室不被加算在建筑面积中，这里利用到这项缓和措施。

136 完全分离不同性质的要素

单户住宅中有所谓型的概念。正因为这种型的概念，虽然家庭成员各自的生活方式不尽相同，却可以把一个家有效的融合在一起。

把单户住宅作为其他的复合设施来使用，这种情况确实存在，例如，店铺和集合住宅等。自己的住宅带间店铺，这是好多人梦寐以求的。但这种布局对一个家庭住宅来说，不是件能轻易达成的事。围绕店铺和居家，两方面都得顾及，许多地方不好解决。这时候，不必拘泥于建在一起，可以考虑把这两种要素各自分开进行。

在此介绍的实例为单户建住宅和公司宿舍的复合建筑。宿舍部分依靠独立支柱直接支撑到二层的高度，在支柱范围内部直接插进单户建住宅。

这样，住宅是住宅，宿舍是宿舍，各自不互相干扰，需要注意的是一层部分，考虑到各自的玄关和通道位置。本例中住宅和宿舍使用同一条通道，住宅玄关由于使用更加频繁而设置在前侧。此外，维修保养问题也需要予以重视，这里上层的给排水等设备配管路径没有影响到单户建住宅部分。

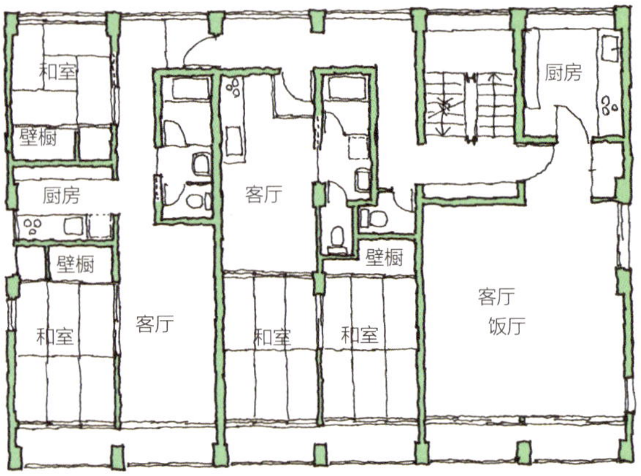

2F

一层的大部分空间为工作室，与二层居住部分分别利用各自的玄关进出，完全分离。

此建筑的一层主要是住宅，二层为公司的宿舍。虽然组合了完全不同的住居形态在同一个建筑内，但是并没有感到不伦不类，因为建筑结构彻底将它们分离了。

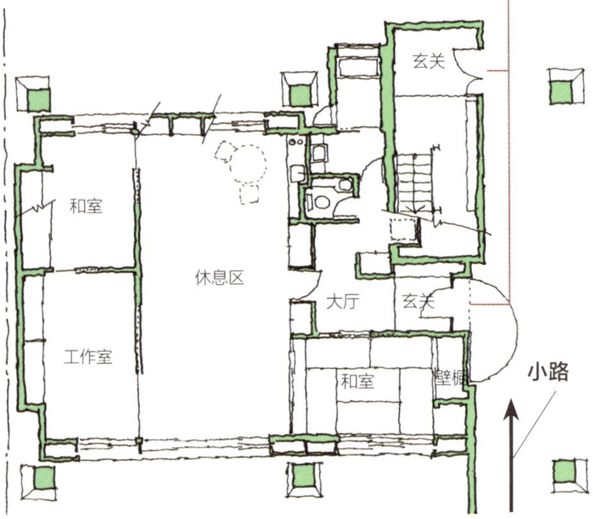

1F
1:200

有没有觉得为带有工作室的住宅进行设计，想起来就令人兴奋。可能是工作室与日常生活中只负责饮食、起居的住宅的基本形式没有直接关联，而且有充分的空间，在设计上具有更高的自由度。

工作室是用来制作物品的地方。对于工作室在住宅中所处位置以及怎样设计更加适合，根据制作的物品及完型的程度有各种各样的方案。

由于工作室内进行的制作和加工工作，不是以商业为目的，不必考虑客户的存在，不必像设计复合用途住宅那样有许多顾虑。但与一般的制作加工场所一样，伴随作业进程会产生噪音和气味、垃圾和灰尘。虽然在程度上有所不同，但一定不要影响到住居，必要时需采取隔离等措施。根据作业形式，也需要配备水电煤气等的设备。另外，最好设置专用的卫生间，这样会更加方便。

在此介绍的实例有位于半地下的，还有隔着中庭与住居部分对视的厢房式的。走出玄关才能进入半地下的工作室，所以设置了专用的卫生间。

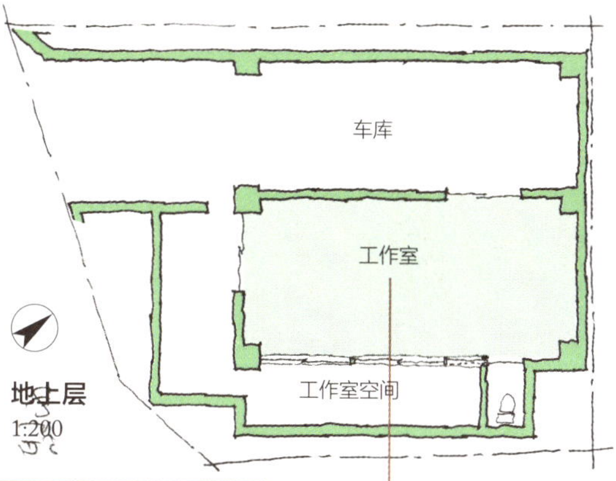

工作间。作为陶器工房使用。在居住部分另外设置了卫生间。

建筑物为四层，二层以上为居住空间，最下层是工作间和车库。是半地下室部分，有静谧的氛围。与居住部分完全分隔，不必顾虑周围能够专注于工作之中。

由工作间里产生的噪音、振动和气味，或者由于工作到深夜的情况多有发生，像本例一样，采用分离工作室的形式，这样对家人及本人都有好处。

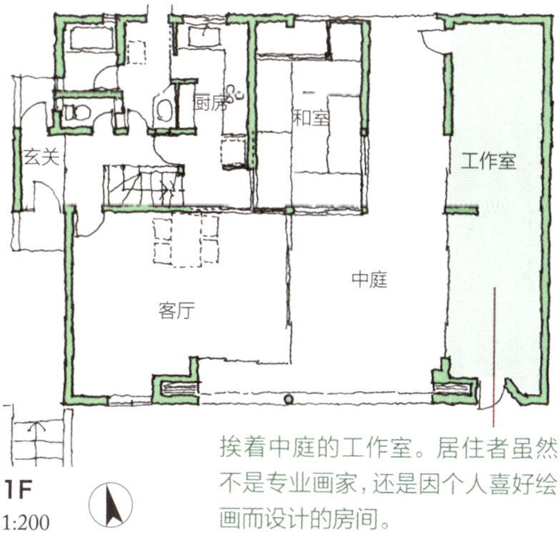

挨着中庭的工作室。居住者虽然不是专业画家，还是因个人喜好绘画而设计的房间。

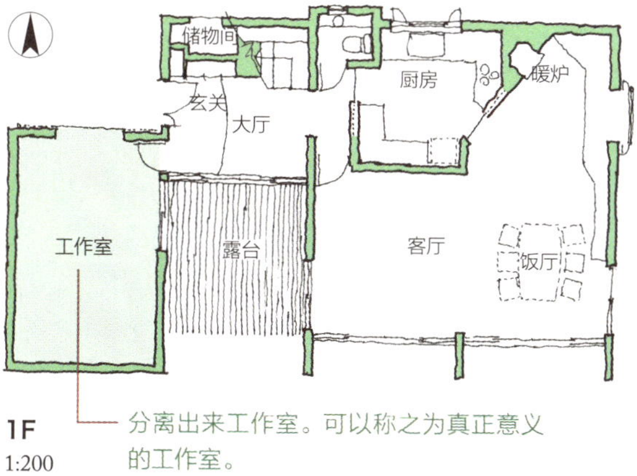

分离出来工作室。可以称之为真正意义的工作室。

这个工作室，配备各种电动工具可以做一些简单的工作。由于噪音大设计在远离居住的部分，并且这里靠近停车场便于材料的搬入。

138 住宅与工作场所并用

复合用途住宅指在一栋建筑物中，包括居住部分和工作部分，并且这两个部分没有明确的界限。在街道上经常可以看到店铺和住宅合并在一起，店铺兼用住宅的既如此。

被称为SOHO（Small Office/Home Office），那种利用电脑等相关的信息通讯器材在自己家里设置的小型办公室，也是复合用途住宅一种。

这样的复合用途住宅的设计，根据工作内容的不同形式多种多样，需要到现场从理解工作开始。例如，有来客到访或没有来客到访，因为面对的对象不同设计也会不同。

在此介绍的实例为复合用途住宅，居住者的工作是以来客为对象。易于客人进出的一层作为工作场所，住宅在二层，分别设置一层和二层的玄关。工作场所和居住部分的来往需要经由外部楼梯。

另外的一个实例是没有来客的工作场所。工作场所设置在一层玄关旁边，与居住部分共用玄关。也没有为工作区设置专用的卫生间。像这种情况下，与其说是工作场所还可以作为居住房间部分使用，工作场所和居住部分之间的来往，与普通家庭没有区别。

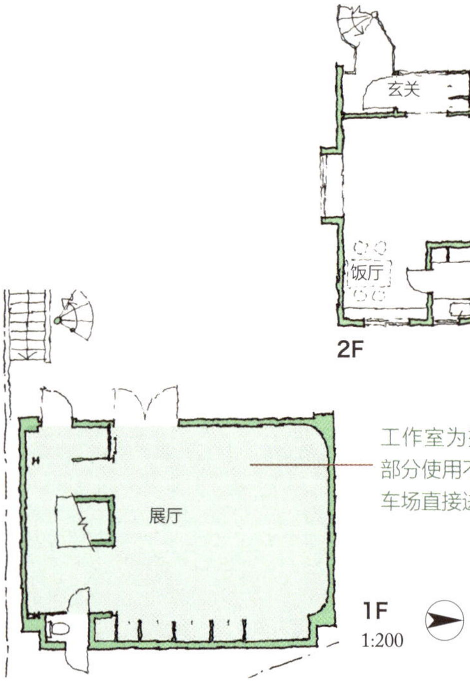

复合用途住宅形式多样，本例的房主是摄影家，住宅和摄影工作室并用。工作室兼有店铺的性质设置在一层。

工作室为摄影室。与二层居住部分使用不同的玄关，可以从停车场直接进入到工作室。

像这间布局一样，如果能够在办公桌上解决的工作，可以把工作区作为居住的一部分设计在内。并且为了进出方便工作室的设置靠近玄关。

住宅中的工作空间，如果工作室内不需要特殊的设备，这样的安排合理且功能性强。

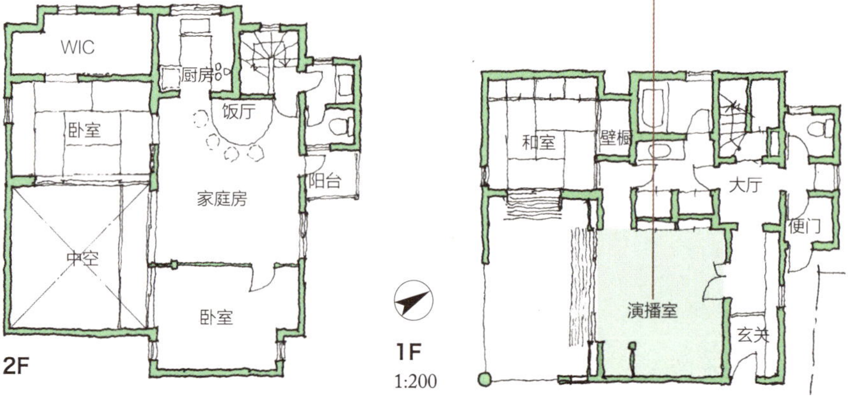

地下一层，地上三层钢筋结构的建筑。地下和一层为工作使用，以便对应来客进出多的情况。住居在二层和三层，楼梯集中到一处与工作区共用，楼梯也貌似是通道的一部分。

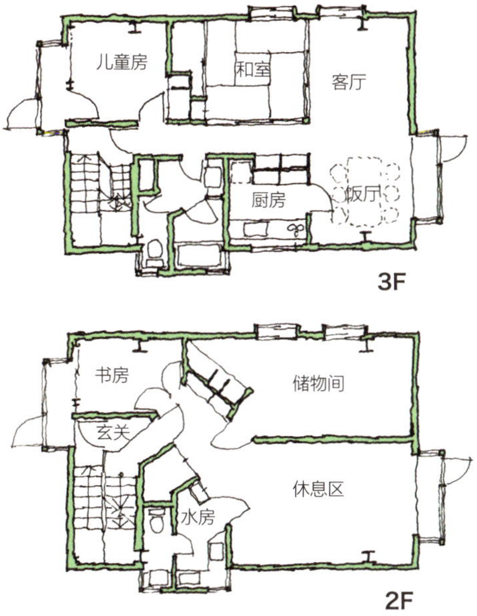

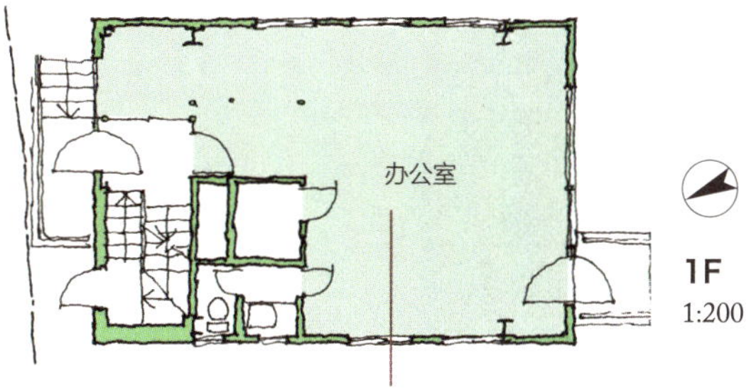

一层为办公室是工作的场所。从二层以上为住居部分，与工作区完全分离。但不要忘记相互往来的方便性。

像这间布局一样，如果能够在办公桌上解决的工作，可以把工作区作为居住的一部分设计在内。并且为了进出方便工作室的设置靠近玄关。

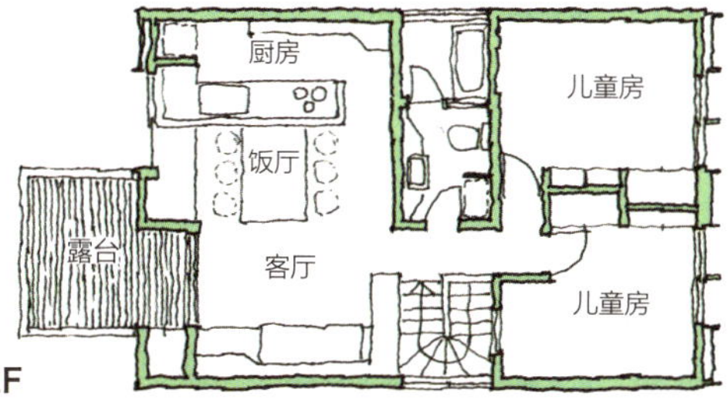

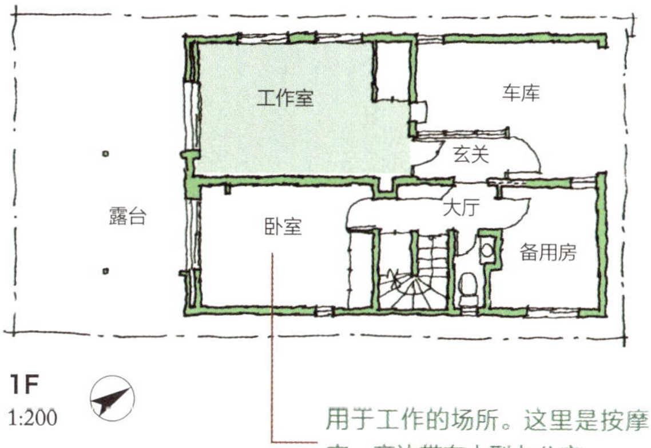

用于工作的场所。这里是按摩室。旁边带有小型办公室。

这是与按摩院并用的住宅。建房用地处在角地，家人用玄关和来客用玄关可以从不同道路进入。建筑由住宅用的二层单户建住宅和平房的按摩院连接在一起。

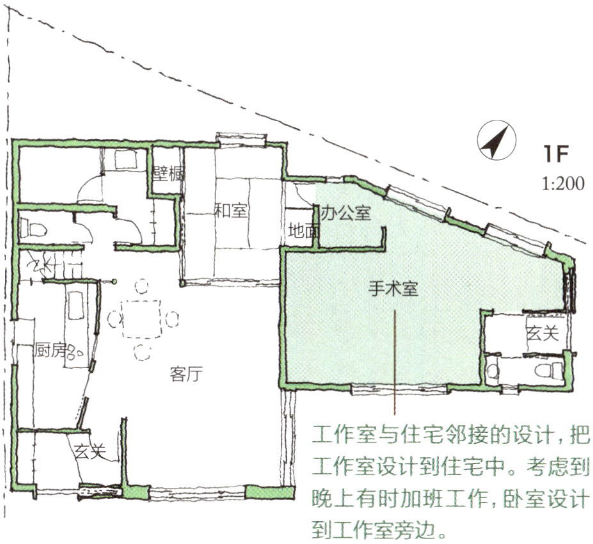

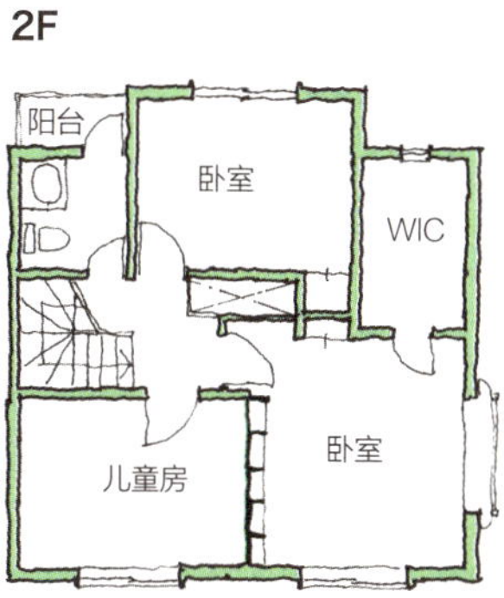

工作室与住宅邻接的设计，把工作室设计到住宅中。考虑到晚上有时加班工作，卧室设计到工作室旁边。

139 设置停车场

在设计和划分隐私区域和公共区域时，容易局限在住宅内部，实际上分区也应该结合住宅外部一起考虑，这也是成功设计不可或缺的。也就是说，不论什么情况，室内室外需要以一体化的概念来考虑。

对室内设计影响较大的室外要素中，包括庭园、通道以及停车场等。这些要素受到建房用地与道路关系、建房用地形状、建房用地的高低差等条件的制约。

对室外要素进行停车场的设置至关重要。之所以这么说，是因为停车场占地面积大，与道路关系密切，不能轻易的决定其位置。

在此介绍的实例，是从道路及建房用地，到与建筑物本身的考虑，把停车场作为住宅的一部分设置在建筑物之中。像这样，停车场面积包含在建筑总面积中，但在计算容积率时，可以享受最大限度的百分比率，停车场部分是可以不必计算在内的。

这样，由于停车场与建筑物的一体化设计，建筑物和建房用地的关系清晰明了。

位于一层建筑物一侧的停车场。建筑物南侧可以充分拓展温暖的庭园。停车场被建筑物外壁围墙包围，更明了的强调了停车场。

我们曾经数次介绍过这户多层构造的住宅，按照楼层使用方法各不相同。停车场当然在最下面楼层，这里为半地下，汽车可以被完全收纳进来。可以恰当的称之为车库。

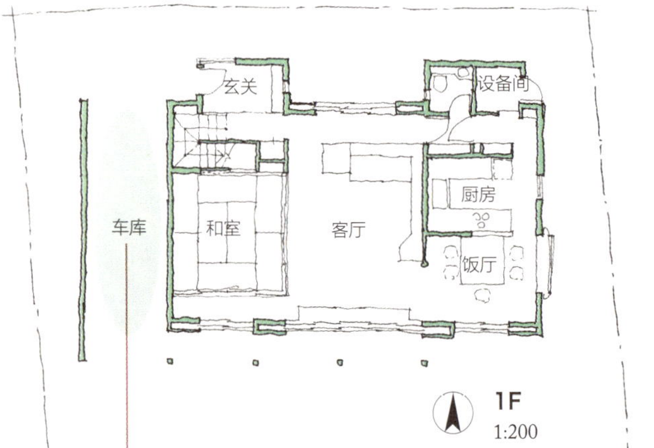

停车场与一层建筑并排，两侧被建筑物和建筑物的外墙包围。

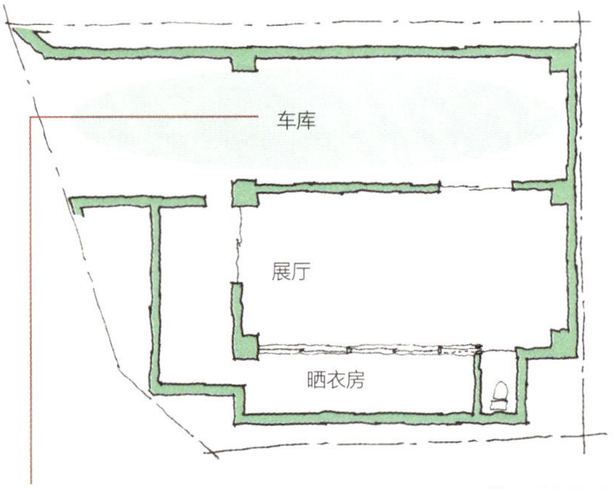

车库被设置在最下方。也可以说是半地下，三个方向都被包围。

在建筑物的一侧的停车场位于建筑物内部。这样的设计是由北侧的道路和建筑物的关系决定的，房主也希望如此。建筑的外观显得非常紧凑整齐。

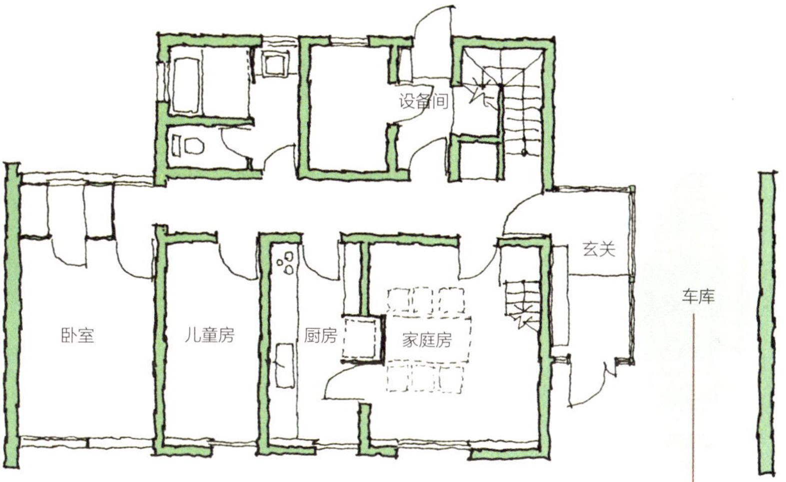

1F
1:150

建筑物玄关外侧为停车场。

建房用地入口在南侧，东西幅度窄，为了确保停车的空间，要考虑利用建筑物内部的空间。一般在建筑物内部设置停车场，计算容积率时也会有优惠政策。

1F
1:150

停车场占据一层大部分空间。由于被外墙包围，感觉和车库一样。

到目前为止书中出现的设计图已经过百。宫胁檀建筑研究室设计的住宅数量当然不止如此；但出现在书中的大部分都是具有代表性的设计。在这些设计中，可以看出宫胁先生本着为居住者着想的理念，尽可能设计出满意快乐的生活空间。

以快乐为重点考虑设计时，虽然通常的住宅也包含这种理念，但相比之下别墅贯彻得更加彻底。宫胁檀建筑研究所设计的别墅，其中许多在本书中出现，都是各具特色令人身心愉快的设计。居住者当然如此，连设计者本人也置身于别墅中，享受着令人快乐的非日常生活。类似这样的设计也得到大家的承认。宫胁先生讲过，正因为是别墅，才更要设计得令人感到愉悦快乐，施展出别墅自身的优越性。

最后，边参照宫胁檀建筑研究所独自设计的别墅实例，按照顺序进行讲解。让我们通过阅览这些让人感到快乐的设计图，来结束本书的内容。

以“食”“住”为本的别墅+具有“食”“眠”+活动据点的功能

如果再次认真的思考住宅最基本的要求，答案应该是，首先能够安心进餐，其次毫无顾虑的休息这两项。也就是说和动物的巢穴具备同样的功能。尤其是别墅，能够确保这两项，那么设计基本就完成了。

应该称本例的别墅为小屋才贴切，因为小到不能再小。形状好似饭团所以命名饭团之家。是只能满足吃饭和睡觉的一体型房间。这样的形式，现在在世界各地也能够见到。例如蒙古的蒙古包等，只是人们为了生活必要的栖身之地。

进行设计时，以下面的使用方法作为条件。首先，白天，乘公交或自驾汽车可以到达。把行李放到房间后，马上带着必要用品去附近散步或前往周边观光，通过大众点评的信息了解周边的饭店解决晚餐，然后回到小屋后进入睡眠。第二天早上，睁开双眼，早餐是前一天准备的面包和牛奶，迅速的整理扫除房间后，关上门窗，向其它的观光景点出发，按照计划返程，结束两天一晚的小旅行。

如果计划因一些事情被打乱，或因雨天无法回程时，整天都要蜷在这间小屋的话，这样的设计就会让人感到痛苦。因为真的只是对食和睡设计的。

与小屋实例相比，此建筑只多出3m²，即便增加仅此微小的面积，也在使用的方便程度上得到了大大的提高。

从整体面积上看只能称为小屋，在构成上稍加变动，食住功能得到进一步的改善。试想一下使用方法就能感觉到灵活性所在。10m²的房间铺设榻榻米，因为榻榻米房间的使用人数能够调整。并且，地面部分的面积也有10m²左右，也可以做多种用途使用。

本例别墅本来以吃饭和睡觉为主，除此之外一直在外面活动，尽管原则是这样，但由于空间上的宽裕，让使用者在使用时，不但心情舒畅，房屋也得以发挥作为大本营的作用。这样，在此可以做两到三天的住宿计划，即便去远程的观光点，因为有了这个中转站，也不会有太大的心理负担。如果是出乎意料的雨天，不得不躲在小屋里时，空间上是宽裕的，也一定能享受到在此住宿的新鲜感。

设计真是不可思议，只是稍微增加一点点面积，就可以让建筑从栖身处变为大本营。

这张设计图中的建筑与其说是别墅，不如说是小屋更加合适，只是以在此栖身，为前提而设计的。睡觉的地方宛如养蚕架，吃饭的地方刚好能坐下。在最小的空间范围里，设置了与水相关的场所和两张床，即便如此南侧设计了露台，体现出别墅应有的外观和功能。

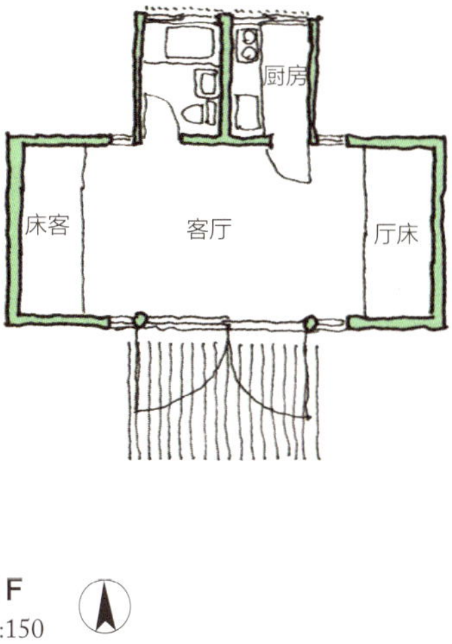

1F
1:150

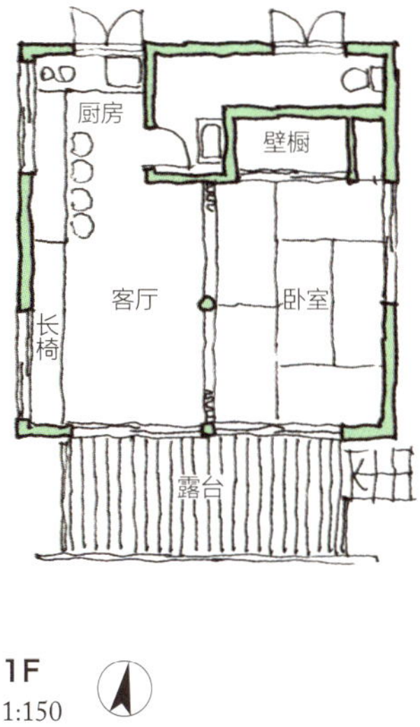

1F
1:150

这间也是基于小屋设计的建筑物，面积比小屋稍大，使用方法类似于基地帐篷。用于睡觉的场所为独立空间，其它的地方可用来讨论次日的安排，下雨天时可在此打游戏。和小屋的实例相比，条件优越了许多，其中，客厅和卧室的分离是非常重要的进步。

141 自己的"场所"加上朋友的"场所"

此住宅作为别墅使用，不局限于房主家人，还包括亲朋好友，即多数家庭也能共同利用。利用方法有多种形式，比如以此为中转站，再去稍微远一点的地方，或者行程有变动时，从这里直接去工作单位，可按照每周为单位来做住宿计划。如果考虑到这些条件，前述简单的一体房间式样小屋是已经无法满足的。

假如为了两个家庭共同使用，因此在两处分别设置了卧室。这两间卧室间隔着客厅，利用一半推拉门和一半墙壁分隔开来，隐私得到最低程度的保障。即便如此，别墅应具有的宽敞开放的风格不能失去，将气窗打开建筑物就成为包围在大屋顶之中的一体化房间。

建筑物中央的客厅有17m²，如果遇到突然的雨天，或者度过漫长秋夜时，这里的空间是完全充分的。客厅中配备的暖炉是别墅中象征性的存在，能够调节大家情绪，的确是很神奇的设备。暖炉顾名思义，为房间供暖，在住宅特别是别墅中可以说是必不可少的。

与好朋友分享别墅确实令人开心。除去房主家人专用的卧室以外，为客人也提供了可以自由使用的空间，几乎可以满足各种要求。与前两节的实例相比，这栋别墅已经是尽善尽美了，经过不断进化总算超越了基本形态的别墅。

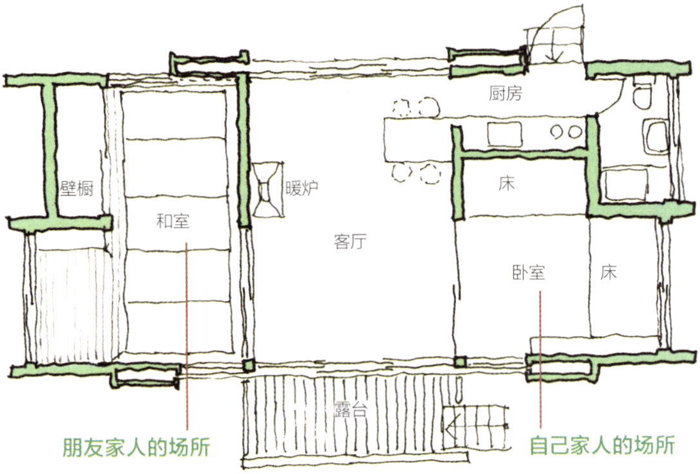

1F
1:150

适合长期居住的别墅 142

如果在首都圈住宅密集的地区生活，基本上与安静的环境及绿化等无缘。因此越发向往从城市全身心的投入到大自然里。

这栋建筑的房主夫妇二人都可以获得长期休假，希望在大自然中度过整个夏天（或者整个冬天），因此要以这样的居住目的建造别墅。

虽说是别墅，一旦长时间在此居住生活，所要求的功能和普通住宅没有区别。因此，优先设计非日常的那些令人惊喜的要素，却需要在一定程度上忍耐不便，这种方法是行不通的。

这栋建筑的设计，即便不做任何修改搬到城市之中也不会感到异样和不妥，不过在某些设计上还是呈现出只有别墅才具备的特征。

例如，铺设榻榻米的房间数量多，可以适合任何人，任何时间，任何使用方法，采用这种灵活性高的设计，可以适合亲朋好友的来访。而且，在中空结构的最高处，设置了阁楼风格的卧室，通过特殊形状的陡峭楼梯才能到达卧室，满足成人的童心未泯。此外，开锁进入室内后，进出都经由甲板，这种样式令人有居住在大自然的感觉。

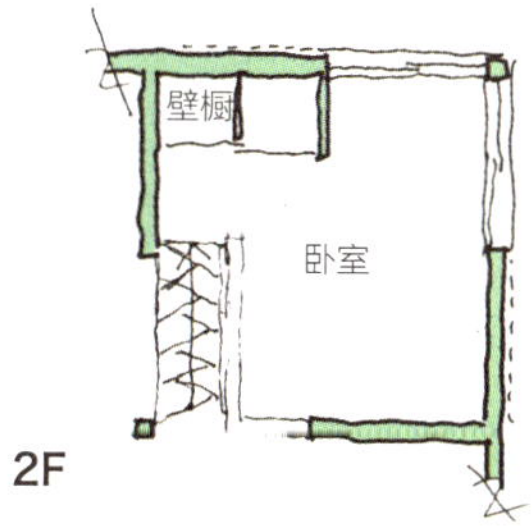

想这个别墅在一定的期间内在此生活、居住都不会感到不方便。适合夏季在此居住一到两个月的设计。从露台直接出入室内也保持了别墅特有的风格。

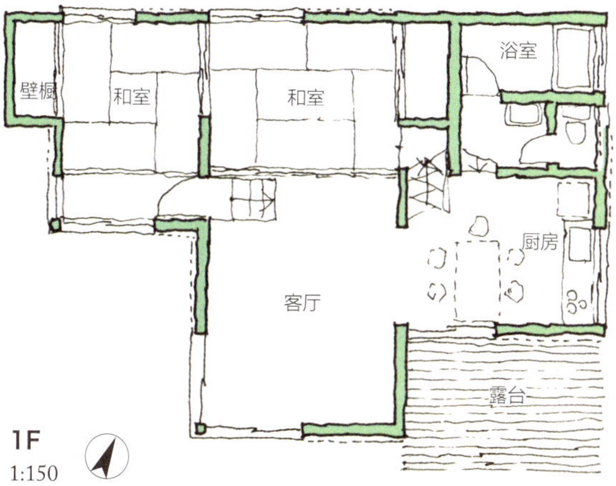

单间也就是卧室，增加其数量同时确保整体的面积，即便是长期居住在此也不会感觉不便。

143 住宅“日常性”与“非日常性”

设计别墅时，需要重视表现非日常性。

大多数人以方便通勤、上学为由平时居住生活在城市中。住宅如果位于首都圈内，多数的住居环境是周围绿化少、住宅密集，或者是集合住宅区的一角。

平时处在这样的环境中，到了周末和假期当然渴望抽出时间去海边或山区，沉浸在大自然中转换心情。别墅中的非日常之所以重要，主要在于能够体验日常没有的要素，因此别墅的设计也应以此为重点。

例如本例中，直接利用屋顶的形状不做任何改动，结合屋顶建造的一体化房间。这是为了更多的利用自然条件，真正感受建筑与自然浑然一体的感觉。并且在能够远眺的方向上设定建筑物的轴线，在这条轴线上设置开阔的甲板，这也是基于尽情享受自然的想法。如果建房用地中没有可以远眺的空间，那么可以在树木林立中建造一处采光充分的空间，或者还可以设置为甲板露台。家具也不应该存在于单纯的四方体房间中，设计也应该富有变化，比如可以设计为倾斜状或者波浪状，这样也可以享受在阁楼里感觉。

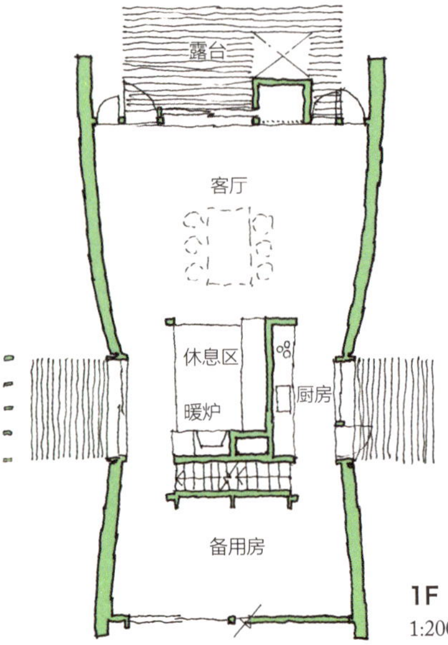

1F
1:200

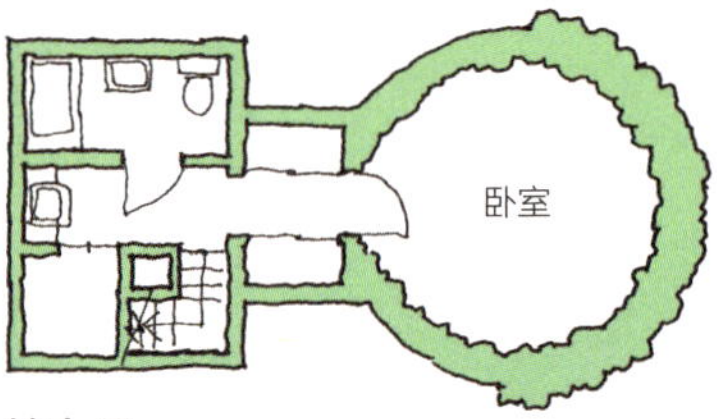

地上层

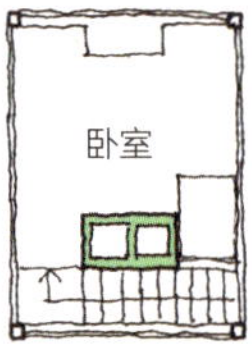

中 2F

这间别墅虽然规模小，却不合常理布置了大量的非日常的要素。这样的结构在普通的住宅设计图中不会看到，但在这里却能够找到许多新发现。与周围墙壁分离的一层，地下室以及二层的卧室，这一切是不是都很非日常呢。

可以通过设计图的三个部分来想象。从住宅的外部看是三角形形状。因为是为了享受非日常的别墅，外观也是非日常的更让人兴奋。

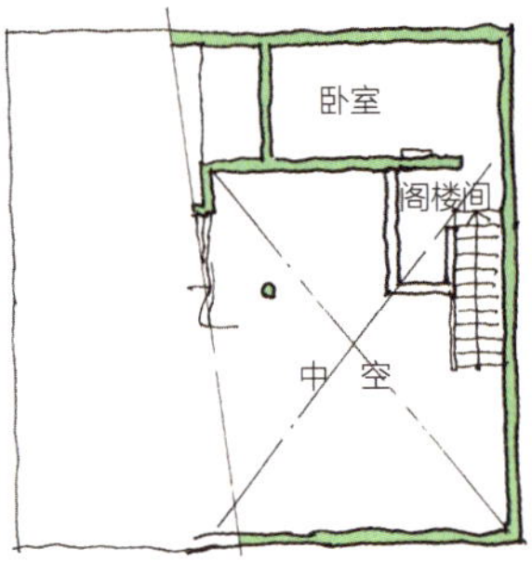

2F

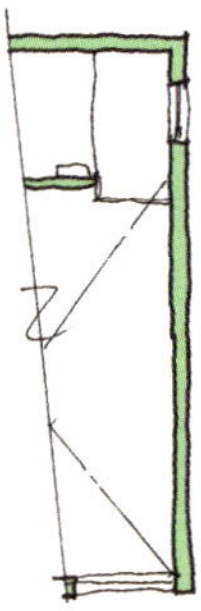

阁楼

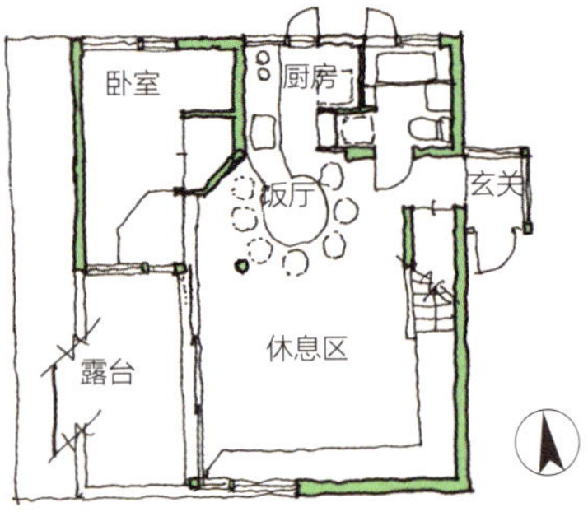

1F
1:200

从一层依次看去，越向上越细。三角形的构造基本是这样的。在一般普通住宅里是很难见到的形状。

适合使用人数不固定时的别墅

一般个人拥有的别墅基本是家人使用。但是如果邀请朋友一家，或者孩子约上好朋友等，到别墅来住宿等根据不同的情况人员数量也会发生很大变化。有时还会出现很多人来玩的情况。因此别墅所有者在为家人准备房间以外，还要为这些人数不固定的客人们也准备房间。即榻榻米房间，这样可以灵活对应不同的来客。

但是，如果别墅所有者不是个人而是公司或组织团体的话，情况就不同了。对象，人数，时间，日程安排等需要确认，还要考虑到季节、气候、气温等的影响。像这样的情况时，就需要准备不同类型的房间了。

在此介绍的实例，是根据使用目的分隔了建筑主楼，带暖炉的休息楼，集中厨房、盥洗室、浴室等卫生楼，集中的单间楼，休息亭，中间设置了露台，各个建筑楼环绕在露台周围。

住宿楼是二层建筑，一层是16㎡的榻榻米房间，在这可以容纳多数的客人。二层准备了两种形式不同的房间，提供给少数的客人使用。另外如果充分利用休息楼以及露台，空间就更宽裕了。即便是大量的客人，或者是几个团体，想必也可以容纳。

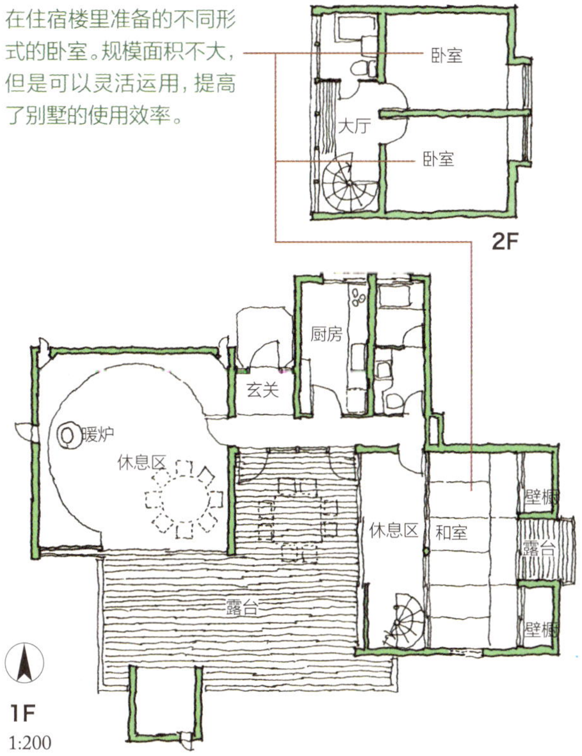

别墅属于法人团体时，使用者不固定，使用人数不固定，即便是这样，像在此介绍的实例这样，只要准备好形状和面积不同的吃饭场所，与睡觉场所大致的问题基本都可以得到解决。

145 以“食”为主的别墅

享用别墅的方法有许多，没有什么特殊的硬性规定。但是肯定会有一个愿望想在别墅里实现，尤其是平时无法实现的事情。

即便这个愿望是一整天什么都不做，只在别墅里吃喝睡，这也完全是一个非常了不起的度假方式。在此介绍的实例就是以做饭，吃饭为中心设计的别墅。

这种情况，大体上不分做饭和吃饭的人，互相交替，刚才还在饭桌的人也许已经站在厨房里做饭了。结合这样的模式进行了设计。首先，厨房是开放型的，正是为了实现人员自由的交替。

其次，在开放式厨房里设置了吧台式的餐桌，这样无论是做饭的人还是吃饭的人都可以完全面对面，相互的交谈。能够看到做饭人手中的食材，这样做饭的人还可以向吃饭的人介绍当地的农副产品，交谈的内容也会因此更加丰富。另外，还可以把桌子摆在露台，边享受大自然边愉快的进餐。

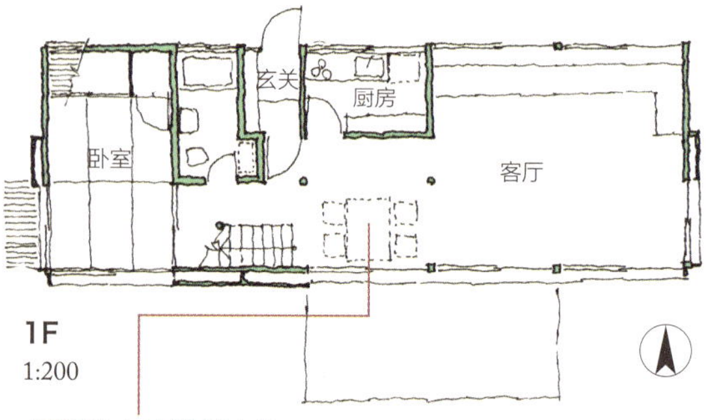

1F
1:200

规模较大的建筑内的一层以餐桌为中心。也是这栋二层建筑中最重要的部分。

在别墅中进餐也是让人感到新鲜的。因此厨房的用法就变的重要，因为这决定了做饭和吃饭的人的心情。这栋别墅内吃饭是在被四根柱子包围的空间内进行的，也是非常有象征性的场所。

这栋别墅的饭厅是在里面离入口最远的地方，也是地面高度最高的地点。也就是说，在此用餐完全可以非常尽兴，且可以一览室内。

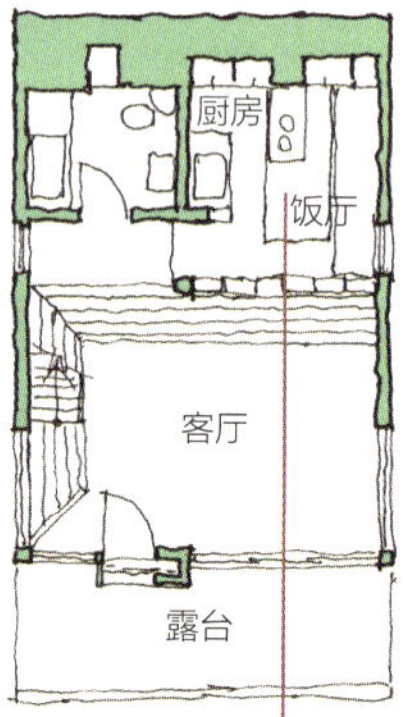

1F
1:200

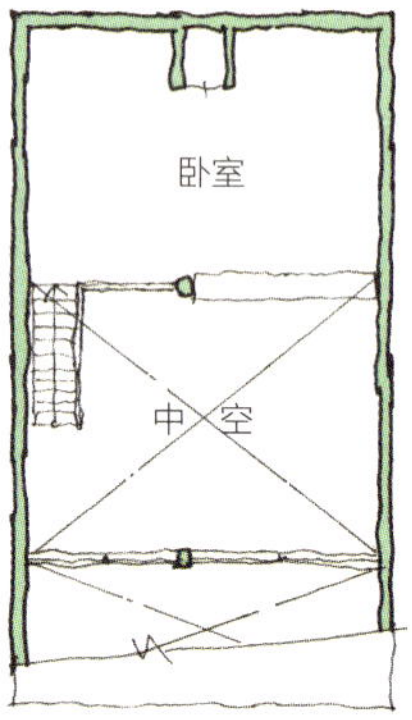

2F

顺着客厅的楼梯向上，就是厨房和饭厅。这栋别墅以这个位置为中心通过设计图也可以看得出来。

1F
1:200

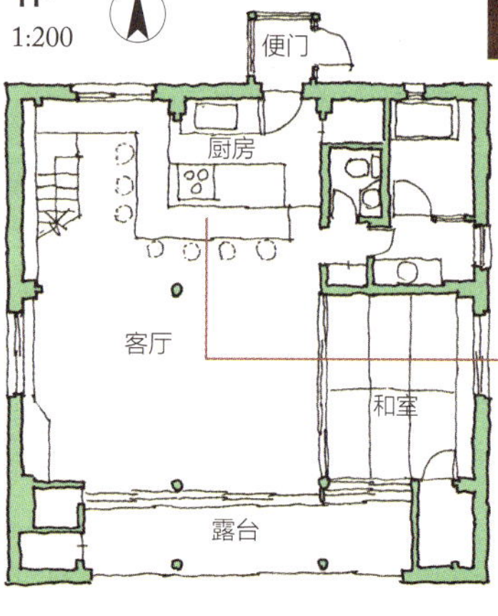

作为客厅的面积足够大，在此也能够浮现出许多以食为中心的画面。

这栋别墅的中心是有吧台形式餐桌的厨房及其附近。厨房上方是中空结构，因此室内的高度随之提升。看到这个最优先为进餐而考虑的设计。围绕吧台进餐，是不是很容易想像出在各个地点进餐的情形呢。

别墅特有的锁门窗方法 146

检测住宅性能的制度还包含与安全防范相关的项目，对防盗性能强的建筑用品授予专门的认证。普通住宅在防盗设计上以此制度为基准，别墅也不例外。

但与普通住宅相比，由于别墅空闲的期间长，防盗措施需要结合到别墅的独自性进行考虑。

例如，在门窗部分除了采用防雨窗，设置卷帘窗等与普通住宅同样的方法以外，还可以考虑其它更加牢固的锁门窗的方法，以进一步增进安全感。

在此介绍的实例，就是这样考虑的，例如，甲板露台的地板是活动的，离开别墅时，可以竖起地板，把门窗部完全封住，或者在所有的门窗部分，都设置上与外壁同样形式的单扇大门，离开时将这些单扇大门关闭，建筑物整体在外观上只有墙壁，看不到窗户。

如果别墅采用这些安全措施，长时间不在也能够放心。但是可动甲板部分又大又沉，在安装时对金属零件的选择以及开关操作的方法，需要谨慎决定。

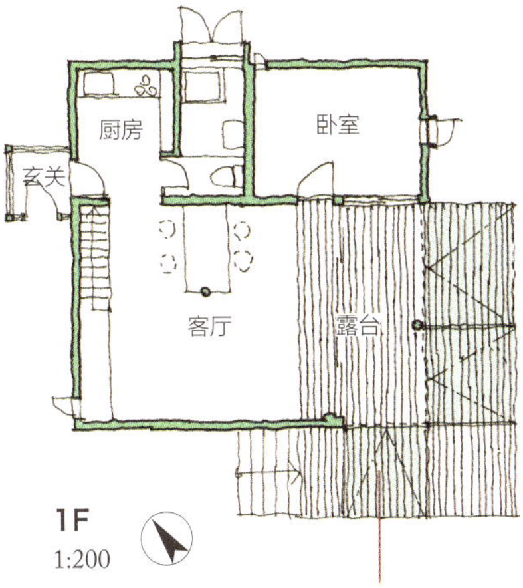

宽阔的露台，一部分木板可以向内侧竖起。这样一层的门窗部分被完全掩盖。

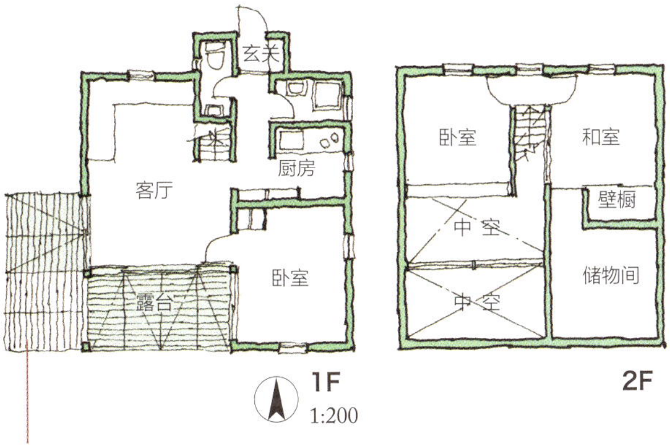

这里的露台，也是能够向上竖起的结构。一直能覆盖到二层，外观上根本看不到门窗。

看图设想一下这种设计，平时为普通的条形甲板，离开时能够把甲板竖起。从建筑延伸出去的甲板部分，可以变成了墙壁，在结实牢固的程度上是一般建材无法匹敌的。

沿着细长建筑周围设置入门。离开时，将这些大门全部关闭后，建筑宛若碉堡一般。不知道如何找到侵入的切点，也是只有别墅才有可能采用的门窗设置方法。

由于比普通的门窗具有更高的防盗性能，这间别墅也采用了竖起甲板的方法。但甲板的重量问题影响到操作的难易度，很难说这是完美的解决方案。别墅的门窗问题直都令人头痛。

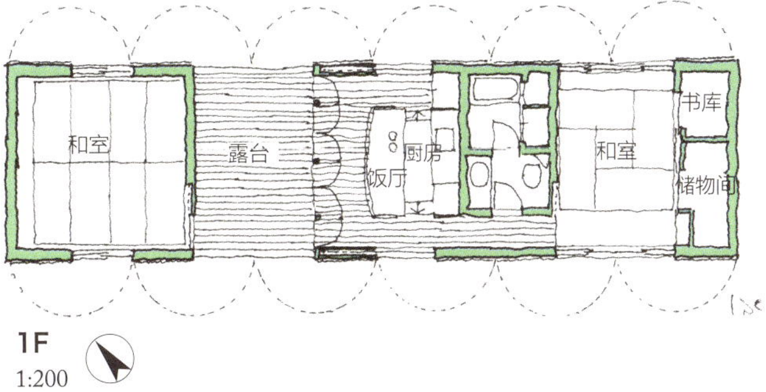

这间别墅设置了12扇单扇大门，全部关闭后，没有窗户，成为只剩下墙壁的仓房。

147 重视别墅的安全性

在探讨别墅的安全防范性能时，当然会着眼门窗的严密程度以及使用零件的质量。在此之前，还应该针对建筑物本身的形状，及对周围的处理等。

一般提高建筑物安全防范会采用的方法有以下几种

- 从道路可以直视别墅
- 不设计死角
- 投入闪光灯似的照明
- 院落石子地使用声音大的材质
- 注意周边可以攀登有助进入房间的物品

除去别墅周边可以攀登有助进入房间的物品之外，其他基本是没有效果的。

在设计图上确保别墅的安全性，其方法正如前面阐述过的，把基本没有开口部的一层设计得小一些，然后二层好像架在一层上面，四周大于一层。这种方法是可行的，加之对建筑及周围树木加以注意，二层部分的开口部就没那么容易靠近了，这样的建筑形状本身具有高防范效果。而且有很多建筑的开口部不安装防雨窗也没问题。一层最大的开口部为玄关，因为只有这一处，所以自然而然安全能够得到确保。那么，为了探讨安全防范所需要的气力基本集中花费在此就可以了。

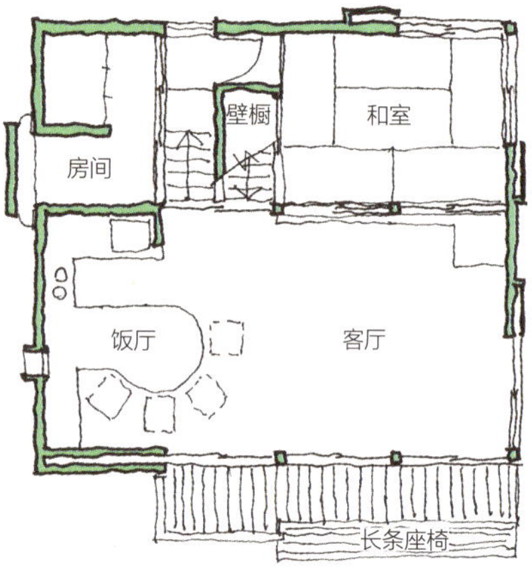

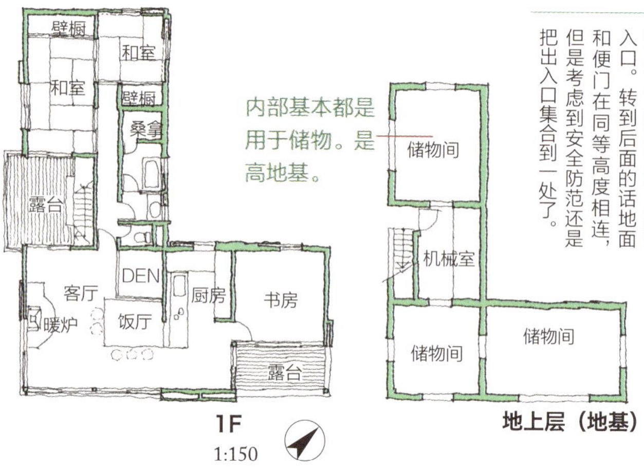

此别墅在地基高的位置建造，有一处通往地上的出入口。转到后面的话地面和便门在同等高度相连，但是考虑到安全防范还是把出入口集合到一处了。

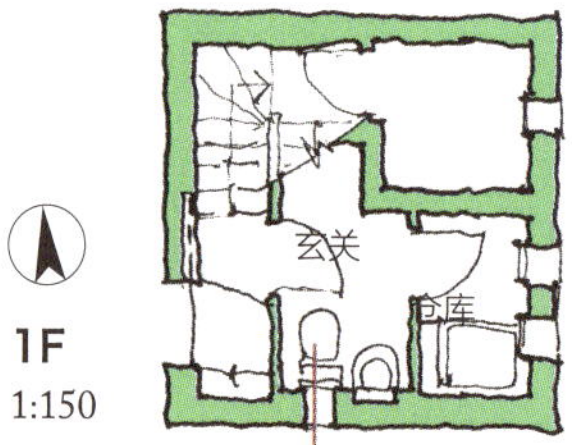

从玄关以外不可能侵入的一层结构。一层的开口是建筑的弱点，但是开口部降低到最小限度解决了这个问题。

作为别墅的安全防范措施有必要对门窗的严密度进行探讨，投入摄像头监视系统等，像这间别墅这样一层接地的面积小，这在设计上是下了功夫的。

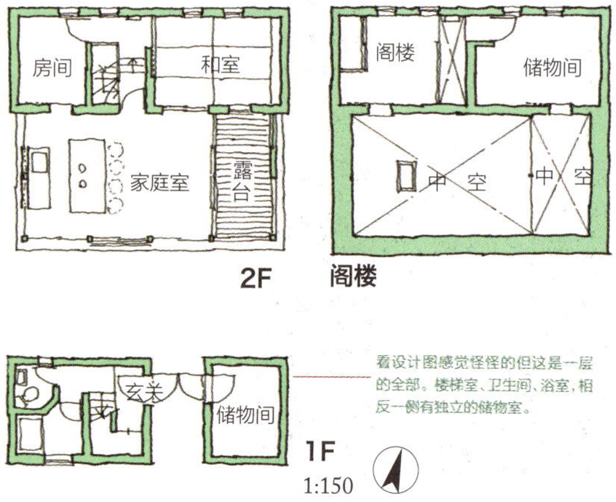

一层的开口部除去玄关以外，只有卫生间和浴室的小窗户。针对别墅空置的时间较长考虑到安全防范，在窃贼容易进入的一层只设置了一个开口部。

148 各种角落围起的一体化房间

一般别墅内的房间性能被规整的紧凑，建筑物本身的规模也不是很大，常见的是采用一体化房间的设计。即便是把房间一体化，不单纯只追求房间性能的紧凑性。

其理由因为在别墅中住宿的人并不固定，也可能把别墅只作为落脚点目的是外出去其他地方，还可能带来大量的书籍在此全部消化。总之被各种使用目的而使用的别墅，因此也追求以不变应万变的柔软性。对应多种使用方法当然做多种预备是必要的，一体化房间也不能太空洞，可以利用有各种可能性的角落来对应各种要求。

在此介绍的实例，是在一体化房间墙壁处，排列了以不变应万变的角落，从南面的甲板露台按时钟的转动顺序排列了，长椅，通往阁楼间的楼梯，出入口，卫生间，浴室，做饭的地方，吃饭的地方，睡觉的地方等，有一部分呈凹进的形状环绕了空间。

像这样，在一个空间里实现各种使用方法，可以从别墅的非日常体验到意想不到的惊喜。一体化房间凹凸变化的设计在视觉上也增加了趣味。

此设计的一层部分有各种各样的角落。厨房、休息区、露台、卧室等各种角落在一层被包围起来。家族成员一天基本可以在这里度过，因为这是一个可以实现各种事情的房间。

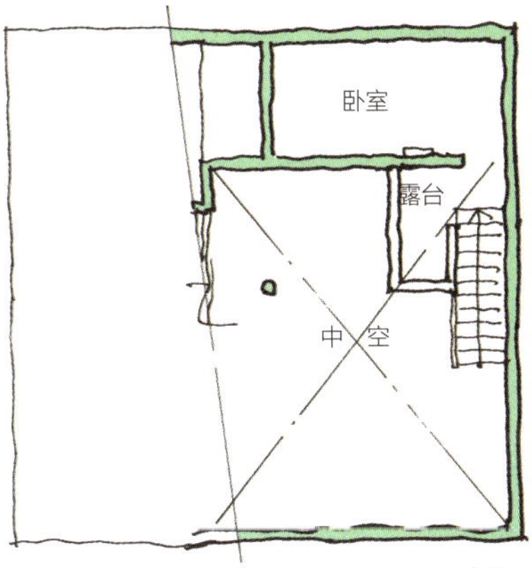

2F

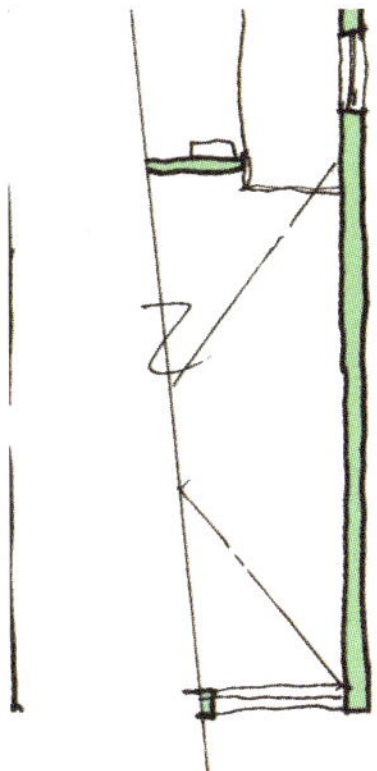

阁楼

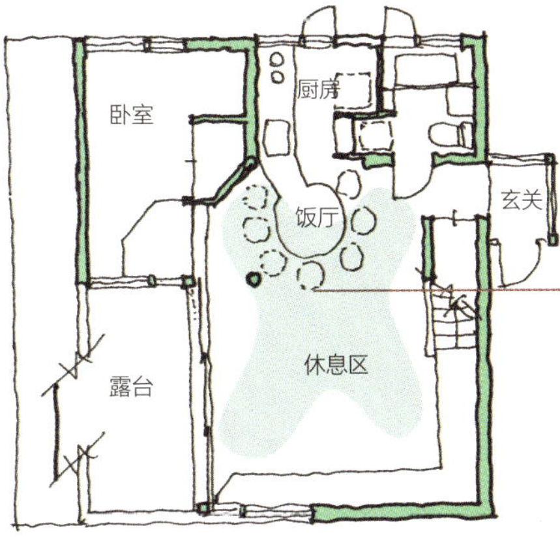

小正方形的一层，四角有各自的使用目的。也在四角配备了各种功能。

1F
1:150

别墅也被称为周末房。周末，在都市的工作告一段落，或者赶上一个小长假时，外出到大自然中修身养性，放松心情，这时的选择就是别墅。

来访别墅的人员构成根据别墅所有者来决定，一般有夫妻，家族，孩子们，或者亲戚朋友等。

然后边喝，边吃，边聊天，在别墅中的日程安排也是满满的。为别墅的设计跟客户沟通时，突然一位妻子说，到了别墅还依然由妻子担当厨师的角色，那也太过分了。这时才突然意识原来有如此的感觉。

为了感受脱离日常生活的快乐才出行，反过来说，如果完全是日常生活的重复，那出行又有什么意义。如何是好呢。讨论的结果得到了一个答案。就是把厨房里配置大型冰箱和高性能的微波炉。

在家里无论是做的也好，买的也罢，只要把冷冻的方便食品带来，剩下的就是在喜欢的时间热一下就可以吃了。

大型冰箱和高性能微波炉的组合，正因为是别墅才有必要预备的电器。

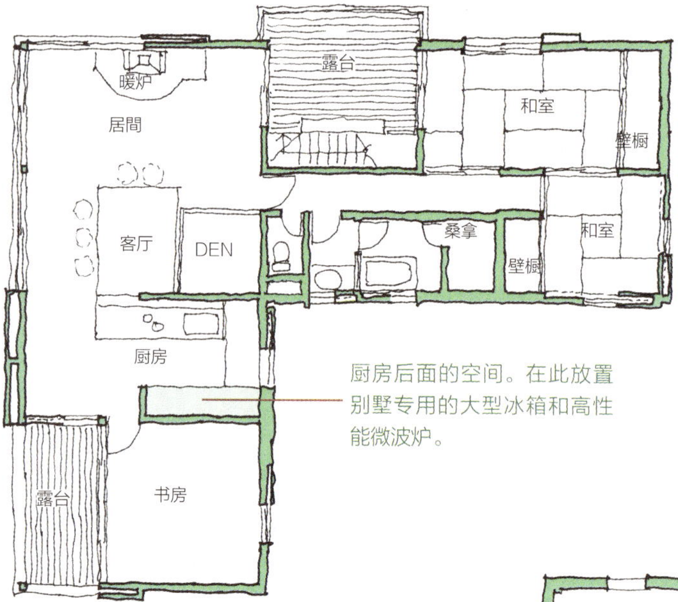

1F
1:200

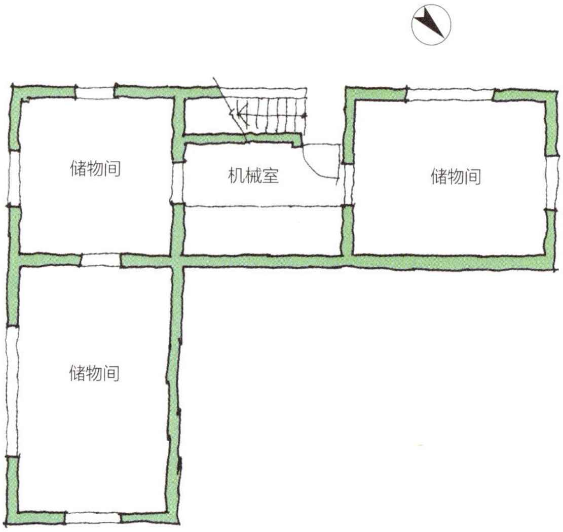

地上层

尽情的体验非日常，需要节省为做饭而浪费的时间，因此在厨房里放置了大型冰箱和高性能微波炉。以提前准备好的冷冻方便食品为中心。

编后记

宫胁先生说，建筑中最喜欢住宅设计。尤其是以单户住宅为中心，只要是关于小规模集合住宅以及住宅地等的设计，都会一丝不苟地去设计。本书中有一部分设计图是由宫胁先生花费了大量时间为一户一户认真设计出品的杰作，想必读者们也已经领会到了。

宫胁先生只要动手就马上可以制作出平面设计图，但是他绝不会以这张图为最终答案。次日在他的桌子上，总会又出现其他设计图。他总是设计出多种图纸，然后进行沉淀，就好像酿造红酒或威士忌的过程。询问宫胁先生为什么这样做，他的回答是只要时间允许，在我能够思考到的范围内一定要寻找最好最满意的答案。只有这样从多方面寻找的解决方案，才能自信地向客户推荐说这是最适合你的方案。于是，每次从设计开始到向客户提供设计方案为止一般最少要花费至少三个月的时间。正因为花费了大量时间，在这期间思考的方案都变成了住宅的骨骼然后丰满起来。

每次设计都是与房主进行商讨后向前推进，但是一旦房主的想法有变化时就需要配合做调整，这样有的设计到最终完工甚至花了两年的时间。即使这样，宫胁先生也不会催促房主，而是非常耐心细致地进行设计工作。无论怎样花时间宫胁先生都会说这就是我的工作，都会亲力亲为。所以，先生的工作从来没有在中途转手给我们这些工作人员。

在工期最后，需要做建筑细节的详图绘制工作，这个详图绘制完毕整体建筑的模样也就会展现出来。宫胁先生认为这张图完成后自己的工作才真正完成，但是在非常繁忙的时候，实在难以腾出时间绘制这些图时，先生才会不得已把这项工作交给其他工作人员。那时先生遗憾的表情至今都令人难以忘怀。一旦建筑开工，宫胁先生还会亲自去现场与工地人员进行沟通，这也是先生喜欢的工作，因为通过这些沟通，能够弥补在图中没有考虑到，或没有勾画好的缺陷。

本书的每张设计图都含括了宫胁先生的设计热情与极致，敬请读者们慢慢享受其中的妙趣吧。

2012年初冬
山崎健一

【作者 简历】

山崎健一（Yamasaki Kenichi）
1941年新泻出生。1966年，工学院大学建筑学科毕业。
1966年至1969年，任中央工学校建筑设计科讲师。
1969年，加入宫胁檀建筑研究室。
1990年至1997年，兼任工学院大学建筑学科讲师。
1998年，宫胁檀氏去世，就任宫胁檀建筑研究室代表。
2000年，开设山崎·本建筑研究室，就任研究室代表。
2008年，开设山崎建筑研究室。
等担任，Ko " U " do Poly Center建设造型系讲师，日本木造住宅产业会研修讲师，
住宅生产团体连合会会议讲师等。

著作
《宫胁檀的住宅设计》（X-Knowledge）
《收尾基本规则100条》（X-Knowledge）
《优质低成本住宅杰作选（附录家庭画报）》（世界文化社）
《精致小型住宅设计（附录家庭画报）》（世界文化社）
《适于居住的小住宅杰作选I（附录家庭画报）》（世界文化社）
《想拥有的木制家具550件（附录家庭画报）》（世界文化社）
《提高烹饪情趣的厨房》（彰国社）等
照片提供村井修（P14下，P16，P21，P33右，P35上，P38右，P40下，P59下，P93，P97上，P125，P148，P163，P184，P198上）

图书在版编目（CIP）数据

室内住宅设计图解 /（日）山崎建一编著；牛冰心，陈兵译．
— 北京：中国青年出版社，2016.12
国际环境设计精品教程
ISBN 978-7-5153-4590-1
I. ①室… II. ①山… ②牛… ③陈… III. ①住宅 — 室内装饰设计 — 图解
IV. ①TU241-64
中国版本图书馆 CIP 数据核字（2016）第 285829 号

国际环境设计精品教程
室内住宅设计图解
[日]山崎建一 / 编著
牛冰心　陈兵 / 译

出版发行：中国青年出版社
地　　址：北京市东四十二条 21 号
邮政编码：100708
电　　话：（010）50851188 / 50851189
传　　真：（010）50851111
企　　划：北京中青雄狮数码传媒科技有限公司

责任编辑：张　军
助理编辑：杨佩云
专业顾问：马珊珊
封面制作：吴艳蜂

印　　刷：北京建宏印刷有限公司
开　　本：787×1092　1/16
印　　张：11.5
版　　次：2017 年 2 月北京第 1 版
印　　次：2017 年 2 月第 1 次印刷
书　　号：ISBN 978-7-5153-4590-1
定　　价：65.80 元

本书如有印装质量等问题，请与本社联系
电话：（010）50856188 / 50856199
读者来信：reader@cypmedia.com
如有其他问题请访问我们的网站：www.cypmedia.com